# 新公司法

## 注解与案例指引

武长海◎主编

XIN GONGSIFA
ZHUJIE YU ANLI ZHIYIN

中国法制出版社

CHINA LEGAL PUBLISHING HOUSE

# 前　言

　　公司是最重要的市场主体，《中华人民共和国公司法》（以下简称《公司法》）是社会主义市场经济制度的基础性法律。我国现行《公司法》自 1993 年 12 月 29 日首次颁布以来，经过 1999 年、2004 年、2013 年、2018 年四次修正，也即对个别或部分条款进行修改，谓之"小修"。2005 年对《公司法》进行了第一次全面修订，也即对《公司法》进行全面、大范围修改，是之"大修"。本次修订始于 2021 年 12 月召开的十三届全国人大常委会第三十二次会议，进行了初次审议。2022 年 12 月，《公司法》修订草案提请十三届全国人大常委会第三十八次会议进行了二次审议。2023 年 8 月 28 日《公司法》修订草案三审稿提请十四届全国人大常委会第五次会议审议。2023 年 12 月 29 日第十四届全国人民代表大会常务委员会第七次会议通过《公司法》第二次修订。本次修订旨在推动落实深化国企改革、优化营商环境、加强产权保护、促进资本市场健康发展等重大决策部署，也是适应实践发展，不断完善公司法律制度的需要。修改《公司法》对于完善中国特色现代企业制度、推动经济高质量发展具有重要意义。

　　本次《公司法》修订也称为新《公司法》。从其修订的具体内容来看，主要包括完善公司资本制度、优化公司治理、加强股东权利保护、强化公司高管责任、完善公司设立退出制度、完善国家出资公司相关规定、完善公司债券相关规定等。新《公司法》共 266 个条文，删除了 2018 年《公司法》中的 16 个条文，新增和修改了 228 个条文，其中实质性修改了 112 个条文。新《公司法》坚持问题导向，总结实践经验和理论成果，为便利公司投融资、优化治理机制提供更为丰富的制度选择，规范公司的组织和行为，强化各方主体责任，切实维护公司、股东、职工和债权人的合法权益,亮点纷呈,有许多制度创新和解决实际问题的举措。

新《公司法》有"公司资本制度"和"公司治理制度"两大支柱。本书写作将重点解读本次修订新增内容部分。其中,"公司资本制度"主要涉及:有限责任公司的注册资本由完全认缴制修改为限期认缴制(第47条、第228条、第266条);股份有限公司的注册资本由完全认缴制修改为实缴制与授权资本制相结合(第98条、第152条、第153条、第228条);明确规定发起人之间的出资义务连带责任(第50条、第99条);增加股东失权制度(第51条、第52条、第107条);增加股东认缴出资加速到期制度(第54条);增加股权转让人与受让人的出资责任承担规则(第88条);股份有限公司的股份发行制度发生重大变革(第142条、第143条、第144条、第145条、第146条、第147条);增加对上市公司与控股子公司之间交叉持股的限制规定(第141条);增加股份有限公司财务资助的法律规则(第163条);完善公司分红规则及违法分红的法律规则(第211条、第212条);允许资本公积金弥补亏损(第214条);增加规定简易合并制度和小规模合并制度(第219条);完善公司减资制度(第224条、第225条、第226条)。"公司治理制度"主要涉及:监事会设置的自主选择(第69条、第121条);股东知情权与查账权(第57条、第110条);控股股东的法律规制和控股股东滥用权利时的股权收购(第89条);控股股东、实际控制人的忠实、勤勉义务(第180条);控股股东、实际控制人的侵权责任(第22条、第192条);经理机构的设置与职权(第74条、第126条);股东出资催缴的赔偿责任(第51条);股东抽逃出资的连带赔偿责任(第53条);违法提供财务资助的赔偿责任(第163条);董事、高管侵权连带赔偿责任(第191条)。

武长海教授承担本书主编责任和义务,确定本书的出版目的、写作内容、撰写前言、安排写作人员,并修改审定全书内容。黄静怡博士负责协助主编完成相关工作。其中具体整理材料、撰写内容分工如下。黄静怡:新《公司法》第1~10条;刘禄生:第11~20条;王泓鑫:第21~30条;韦洁:第31~39条;蔡文婷:第40~48条;胡宇婷:第49

~57条；武亚飞：第58~66条；刘美汐：第67~75条；尹美玲：第76~84条；何依宁：85~93条；潘海纳：第94~102条；吴其谚：第103~111条；戴梓言：第112~120条；殷智航：第121~129条；郭雨涛：第130~138条；宋佳昊：第139~147条；成晨：第148~155条；向芙蓉：第156~164条；温晏：第165~173条；林满钰：第174~182条；李林益：第183~191条；张乐怡：第192~200条；周政训：第201~209条；李昆泽：第210~218条；吴铠安：第219~227条；程海林：第228~236条；李攀莉：第237~245条；贺江玲：第246~254条；赵学武：第255~264条。

本书名称为《新公司法注解与案例指引》，具体内容包括：法条原内容与新内容对比、新增内容分析、相关法律和司法解释规定、案例指引等，一方面保持对新旧法律内容变化理解的连贯性，另一方面突出新增内容的解释，另外，适当增加新增重点内容的案例分析。本书的定位为科学普法，侧重服务于新《公司法》的应用等法律实务领域群体，重点准确理解新《公司法》，力求写作内容的准确、语言的简洁、传播形式的可接受性。

当然，本书的写作由于时间和篇幅所限，在一定程度上简化了宏观上的归纳总结，举一例，据统计新《公司法》全文出现"董事"一词共279处，较2018年《公司法》全文"董事"214处，增加了65处。立法修订的变化，一方面体现了立法机关就公司治理模式由股东会中心主义向董事会中心主义逐步过渡的倾向，另一方面强化了对包括董事在内的公司实际经营管理者的法律责任，以求合理平衡公司、股东、董事、公司债权人等主体的权利和义务，防止董事作为大股东和实际控制人的代言人，滥用经营管理权，损害公司其他利害关系人权益。实际上公司治理体系也在引导公平收入和创新经济发展模式。本书也缺乏众多的细微处的精雕细琢，举一例，关于制定公司章程，已经从"设立公司必须依法制定公司章程"修改为"设立公司应当依法制定公司章程"，具体的修法目的、意义和法律后果没有进一步展开讨论。本书由写作初稿的六十多万字删减到现在的三十多万字，目的是突出重点、增强本书的易读性。根据本次出版后的读者反应，我们会在后续的改版中进一步完善相关内容。本书的不当之处，诚请各位专家、朋友们指正！

本书的写作和出版得到了中国法制出版社的大力帮助，在此表示由衷的感谢！

武长海

2024 年 2 月 25 日

# 目　录

## 第一章　总　则

## 第二章　公司登记

## 第三章　有限责任公司的设立和组织机构

## 第四章　有限责任公司的股权转让

## 第七章　国家出资公司组织机构的特别规定

## 第八章　公司董事、监事、高级管理人员的资格和义务

## 第九章　公司债券

## 第十章　公司财务、会计

## 第十一章　公司合并、分立、增资、减资

## 第十二章　公司解散和清算

# 第十三章 外国公司的分支机构

# 第十四章 法律责任

# 第十五章　附　　则

# 第一章 总 则

## 第一条 【立法目的】

| 修订前① | 修订后 |
|---|---|
| 第一条 为了规范公司的组织和行为，保护公司、股东和债权人的合法权益，维护社会经济秩序，促进社会主义市场经济的发展，制定本法。 | 第一条 为了规范公司的组织和行为，保护公司、股东、**职工和**债权人的合法权益，**完善中国特色现代企业制度，弘扬企业家精神，**维护社会经济秩序，促进社会主义市场经济的发展，**根据宪法**，制定本法。 |

**【法条注解】**

《公司法》第 1 条表达立法目的。本条在原来的基础上增加了"完善中国特色现代企业制度，弘扬企业家精神"和"根据宪法"的表述。《公司法》的核心使命是保护公司、股东和债权人三类主体的权益。其意义在于：第一，社会是企业家施展才华的舞台，企业家应当真诚回报社会、切实履行社会责任；第二，市场主体是经济的力量载体，保护市场主体就是保护社会生产力；第三，企业是促进共同富裕的重要力量。

---

① 本书将 2023 年修订的《公司法》与 2018 年《公司法》进行对照，"修订前"是指 2018 年修正的《公司法》，"修订后"是指 2023 年修订的《公司法》，下文对此不再提示。

## 第二条 【公司形式】

| 修订前 | 修订后 |
| --- | --- |
| 　　**第二条** 本法所称公司是指依照本法在中国境内设立的有限责任公司和股份有限公司。 | 　　**第二条** 本法所称公司，是指依照本法在**中华人民共和国**境内设立的有限责任公司和股份有限公司。 |

## 【法条注解】

　　《公司法》第 2 条是关于公司形式的规定。本法所称公司包括有限责任公司和股份有限公司。有限责任公司是指公司的股东对公司以其认缴的出资额为限承担有限责任的公司；股份有限公司是指公司的资本划分为等额股份，公司股东以其认购的股份为限对公司承担有限责任的公司。

## 第三条 【公司的独立法人地位和权益保护】

| 修订前 | 修订后 |
| --- | --- |
| 　　**第三条第一款** 公司是企业法人，有独立的法人财产，享有法人财产权。公司以其全部财产对公司的债务承担责任。<br>　　**第五条第二款** 公司的合法权益受法律保护，不受侵犯。 | 　　**第三条** 公司是企业法人，有独立的法人财产，享有法人财产权。公司以其全部财产对公司的债务承担责任。<br>　　公司的合法权益受法律保护，不受侵犯。 |

## 【法条注解】

　　新《公司法》将原第 3 条第 1 款和第 5 条第 2 款进行了合并，表述了公司的独立法人地位和权益保护。公司的独立法人地位表现在以下三个方面：第一，名义独立。公司成立后，能以自己的名义为民事法律行为。公司有自己的名称，并且表明"有限责任公司"或"股份有限公司"字样。公司成立前，发起人可以以公司名义为民事法律行为。但是公司成立后，只有公司的法定代表人可以对外代表公司。第二，财产独立。股东出资设立公司，应当转移财产权到公司，变成公司的财产。股东丧失出资财产的所有权，取得对公司的股权。这意味着，股东向公司出资后，出资财产归公司所有，公司的财产与股东的个人财产是相互独立的，股东不得取回或擅自使用。公司经营取得的利润归属于公司，未经法定的利润分配程序，股东不得擅自占有。公司以其全部财产对公司债务承担责任。第三，责任独立。公司以其全部财产对其债务承担责任。公司与股东是相互独立的市场主体，一般情况下，公司的债务与股东无关。如果股东因为违法控制公司，使公司丧失独立法人人格，就需要对公司债务承担连带责任。公司是独立享有法定权利的法人，法律对其合法权益应当予以保护，防止受到侵犯。侵犯公司合法权益的，将受到法律追究。

## 第四条 【股东的有限责任及股东权利】

| 修订前 | 修订后 |
| --- | --- |
| 第三条第二款 有限责任公司的股东以其认缴的出资额为限对公司承担责任；股份有限公司的股东以其认购的股份为限对公司承担责任。<br><br>第四条 公司股东依法享有资产收益、参与重大决策和选择管理者等权利。 | 第四条 有限责任公司的股东以其认缴的出资额为限对公司承担责任；股份有限公司的股东以其认购的股份为限对公司承担责任。<br><br>公司股东对公司依法享有资产收益、参与重大决策和选择管理者等权利。 |

## 【法条注解】

新《公司法》将原第3条第2款和第4条进行了合并，表述了股东的有限责任及股东权利。股东向公司出资，必须转移出资财产的财产权给公司，从而享有公司股权，享受投资收益权、参与公司重大事项的管理权、选择管理者等权利。对于公司的债务，股东仅以其出资额为限承担责任，不需要承担超过出资额外的责任。股份有限公司和有限责任公司的股东在有限责任方面是一致的。一般情况下，股东出资设立公司最大责任范围就是其认缴的出资额或认购的股份。

## 第五条 【公司章程】

| 修订前 | 修订后 |
|---|---|
| **第十一条** 设立公司必须依法制定公司章程。公司章程对公司、股东、董事、监事、高级管理人员具有约束力。 | **第五条** 设立公司应当依法制定公司章程。公司章程对公司、股东、董事、监事、高级管理人员具有约束力。 |

**【法条注解】**

第5条是关于公司章程的规定。

公司章程，是由设立公司的股东制定并对公司、股东、公司经营管理人员具有约束力的调整公司内部组织关系和经营行为的自治规则。

公司章程的作用，表现在三个方面：一是公司章程是公司内部组织与行为的基本准则；二是对公司外部人员起着公示的作用；三是公司章程是政府进行管理的依据之一。

公司章程的效力，表现在三个方面：一是章程对公司的效力。章程对公司的约束力表现为对内约束力和对外约束力两个方面，对内约束力集中表现为章程对公司内部的组织和活动的约束力；对外约束力则表现为章程对公司自身行为的约束力，具体表现为对公司权利能力和行为能力的影响，尤其是公司的经营范围方面。二是章程对股东的效力。确定公司章程对股东的效力，首先需要界定股东的范围。公司章程对股东的约束力，是针对公司成立时及之后具有股东身份的投资者而言的。公司是一个具有独立人格的实体，作为自治规则的章程与当事人之间的协议不同。在公司成立之后，无论以何种方式取得股东身份，都是以承认公司章程为前提的，加入行为本身就意味着承认公司章程。三是章程对董事、监事、高级管理人员的效力。董事、监事和高级管理人员是公司机关的成员，负责公司经营决策、公司事务的执行和监督，在公司的组织和活动中发挥着十分重要的作用。

## 第六条 【公司的名称权】

| 新增条款 | |
|---|---|
| | **第六条** 公司应当有自己的名称。公司名称应当符合国家有关规定。 |
| | 公司的名称权受法律保护。 |

### 【法条注解】

新《公司法》增加了公司名称权的规定。在《公司法》中明确规定及保护公司"名称权"在内的各项权利，有助于完善公司依法成立及登记注册的制度，从而构建完善的法律体系。

### 【相关规定】

1. 《民法典》

第 58 条 法人应当依法成立。

法人应当有自己的名称、组织机构、住所、财产或者经费。法人成立的具体条件和程序，依照法律、行政法规的规定。

设立法人，法律、行政法规规定须经有关机关批准的，依照其规定。

第 1013 条 法人、非法人组织享有名称权，有权依法决定、使用、变更、转让或者许可他人使用自己的名称。

第 1014 条 任何组织或者个人不得以干涉、盗用、假冒等方式侵害他人的姓名权或者名称权。

2. 《反不正当竞争法》

第 6 条 经营者不得实施下列混淆行为，引人误认为是他人商品或者与他人存在特定联系：

......

（二）擅自使用他人有一定影响的企业名称（包括简称、字号等）、社会组织名称（包括简称等）、姓名（包括笔名、艺名、译名等）；

......

**案 例 指 引**

山东起重机厂有限公司与山东山起重工有限公司侵犯企业名称权纠纷案（《最高人民法院公报》2010 年第 3 期）

企业名称的简称源于语言交流的方便。企业简称的形成与两个过程有关：一是企业自身使用简称代替其正式名称；二是社会公众对于企业简称的认同，即认可企业简称与其正式名称所指代对象为同一企业。由于简称省略了正式名称中某些具有限定作用的要素，可能会不适当地扩大正式名称所指代的对象范围。因此，企业简称能否特指该企业，取决于该企业简称是否为相关社会公众所认可，并在相关社会公众中建立起与该企业的稳定的关联关系。对于具有一定的市场知名度、为相关社会公众所熟知并已经实际具有商号作用的企业或者企业名称的简称，可以视为企业名称。若具备上述条件，具有识别经营主体的商业标识意义，他人在后擅自使用该知名企业简称，足以使特定地域内的相关社会公众对在后使用者和在先企业之间发生市场主体的混淆、误认，在后使用者就会不恰当地利用在先企业的商誉，侵害在先企业的合法权益。具有此种情形的，应当将在先企业的特定简称视为企业名称，并根据《反不正当竞争法》① 第 6 条第 2 项的规定加以保护。

## 第七条　【公司名称的规定】

| 修订前 | 修订后 |
| --- | --- |
| 第八条　依照本法设立的有限责任公司，必须在公司名称中标明有限责任公司或者有限公司字样。<br><br>依照本法设立的股份有限公司，必须在公司名称中标明股份有限公司或者股份公司字样。 | 第七条　依照本法设立的有限责任公司，应当在公司名称中标明有限责任公司或者有限公司字样。<br><br>依照本法设立的股份有限公司，应当在公司名称中标明股份有限公司或者股份公司字样。 |

【法条注解】

本条是关于公司名称的规定。公司名称即公司名字，是公司法人人格

---

① 本书案例指引部分引用的法律法规均为案件裁判当时有效，下文对此不再提示。

特定化的标志，是公司从事商业行为时使用的名称，是一种不具有人身权性质的财产权，可以转让且与公司分离。公司对其名称享有专用权，具有排斥他人使用相同或近似公司名称的排他效力及受到侵害时的救济效力。公司名称应当由行政区划、字号、行业、公司形式组成。公司名称使用的文字必须符合法律规定，不得使用汉语拼音字母、阿拉伯数字。

## 第八条 【公司住所】①

| 修订前 | 修订后 |
| --- | --- |
| **第十条** 公司以其主要办事机构所在地为住所。 | **第八条** 公司以其主要办事机构所在地为住所。 |

## 【法条注解】

本条是关于公司住所的规定。主要办事机构所在地是指公司发出指令的业务中枢机构所在地，即"公司总部"。是公司章程的必备条款之一，也是公司营业执照登记事项之一。公司住所依法登记后，不得任意变更；变更后未办理登记的，不得对抗第三人。

公司住所的法律意义主要表现为：第一，管辖法院的确定依据；是法律文书送达地；涉外民事法律关系中确认准据法的依据之一。第二，工商、社保、税务管理所在地。第三，非给付货币的债务履行地点约定不明确的，履行地为公司住所地。

## 【相关规定】

**《民法典》**

第63条 法人以其主要办事机构所在地为住所。依法需要办理法人登记的，应当将主要办事机构所在地登记为住所。

第65条 法人的实际情况与登记的事项不一致的，不得对抗善意相对人。

---

① 本书对条文内容无变化，条文序号有变化的法条同样作对照展示，下文对此不再提示。

## 第九条 【公司经营范围】

| 修订前 | 修订后 |
| --- | --- |
| 第十二条 公司的经营范围由公司章程规定~~，并依法登记~~。公司可以修改公司章程，~~改变~~经营范围~~，但是应当办理变更登记~~。<br><br>公司的经营范围中属于法律、行政法规规定须经批准的项目，应当依法经过批准。 | 第九条 公司的经营范围由公司章程规定。公司可以修改公司章程，变更经营范围。<br><br>公司的经营范围中属于法律、行政法规规定须经批准的项目，应当依法经过批准。 |

## 【法条注解】

本条是关于公司经营范围的规定。公司的经营范围又称公司的目的范围，是指公司章程中载明的公司登记管理机关核准的从事营利性活动的行业范围。任何公司在设立时，都必须在其章程中载明其经营范围，并须经工商行政管理机关核准登记。公司申请登记的经营范围中属于法律、行政法规或者国务院决定规定在登记前须经批准的项目的，应当在申请登记前报经国家有关部门批准，并向公司登记机关提交有关批准文件。

## 【相关规定】

### 《市场主体登记管理条例》

第 14 条 市场主体的经营范围包括一般经营项目和许可经营项目。经营范围中属于在登记前依法须经批准的许可经营项目，市场主体应当在申请登记时提交有关批准文件。

市场主体应当按照登记机关公布的经营项目分类标准办理经营范围登记。

第 26 条 市场主体变更经营范围，属于依法须经批准的项目的，应当自批准之日起 30 日内申请变更登记。许可证或者批准文件被吊销、撤销或者有效期届满的，应当自许可证或者批准文件被吊销、撤销或者有效期届满之日起 30 日内向登记机关申请变更登记或者办理注销登记。

## 第十条　【公司法定代表人职务担任和辞任制度】

| 修订前 | 修订后 |
| --- | --- |
| 　　**第十三条**　公司法定代表人依照公司章程的规定，由董事长~~、~~执行董事或者经理担任，~~并依法登记。公司法定代表人变更，应当办理变更登记。~~ | 　　**第十条**　公司的法定代表人**按**照公司章程的规定，由**代表公司执行公司事务的**董事或者经理担任。<br>　　**担任法定代表人的董事或者经理辞任的，视为同时辞去法定代表人。**<br>　　**法定代表人辞任的，公司应当在法定代表人辞任之日起三十日内确定新的法定代表人。** |

### 【法条注解】

　　本条是关于公司法定代表人职务担任和法定代表人"自动辞职"制度的规定。一是扩大了法定代表人的选任范围，概括性规定"由代表公司执行公司事务的董事或者经理"担任法定代表人。二是规定了法定代表人"自动辞职"制度，目的是强调法定代表人依法行使职责，消除过去为规避法律责任而挂靠"法定代表人"的现象。

## 第十一条　【法定代表人的行为后果】

| 新增条款 | |
| --- | --- |
| | 　　**第十一条**　法定代表人以公司名义从事的民事活动，其法律后果由公司承受。<br>　　公司章程或者股东会对法定代表人职权的限制，不得对抗善意相对人。<br>　　法定代表人因执行职务造成他人损害的，由公司承担民事责任。公司承担民事责任后，依照法律或者公司章程的规定，可以向有过错的法定代表人追偿。 |

## 【法条注解】

新《公司法》增加了公司法定代表人行为后果的相关规定。本条明确了三项内容：第一，公司法定代表人代表行为的法律后果由公司承受；第二，明确公司章程或者股东会决议限制法定代表人的职权不得对抗善意相对人的效力；第三，明确了法定代表人职务侵权的民事责任规则。法定代表人超越代表权限签订合同，公司与交易相对方的合同可能无效。司法实践中，本条文可与公司对外担保制度等相联系。

## 【相关规定】

### 《民法典》

第61条 依照法律或者法人章程的规定，代表法人从事民事活动的负责人，为法人的法定代表人。

法定代表人以法人名义从事的民事活动，其法律后果由法人承受。

法人章程或者法人权力机构对法定代表人代表权的限制，不得对抗善意相对人。

第62条 法定代表人因执行职务造成他人损害的，由法人承担民事责任。

法人承担民事责任后，依照法律或者法人章程的规定，可以向有过错的法定代表人追偿。

## 第十二条 【有限公司和股份公司的转换】

| 修订前 | 修订后 |
| --- | --- |
| 第九条 有限责任公司变更为股份有限公司，应当符合本法规定的股份有限公司的条件。股份有限公司变更为有限责任公司，应当符合本法规定的有限责任公司的条件。<br><br>有限责任公司变更为股份有限公司的，或者股份有限公司变更为有限责任公司的，公司变更前的债权、债务由变更后的公司承继。 | 第十二条 有限责任公司变更为股份有限公司，应当符合本法规定的股份有限公司的条件。股份有限公司变更为有限责任公司，应当符合本法规定的有限责任公司的条件。<br><br>有限责任公司变更为股份有限公司的，或者股份有限公司变更为有限责任公司的，公司变更前的债权、债务由变更后的公司承继。 |

## 【法条注解】

本条是关于有限责任公司变更为股份有限公司，以及股份有限公司变更为有限责任公司的相关规定。具体而言主要包括两方面，第一，应当符合变更后公司组织形式的相关条件；第二，变更后的公司应当承接原公司的债权债务。

## 第十三条 【子公司和分公司的设立】

| 修订前 | 修订后 |
| --- | --- |
| 第十四条 公司可以设立分公司。~~设立分公司，应当向公司登记机关申请登记，领取营业执照。~~分公司不具有法人资格，其民事责任由公司承担。<br><br>公司可以设立子公司~~，~~子公司具有法人资格，依法独立承担民事责任。 | 第十三条 公司可以设立子公司。子公司具有法人资格，依法独立承担民事责任。<br><br>公司可以设立分公司。分公司不具有法人资格，其民事责任由公司承担。 |

## 【法条注解】

本条是关于公司设立分公司和子公司的相关规定。子公司和分公司的区别在于，前者具有法人资格，独立承担民事责任；而后者不具有法人资格，民事责任由公司承担。

## 【相关规定】

**《民法典》**

第74条第2款 分支机构以自己的名义从事民事活动，产生的民事责任由法人承担；也可以先以该分支机构管理的财产承担，不足以承担的，由法人承担。

## 第十四条 【公司对外投资】

| 修订前 | 修订后 |
| --- | --- |
| **第十五条** 公司可以向其他企业投资~~；但是，除法律另有规定外~~，~~不得成为对所投资企业的债务承担连带责任的出资人。~~ | **第十四条** 公司可以向其他企业投资。<br>法律规定公司不得成为对所投资企业的债务承担连带责任的出资人的，**从其规定。** |

### 【法条注解】

本条是关于公司对外投资的一般性规定。新《公司法》对公司对外投资的限制，从原则上禁止变为原则上允许，除非法律另有规定。在我国的风投行业市场中，大量私募股权基金投资有限合伙企业以普通合伙人的身份出现，对企业债务承担无限连带责任。此次修法，使得相关公司担任普通合伙人有了法律依据。

## 第十五条 【公司对外担保】

| 修订前 | 修订后 |
| --- | --- |
| **第十六条** 公司向其他企业投资或者为他人提供担保，依照公司章程的规定，由董事会或者股东会~~、股东大会~~决议；公司章程对投资或者担保的总额及单项投资或者担保的数额有限额规定的，不得超过规定的限额。<br>公司为公司股东或者实际控制人提供担保的，必须经股东会或者股东大会决议。<br>前款规定的股东或者受前款规定的实际控制人支配的股东，不得参加前款规定事项的表决。该项表决由出席会议的其他股东所持表决权的过半数通过。 | **第十五条** 公司向其他企业投资或者为他人提供担保，**按照**公司章程的规定，由董事会或者股东会决议；公司章程对投资或者担保的总额及单项投资或者担保的数额有限额规定的，不得超过规定的限额。<br>公司为公司股东或者实际控制人提供担保的，**应当**经股东会决议。<br>前款规定的股东或者受前款规定的实际控制人支配的股东，不得参加前款规定事项的表决。该项表决由出席会议的其他股东所持表决权的过半数通过。 |

## 【法条注解】

本条是关于公司对外担保的规定。从本条文的立法本意来看，是为了保护少数股东和公司债权人不受多数股东滥用公司权力，变相掏空公司的侵害而制定。因此，应对担保合同的债权人课以审慎的审查义务以确定其善意与否。当前司法实践中对于公司越权担保行为的法律效力，存在双方判断规则。一是根据本条的规定进行审查，一方面，不论是关联担保还是非关联担保，都需要经过公司决议程序来决定，法定代表人未经公司决议程序擅自对外提供担保的，构成越权担保；另一方面，为公司股东或者实际控制人提供的关联担保，必须经股东会或者股东大会决议，未经股东会或者股东大会决议，或者仅由董事会决议的，都构成越权担保。二是根据《民法典》第61条第3款的规定，审查相对人是否构成善意，若相对人善意的，担保合同对公司发生法律效力；反之，相对人非善意的，则担保合同对公司不发生法律效力。担保合同对公司不发生效力的，并不意味着公司不承担任何责任，公司对担保合同无效有过错的，仍然应当按照《最高人民法院关于适用〈中华人民共和国民法典〉有关担保制度的解释》第7条和第17条的规定承担赔偿责任。

## 【相关规定】

**《最高人民法院关于适用〈中华人民共和国民法典〉有关担保制度的解释》**

第7条　公司的法定代表人违反公司法关于公司对外担保决议程序的规定，超越权限代表公司与相对人订立担保合同，人民法院应当依照民法典第六十一条和第五百零四条等规定处理：

（一）相对人善意的，担保合同对公司发生效力；相对人请求公司承担担保责任的，人民法院应予支持。

（二）相对人非善意的，担保合同对公司不发生效力；相对人请求公司承担赔偿责任的，参照适用本解释第十七条的有关规定。

法定代表人超越权限提供担保造成公司损失，公司请求法定代表人承担赔偿责任的，人民法院应予支持。

第一款所称善意，是指相对人在订立担保合同时不知道且不应当知道法定代表人超越权限。相对人有证据证明已对公司决议进行了合理审查，人民法院应当认定其构成善意，但是公司有证据证明相对人知道或者应当知道决议系伪造、变造的除外。

## 第十六条 【职工权益的保护】

| 修订前 | 修订后 |
| --- | --- |
| 　　**第十七条**　公司必须保护职工的合法权益，依法与职工签订劳动合同，参加社会保险，加强劳动保护，实现安全生产。<br>　　公司应当采用多种形式，加强公司职工的职业教育和岗位培训，提高职工素质。 | 　　**第十六条**　公司应当保护职工的合法权益，依法与职工签订劳动合同，参加社会保险，加强劳动保护，实现安全生产。<br>　　公司应当采用多种形式，加强公司职工的职业教育和岗位培训，提高职工素质。 |

### 【法条注解】

　　本条是关于公司职工权益保护的规定。具体而言，公司职工的权益主要包括四个方面：第一，签订劳动合同的权利；第二，依法被缴纳社会保险的权利；第三，安全生产的权利；第四，受培训的权利。

### 【相关规定】

　　《劳动合同法》
　　第 10 条　建立劳动关系，应当订立书面劳动合同。
　　已建立劳动关系，未同时订立书面劳动合同的，应当自用工之日起一个月内订立书面劳动合同。
　　用人单位与劳动者在用工前订立劳动合同的，劳动关系自用工之日起建立。

## 第十七条 【公司工会】

| 修订前 | 修订后 |
| --- | --- |
| 　　**第十八条**　公司职工依照《中华人民共和国工会法》组织工会，开展工会活动，维护职工合法权益。公司应当为本公司工会提供必要的活动条件。公司工会代表职工 | 　　**第十七条**　公司职工依照《中华人民共和国工会法》组织工会，开展工会活动，维护职工合法权益。公司应当为本公司工会提供必要的活动条件。公司工会代表职工 |

续表

| 修订前 | 修订后 |
| --- | --- |
| 就职工的劳动报酬、工作时间、福利、~~保险~~和劳动安全卫生等事项依法与公司签订集体合同。<br><br>　公司依照宪法和有关法律的规定，通过职工代表大会或者其他形式，实行民主管理。<br><br>　公司研究决定改制以及经营方面的重大问题、制定重要的规章制度时，应当听取公司工会的意见，并通过职工代表大会或者其他形式听取职工的意见和建议。 | 就职工的劳动报酬、工作时间、**休息休假**、劳动安全卫生**和保险福利**等事项依法与公司签订集体合同。<br><br>　公司依照宪法和有关法律的规定，**建立健全以职工代表大会为基本形式的民主管理制度**，通过职工代表大会或者其他形式，实行民主管理。<br><br>　公司研究决定改制、**解散**、**申请破产**以及经营方面的重大问题、制定重要的规章制度时，应当听取公司工会的意见，并通过职工代表大会或者其他形式听取职工的意见和建议。 |

## 【法条注解】

　　本次修改增加职工休息休假作为签订集体合同的内容；公司需建立健全以职工代表大会为基本形式的民主管理制度的义务。职工代表大会是中国特色的企业民主管理模式，此次修法并未对公司类型限定条件。公司可选择职工代表大会的方式或者其他民主管理形式。新《公司法》将听取工会意见的组织行为扩展至解散、申请破产等情形，进一步强化了对职工权益的保护。

## 第十八条 【党组织的设立和活动】

| 修订前 | 修订后 |
| --- | --- |
| **第十九条**　在公司中，根据中国共产党章程的规定，设立中国共产党的组织，开展党的活动。公司应当为党组织的活动提供必要条件。 | **第十八条**　在公司中，根据中国共产党章程的规定，设立中国共产党的组织，开展党的活动。公司应当为党组织的活动提供必要条件。 |

**【法条注解】**

本条对公司设立党的组织和开展党的活动作出规定。本条通过援引党的章程，为党的领导的原则提供法律依据。公司应当为党组织的活动提供必要条件，党组织在企业中发挥政治引领作用。

## 第十九条　【公司的道德规范】

| 修订前 | 修订后 |
| --- | --- |
| 　　第五条　公司从事经营活动，~~必须~~遵守法律~~、行政法规~~，遵守社会公德、商业道德，诚实守信，接受政府和社会公众的监督，~~承担社会责任。~~<br>　　~~公司的合法权益受法律保护，不受侵犯。~~ | 　　第十九条　公司从事经营活动，应当遵守法律法规，遵守社会公德、商业道德，诚实守信，接受政府和社会公众的监督。 |

**【法条注解】**

本条是关于公司从事经营活动时遵法守法及接受监督的规定，注重体现道德规范对公司行为的浸润。本条与新《公司法》第20条一起，完善了中国正义型公司的道德品格。

## 第二十条　【公司的社会责任】

| 新增条款 | |
| --- | --- |
| | 　　第二十条　公司从事经营活动，应当充分考虑公司职工、消费者等利益相关者的利益以及生态环境保护等社会公共利益，承担社会责任。<br>　　国家鼓励公司参与社会公益活动，公布社会责任报告。 |

## 【法条注解】

本条是关于公司社会责任的规定，将原来公司承担社会责任的表述扩充为一整条，增加公司保护利益相关者的社会义务、增加生态环境保护的社会公共利益、公布社会责任报告等。企业作为社会的一分子，共同铸造公司可持续发展的竞争力。

## 第二十一条 【股东滥用权利】

| 修订前 | 修订后 |
| --- | --- |
| 　　**第二十条第一款、第二款** 公司股东应当遵守法律、行政法规和公司章程，依法行使股东权利，不得滥用股东权利损害公司或者其他股东的利益；~~不得滥用公司法人独立地位和股东有限责任损害公司债权人的利益。~~<br>　　公司股东滥用股东权利给公司或者其他股东造成损失的，应当依法承担赔偿责任。 | 　　**第二十一条** 公司股东应当遵守法律、行政法规和公司章程，依法行使股东权利，不得滥用股东权利损害公司或者其他股东的利益。<br>　　公司股东滥用股东权利给公司或者其他股东造成损失的，应当承担赔偿责任。 |

## 【法条注解】

本条就公司股东滥用权利作出规定。新《公司法》第21条的两款规定取诸旧《公司法》第20条的前两款规定，将第1款的"不得滥用公司法人独立地位和股东有限责任损害公司债权人的利益"删除，并将第2款的"应当依法承担赔偿责任"改为"应当承担赔偿责任"，去掉了"依法"二字。修改后的条文不再将损害股东利益与损害债权人利益规定在一起，而是分开规定，本条仅针对损害股东利益而言。

## 案例指引

某富公司与某恒公司、某亚公司、陆某增资纠纷案（《最高人民法院公报》2014 年第 8 期）

法院生效裁判认为，在民间融资投资活动中，融资方和投资者设置估值调整机制时要遵守公司法和合同法的规定。投资者与目标公司本身之间的补偿条款如果使投资者可以取得相对固定的收益，则该收益会脱离目标公司的经营业绩，直接或间接地损害公司利益和公司债权人利益，故应认定无效。但目标公司股东对投资者的补偿承诺不违反法律法规禁止性规定，是有效的。在合同约定的补偿条件成立的情况下，根据合同当事人意思自治、诚实信用的原则，引资者应信守承诺，投资者应当得到约定的补偿。

## 【相关规定】

### 《民法典》

第 83 条　营利法人的出资人不得滥用出资人权利损害法人或者其他出资人的利益；滥用出资人权利造成法人或者其他出资人损失的，应当依法承担民事责任。

营利法人的出资人不得滥用法人独立地位和出资人有限责任损害法人债权人的利益；滥用法人独立地位和出资人有限责任，逃避债务，严重损害法人债权人的利益的，应当对法人债务承担连带责任。

## 第二十二条　【关联关系】

| 修订前 | 修订后 |
| --- | --- |
| 第二十一条　公司的控股股东、实际控制人、董事、监事、高级管理人员不得利用其关联关系损害公司利益。<br><br>违反前款规定，给公司造成损失的，应当承担赔偿责任。 | 第二十二条　公司的控股股东、实际控制人、董事、监事、高级管理人员不得利用关联关系损害公司利益。<br><br>违反前款规定，给公司造成损失的，应当承担赔偿责任。 |

## 【法条注解】

本条就关联关系作出规定。新《公司法》第 22 条系 2018 年《公法》第21条。合理控制关联交易，对公司经营和治理有重要意义。一方面，不合理的关联交易容易增加经营风险，如大股东进行不等价交易会降低公司利润，损害公司利益；另一方面，关联交易过多会导致公司过分依赖关联方，影响非关联方利益的同时，也影响公司治理。但并非所有关联交易都是不利的，公司法规定，只有损害公司利益的关联交易才被禁止。对公司有利的关联交易是受到公司法保护的。

## 【相关规定】

《最高人民法院关于适用〈中华人民共和国公司法〉若干问题的规定（五）》

第1条 关联交易损害公司利益，原告公司依据民法典第八十四条、公司法第二十一条规定请求控股股东、实际控制人、董事、监事、高级管理人员赔偿所造成的损失，被告仅以该交易已经履行了信息披露、经股东会或者股东大会同意等法律、行政法规或者公司章程规定的程序为由抗辩的，人民法院不予支持。

公司没有提起诉讼的，符合公司法第一百五十一条第一款规定条件的股东，可以依据公司法第一百五十一条第二款、第三款规定向人民法院提起诉讼。

## 案例指引

某生物科技有限公司诉某置业发展有限公司企业借贷纠纷案（最高人民法院指导案例68号）

关联关系中亲属关系与认定。法院生效裁判认为，本案中，曲某为某生物科技有限公司的控股股东，王某1是某置业发展有限公司的原法定代表人，也是案涉合同签订时某置业发展有限公司的控股股东某皇公司的控股股东和法定代表人，王某1与曲某系夫妻关系，说明某生物科技有限公司与某置业发展有限公司由夫妻二人控制。某生物科技有限公司称两人已经离婚，却未提供民政部门的离婚登记或者人民法院的生效法律文书。虽然辽宁高院受理本案诉讼后，某置业发展有限公司的法定代表人由王某1变更为姜某，但王某1仍是某置业发展有限公司的实际控制人。同时，某生物科技有限公司股东兼法定代表人宗某光、王某2等，与某置业发展有限公司的实际控制人王某1、法定代表人姜某、目前的控股股东×××共同投资设立了上海某置业发展有限公司，说明某生物科技有限公司的股东与某置业发展有限公司的控股股东、实际控制人存在其他的共同利益关系。另外，沈阳某置业发展有限公司是某生物科技有限公司控股的公司，某琪公司的股东是王某1的父亲和母亲。可见，某生物科技有限公司与某置业发展有限公司之间，前述两公司与某琪公司、某置业发展有限公司之间均存在关联关系。

## 第二十三条 【公司人格否认制度】

| 修订前 | 修订后 |
| --- | --- |
| **第二十条第三款** 公司股东滥用公司法人独立地位和股东有限责任，逃避债务，严重损害公司债权人利益的，应当对公司债务承担连带责任。<br><br>**第六十三条** 一人有限责任公司的股东不能证明公司财产独立于股东自己的财产的，应当对公司债务承担连带责任。 | **第二十三条** 公司股东滥用公司法人独立地位和股东有限责任，逃避债务，严重损害公司债权人利益的，应当对公司债务承担连带责任。<br><br>股东利用其控制的两个以上公司实施前款规定行为的，各公司应当对任一公司的债务承担连带责任。<br><br>只有一个股东的公司，股东不能证明公司财产独立于股东自己的财产的，应当对公司债务承担连带责任。 |

## 【法条注解】

本条规定了公司人格否认制度。新《公司法》第 23 条第 1 款系 2018 年《公司法》第 20 条第 3 款，第 2 款系新增规定，第 3 款系 2018 年《公司法》第 63 条。新条文更加系统地完善了公司法人人格否认制度，增加了"股东利用其控制的两个以上公司滥用法人独立地位和股东有限责任"的相关规则，增加了一人公司举证责任倒置规则，一人公司的特殊人格否认制度适用于所有形式的一人公司。

有限责任是现代公司制度的基本特征。我国公司法亦坚持公司有限责任原则，但是有限责任也有其反面，即公司人格否认制度，也称"刺破公司面纱"。"刺破公司面纱"分为"纵向刺破"和"横向刺破"，前者指公司与股东混为一个主体的情形，本条第 1 款和第 3 款就是对其的规定；后者指母公司对子公司的控制已经到了子公司失去独立人格的地步，或股东利用其控制的数个公司逃避债务（如控制 A、B 公司的股东将营业收益全部转到 A 公司，而将损失全部交由 B 公司承担），本条第 2 款就是对其的规定。人格否认制度并不是对有限责任制度的否认，只是对个别滥用有限责任的公司进行人格否认，最终实现保护债权人的目的。

## 【相关规定】

### 《民法典》

第 83 条第 2 款　营利法人的出资人不得滥用法人独立地位和出资人有限责任损害法人债权人的利益；滥用法人独立地位和出资人有限责任，逃避债务，严重损害法人债权人的利益的，应当对法人债务承担连带责任。

## 案 例 指 引

某园公司与某利公司、张某等确认合同效力纠纷案（《最高人民法院公报》2021 年第 2 期)

法院生效裁判认为，公司股东仅存在单笔转移公司资金的行为，尚不足以否认公司独立人格的，不应依据 2018 年《公司法》第 20 条第 3 款判决公司股东对公司的债务承担连带责任。但该行为客观上转移并减少了公司资产，降低了公司的偿债能力，根据"举重以明轻"的原则，参照《最高人民法院关于适用〈中华人民共和国公司法〉若干问题的规定（三）》第 14 条关于股东抽逃出资情况下的责任形态之规定，可判决公司股东对公司债务不能清偿的部分放在其转移资金的金额及相应利息范围内承担补充赔偿责任。

## 第二十四条 　【会议形式】

| 新增条款 | |
| --- | --- |
| | 第二十四条　公司股东会、董事会、监事会召开会议和表决可以采用电子通讯方式，公司章程另有规定的除外。 |

## 【法条注解】

本条规定了会议形式。2018 年《公司法》对股东会、董事会、监事会召开会议和表决能否采用电子通讯方式没有规定，新《公司法》在总则中对此予以肯定，承认了电子通讯方式的合法地位。

随着信息化和电子化的全球性普及，电子通讯方式逐渐走入人们的工作生活。在出现疫情等公共性事件时，电子通讯在处理争议解决等交往关系上有重要作用，如《民事诉讼法》就将线上开庭作为合法的开庭方式。新公司法肯定电子通讯方式作为会议召开与表决的合法方式，有利于降低会议成本，也便利公司会议的进行，提高公司决策效率。

## 第二十五条 【公司决议无效】

| 修订前 | 修订后 |
| --- | --- |
| 第二十二条第一款 公司股东会或者股东大会、董事会的决议内容违反法律、行政法规的无效。 | 第二十五条 公司股东会、董事会的决议内容违反法律、行政法规的无效。 |

## 【法条注解】

本条就决议内容的效力作出规定。新《公司法》第 25 条取诸 2018 年《公司法》第 22 条第 1 款。无论是有限责任公司还是股份有限公司，其违反法律、行政法规的决议内容无效，且这种无效性不能被公司章程或股东意志更改或补正。尽管我国民商法尊重私法自治，但是私法自治亦有界限，当民商事主体的"自治"超越法律、行政法规时，这种"自治"就不应该受保护。

## 【相关规定】

**《民法典》**

第 143 条 具备下列条件的民事法律行为有效：

（一）行为人具有相应的民事行为能力；

（二）意思表示真实；

（三）不违反法律、行政法规的强制性规定，不违背公序良俗。

**案例指引**

姚某与某公司、章某等公司决议纠纷案（《最高人民法院公报》2021年第 3 期）

法院认为，有限责任公司章程或股东出资协议确定的公司注册资本出资期限系股东之间达成的合意。除法律规定或存在其他合理性、紧迫性事由需要修改出资期限的情形外，股东会会议作出修改出资期限的决议应经全体股东一致通过。公司股东滥用控股地位，以多数决方式通过修改出资期限决议，损害其他股东期限权益，其他股东请求确认该项决议无效的，人民法院应予支持。

## 第二十六条 【公司决议可撤销】

| 修订前 | 修订后 |
| --- | --- |
| ~~第二十二条第二款、第三款、第四款~~ 股东会或者股东大会、董事会的会议召集程序、表决方式违反法律、行政法规或者公司章程，或者决议内容违反公司章程的，股东可以自决议作出之日起六十日内，请求人民法院撤销。<br><br>~~股东依照前款规定提起诉讼的，人民法院可以应公司的请求，要求股东提供相应担保。~~<br><br>~~公司根据股东会或者股东大会、董事会决议已办理变更登记的，人民法院宣告该决议无效或者撤销该决议后，公司应当向公司登记机关申请撤销变更登记。~~ | 第二十六条 公司股东会、董事会的会议召集程序、表决方式违反法律、行政法规或者公司章程，或者决议内容违反公司章程的，股东自决议作出之日起六十日内，可以请求人民法院撤销。但是，股东会、董事会的会议召集程序或者表决方式仅有轻微瑕疵，对决议未产生实质影响的除外。<br><br>未被通知参加股东会会议的股东自知道或者应当知道股东会决议作出之日起六十日内，可以请求人民法院撤销；自决议作出之日起一年内没有行使撤销权的，撤销权消灭。 |

## 【法条注解】

新《公司法》第 26 条取诸 2018 年《公司法》第 22 条第 2 款与《最高人民法院关于适用〈中华人民共和国公司法〉若干问题的规定（四）》

第 4 条。

本条对决议程序的效力作了规定。与决议内容违反法律、行政法规一律无效的规定不同，决议程序违反法律、行政法规并非一律无效，而是可撤销。无论决议内容还是决议程序，若违反公司章程的，都以可撤销而不是无效论。股东的"撤销权"只能对法院行使，且有除斥期间的限制，本条规定了 60 日的"最短期间"和 1 年的"最长期间"。另外，股东的"撤销权"也受到法律的限制，对于程序轻微瑕疵的会议，其决议不能撤销，这是实质正义的体现。

## 【相关规定】

**《民法典》**

第 85 条　营利法人的权力机构、执行机构作出决议的会议召集程序、表决方式违反法律、行政法规、法人章程，或者决议内容违反法人章程的，营利法人的出资人可以请求人民法院撤销该决议。但是，营利法人依据该决议与善意相对人形成的民事法律关系不受影响。

## 第二十七条　【决议不成立】

| 新增条款 | |
| --- | --- |
| | 　　**第二十七条**　有下列情形之一的，公司股东会、董事会的决议不成立：<br>　　（一）未召开股东会、董事会会议作出决议；<br>　　（二）股东会、董事会会议未对决议事项进行表决；<br>　　（三）出席会议的人数或者所持表决权数未达到本法或者公司章程规定的人数或者所持表决权数；<br>　　（四）同意决议事项的人数或者所持表决权数未达到本法或者公司章程规定的人数或者所持表决权数。 |

## 【法条注解】

本条规定了决议不成立的四种情形。新《公司法》第 27 条吸收了《最高人民法院关于适用〈中华人民共和国公司法〉若干问题的规定（四）》第 5 条，同时删去了"导致决议不成立的其他情形"这一兜底条款。决议不成立适用于决议程序重大瑕疵的情形。在决议程序明显不公平，达不到程序正义的最低标准时，公司法归之以无效的法律效果，这是维护程序正义的体现。何谓重大瑕疵？该条对此作出了列举式规定，共四种情形，且无兜底条款，意味着法院在判断决议是否不成立时仅在这四种情形中找寻即可。

## 案例指引

刘某 1、某消防公司、刘某 2、某实业公司、刘某 3 公司决议不成立纠纷案［黑龙江省哈尔滨市中级人民法院（2017）黑 01 民终 4245 号］[①]

股东会决议上签字和盖章不真实，且未经追认，故该决议不成立。法院认为，某消防公司系有限责任公司，故其股东会的召开应符合《公司法》及公司《章程》相应的规定。本案中，某消防公司于 2015 年 9 月 7 日形成的两份"股东会决议"中，苏某某的签字及某实业公司的公章经司法鉴定确认不真实，苏某某及某实业公司在事后亦未对该两份决议进行追认，据此，可以说明某消防公司于 2015 年 9 月 7 日召开的"股东会"以及作出的免去刘某 4 法定代表人职务、选举刘某 3 为法定代表人及转让某实业公司、苏某某股权等事项的股东会决议的事实不存在，故上述股东会决议不成立，对苏某某、某实业公司不产生法律效力。

## 【相关规定】

《最高人民法院关于适用〈中华人民共和国公司法〉若干问题的规定（四）》

第 5 条 股东会或者股东大会、董事会决议存在下列情形之一，当事人主张决议不成立的，人民法院应当予以支持：

（一）公司未召开会议的，但依据公司法第三十七条第二款或者公司

---

[①] 参见中国裁判文书网，下文对类似案例不再作提示。

章程规定可以不召开股东会或者股东大会而直接作出决定，并由全体股东在决定文件上签名、盖章的除外；

（二）会议未对决议事项进行表决的；

（三）出席会议的人数或者股东所持表决权不符合公司法或者公司章程规定的；

（四）会议的表决结果未达到公司法或者公司章程规定的通过比例的；

（五）导致决议不成立的其他情形。

## 第二十八条　【决议无效、撤销、不成立的后果】

| 新增条款 | |
|---|---|
| | 　　**第二十八条**　公司股东会、董事会决议被人民法院宣告无效、撤销或者确认不成立的，公司应当向公司登记机关申请撤销根据该决议已办理的登记。<br><br>　　股东会、董事会决议被人民法院宣告无效、撤销或者确认不成立的，公司根据该决议与善意相对人形成的民事法律关系不受影响。 |

### 【法条注解】

本条规定了决议无效、撤销、不成立的后果。新《公司法》第 28 条第 1 款取诸 2018 年《公司法》第 22 条第 4 款，并增加了决议不成立的情形，使之更加完备。新《公司法》第 28 条第 2 款参考了《最高人民法院关于适用〈中华人民共和国公司法〉若干问题的规定（四）》第 6 条。在公司决议无效、撤销、不成立时，公司面临两对关系：一是公司与登记机关的关系；二是公司与相对人的关系。前者规定在第 1 款，后者规定在第 2 款。二者都应当遵循诚信原则：在公司与登记机关的关系上，体现为公司应当及时撤销相关登记；在公司与相对人的关系上，公司法保护交易安全，善意相对人的信赖利益受到保护，即使决议无效、不成立、被撤销，公司仍应履行因该决议而产生的义务。

## 【相关规定】

### 《民法典》

第 85 条　营利法人的权力机构、执行机构作出决议的会议召集程序、表决方式违反法律、行政法规、法人章程，或者决议内容违反法人章程的，营利法人的出资人可以请求人民法院撤销该决议。但是，营利法人依据该决议与善意相对人形成的民事法律关系不受影响。

# 第二章　公司登记

## 第二十九条　【公司登记】

| 修订前 | 修订后 |
| --- | --- |
| **第六条**　设立公司，应当依法向公司登记机关申请设立登记。~~符合本法规定的设立条件的，由公司登记机关分别登记为有限责任公司或者股份有限公司；不符合本法规定的设立条件的，不得登记为有限责任公司或者股份有限公司。~~<br><br>法律、行政法规规定设立公司必须报经批准的，应当在公司登记前依法办理批准手续。<br><br>~~公众可以向公司登记机关申请查询公司登记事项，公司登记机关应当提供查询服务。~~ | **第二十九条**　设立公司，应当依法向公司登记机关申请设立登记。<br><br>法律、行政法规规定设立公司必须报经批准的，应当在公司登记前依法办理批准手续。 |

## 【法条注解】

本条规定了公司设立政策。新《公司法》第29条取诸2018年《公司法》第6条的第1款和第2款，并简化了其表述。新《公司法》保持了"准则主义+核准主义"的公司设立政策。准则主义是指只要符合了条件和程序，直接向登记机关申请设立登记即可，它适用于普通公司的设立。特殊行业适用核准主义，即申请公司设立登记前还需要取得主管机关的行政审批手续。适用核准主义的行业主要有商业银行、信托、保险、证券等金融行业。

## 第三十条 【公司登记相关材料】

| 修订前 | 修订后 |
| --- | --- |
| 第二十九条 股东认足公司章程规定的出资后，由全体股东指定的代表或者共同委托的代理人向公司登记机关报送公司登记申请书、公司章程等文件，申请设立登记。 | 第三十条 申请设立公司，应当提交设立登记申请书、公司章程等文件，提交的相关材料应当真实、合法和有效。<br>申请材料不齐全或者不符合法定形式的，公司登记机关应当一次性告知需要补正的材料。 |

## 【法条注解】

本条就公司登记相关材料作出规定。原《公司法》对设立有限责任公司和设立股份有限公司分别规定了"申请材料提交问题"（第29条和第92条），新《公司法》提取公因式，将材料提交问题放在总则，此外增加了材料真实性、合法性、有效性的保证义务。

## 第三十一条 【公司类型】

| 修订前 | 修订后 |
| --- | --- |
| 第六条第一款 设立公司，应当依法向公司登记机关申请设立登记。符合本法规定的设立条件的，由公司登记机关分别登记为有限责任公司或者股份有限公司；不符合本法规定的设立条件的，不得登记为有限责任公司或者股份有限公司。 | 第三十一条 申请设立公司，符合本法规定的设立条件的，由公司登记机关分别登记为有限责任公司或者股份有限公司；不符合本法规定的设立条件的，不得登记为有限责任公司或者股份有限公司。 |

## 【法条注解】

新《公司法》第31条规定了公司的设立登记和公司的类型。本条是将2018年《公司法》第6条第1款列为一个独立的条款。本条的意义主要在于两点：

第一，明确我国采取准则设立主义原则，只有经过登记才可以设立公司。公司登记有两个方面的作用：一是为了确定公司的组织及权利义务关系；二是将公司登记作为一种公示的方式，以此保护公司本身及社会公众的利益。

第二，明确我国公司的法定类型仅为有限责任公司和股份有限公司。公司分类的目的在于明确各类公司的法律地位、法律责任及股东和公司的关系，以便于在实践中具体操作、分类规范与指导。[①] 因此，需要在《公司法》中确定公司的法定类型。有限责任公司是指由 50 个以下股东共同投资设立，每个股东以其所认缴的出资额为限对公司承担责任，公司以其全部资产对其债务承担责任的企业法人。股份有限公司是指全部资本分成等额股份，股东以其认购的股份为限对公司承担责任，公司以其全部资产对公司债务承担责任的企业法人。[②]

## 第三十二条　【登记事项】

| 新增条款 | |
| --- | --- |
| | 第三十二条　公司登记事项包括：<br>（一）名称；<br>（二）住所；<br>（三）注册资本；<br>（四）经营范围；<br>（五）法定代表人的姓名；<br>（六）有限责任公司股东、股份有限公司发起人的姓名或者名称。<br>公司登记机关应当将前款规定的公司登记事项通过国家企业信用信息公示系统向社会公示。 |

## 【法条注解】

新《公司法》第 32 条是关于公司登记事项的条款。名称、住所、注册资本、经营范围、法定代表人和发起人的姓名或者名称等信息是公司的

---

① 石少侠主编：《公司法学》，中国政法大学出版社 2015 年版，第 21 页。
② 范健、王建文：《公司法》，法律出版社 2018 年版，第 82~83 页。

核心营业信息，对市场交易安全和秩序维护有着至关重要的影响，应当作为法定登记事项。因此，新《公司法》新增了关于公司登记的具体事项的规定。

此外，公司登记事项公示具有便于商事交易的进行、便于社会公众的监督，并保障商主体及其利益相关人的合法权益。因此，本条款还新增了登记事项公示规定，将2018年《公司法》中的申请公示规定转变为主动公示规定，以提高登记信息的透明度，进一步彰显公司登记的信息公示功能。

## 【相关规定】

**《中华人民共和国市场主体登记管理条例》**

第8条　市场主体的一般登记事项包括：

（一）名称；

（二）主体类型；

（三）经营范围；

（四）住所或者主要经营场所；

（五）注册资本或者出资额；

（六）法定代表人、执行事务合伙人或者负责人姓名。

除前款规定外，还应当根据市场主体类型登记下列事项：

（一）有限责任公司股东、股份有限公司发起人、非公司企业法人出资人的姓名或者名称；

（二）个人独资企业的投资人姓名及居所；

（三）合伙企业的合伙人名称或者姓名、住所、承担责任方式；

（四）个体工商户的经营者姓名、住所、经营场所；

（五）法律、行政法规规定的其他事项。

第35条　市场主体应当按照国家有关规定公示年度报告和登记相关信息。

## 第三十三条 【营业执照】

| 修订前 | 修订后 |
| --- | --- |
| 第七条第一款、第二款 依法设立的公司，由公司登记机关发给公司营业执照。公司营业执照签发日期为公司成立日期。<br><br>公司营业执照应当载明公司的名称、住所、注册资本、经营范围、法定代表人姓名等事项。 | 第三十三条 依法设立的公司，由公司登记机关发给公司营业执照。公司营业执照签发日期为公司成立日期。<br><br>公司营业执照应当载明公司的名称、住所、注册资本、经营范围、法定代表人姓名等事项。<br><br>公司登记机关可以发给电子营业执照。电子营业执照与纸质营业执照具有同等法律效力。 |

## 【法条注解】

新《公司法》第 33 条是关于营业执照的规定。营业执照是国家市场监督管理机关发给工商企业、个体经营者的，准许其从事某项生产经营活动的凭证。作为公司取得主体资格的前提条件，营业执照是确定公司成立的法律文件、是企业合法身份的证明、是企业从事合法经营活动的凭证，具有重要地位，凭借营业执照，公司方能刻制印章、开立银行账户、申请纳税登记等。企业无论从事商业交易，还是到法院起诉和应诉，均需要以营业执照表明主体资格。

在政务服务数字化改革的背景下，国家推行电子营业执照，建立适应数字化环境下的商事登记数字证书管理系统，为电子政务、电子商务提供身份认证和电子签名服务保障，电子营业执照载有工商登记信息。电子营业执照已得到广泛应用，有必要在法律层面确认其合法效力，除了载体不同以外，电子营业执照与纸质营业执照没有实质不同，均为市场监管部门统一核发的有效证件，两者效力应该等同。因此，新《公司法》对营业执照进行规定，新增电子营业执照与纸质营业执照具有同等法律效力的规定。

## 【相关规定】

### 1. 《工商总局关于全面推进企业电子营业执照工作的意见》

第 2 条第 1 款 坚持依法推进，确保电子营业执照的法定性。电子营业执照是以工商总局为全国统一信任源点，载有市场主体登记信息的法律电子证件，由工商行政管理部门依据国家有关法律法规、按照统一标准规范核发，与纸质营业执照具有同等法律效力，是市场主体取得主体资格的合法凭证，具有法律意义上的证据性和权威性。

2.《中华人民共和国市场主体登记管理条例实施细则》

第 23 条第 2 款　电子营业执照与纸质营业执照具有同等法律效力，市场主体可以凭电子营业执照开展经营活动。

## 第三十四条　【变更登记效力】

| 修订前 | 修订后 |
| --- | --- |
| 第三十二条第三款　公司应当将股东的姓名或者名称向公司登记机关登记；登记事项发生变更的，应当办理变更登记。未经登记或者变更登记的，不得对抗第三人。 | 第三十四条　公司登记事项发生变更的，应当**依法**办理变更登记。<br>**公司登记事项**未经登记或者未经变更登记，不得对抗**善意相对人**。 |

## 【法条注解】

新《公司法》第 34 条是关于变更登记效力的规定。在登记强制主义要求下，凡法定的公司登记事项发生了变更，必须进行变更登记，未经变更登记的，公司不得擅自改变登记事项。[①]

登记对抗效力的理论基础为外观主义。登记事项一经登记公示，就形成了一个商事外观，对外具有公信力。当登记事项与实际情况不一致时，第三人往往难以知悉真实情况，为了保护善意的第三人对公示信息的信赖，维护交易安全，公司不能以未经登记的事实对抗善意的第三人。因此，相对于 2018 年《公司法》第 32 条第 3 款只针对股东登记对抗效力的规定，新《公司法》一般性地针对公司登记事项的对抗效力进行规定，并将第三人修改为善意相对人。并且，此条款中"不得对抗善意相对人"中的"对抗"效力只是推定效力，不宜视为确认效力。

---

① 李建伟：《公司法学》，中国人民大学出版社 2018 年版，第 102 页。

**【相关规定】**

《中华人民共和国市场主体登记管理条例》

第 24 条　市场主体变更登记事项，应当自作出变更决议、决定或者法定变更事项发生之日起 30 日内向登记机关申请变更登记。

市场主体变更登记事项属于依法须经批准的，申请人应当在批准文件有效期内向登记机关申请变更登记。

## 第三十五条　【变更登记程序】

| 新增条款 | |
| --- | --- |
| | 第三十五条　公司申请变更登记，应当向公司登记机关提交公司法定代表人签署的变更登记申请书、依法作出的变更决议或者决定等文件。<br><br>公司变更登记事项涉及修改公司章程的，应当提交修改后的公司章程。<br><br>公司变更法定代表人的，变更登记申请书由变更后的法定代表人签署。 |

**【法条注解】**

新《公司法》第 35 条是关于变更登记程序的规定。公司变更登记指对公司既有登记要素的变更，需要经过特定的程序才能完成。因此，相对于 2018 年《公司法》，新《公司法》新增了此条款作为公司变更登记的程序性规定，具体规定了公司申请变更登记需要提交的文件。

此外，变更申请书明确由变更后的法定代表人签署，一方面能够避免原法定代表人不配合签署申请书而导致无法完成法定代表人变更登记的情况；另一方面也意味着变更法定代表人的决议一经作出即产生内部效力，原法定代表人在公司内部即丧失代表权。

## 【相关规定】

**《中华人民共和国市场主体登记管理条例实施细则》**

第 31 条　市场主体变更登记事项，应当自作出变更决议、决定或者法定变更事项发生之日起 30 日内申请办理变更登记。

市场主体登记事项变更涉及分支机构登记事项变更的，应当自市场主体登记事项变更登记之日起 30 日内申请办理分支机构变更登记。

第 32 条　申请办理变更登记，应当提交申请书，并根据市场主体类型及具体变更事项分别提交下列材料：

（一）公司变更事项涉及章程修改的，应当提交修改后的章程或者章程修正案；需要对修改章程作出决议决定的，还应当提交相关决议决定；

（二）合伙企业应当提交全体合伙人或者合伙协议约定的人员签署的变更决定书；变更事项涉及修改合伙协议的，应当提交由全体合伙人签署或者合伙协议约定的人员签署修改或者补充的合伙协议；

（三）农民专业合作社（联合社）应当提交成员大会或者成员代表大会作出的变更决议；变更事项涉及章程修改的应当提交修改后的章程或者章程修正案。

第 33 条　市场主体更换法定代表人、执行事务合伙人（含委派代表）、负责人的变更登记申请由新任法定代表人、执行事务合伙人（含委派代表）、负责人签署。

## 第三十六条　【换发营业执照】

| 修订前 | 修订后 |
| --- | --- |
| **第七条第三款**　公司营业执照记载的事项发生变更的，公司应当依法办理变更登记，由公司登记机关换发营业执照。 | **第三十六条**　公司营业执照记载的事项发生变更的，公司办理变更登记后，由公司登记机关换发营业执照。 |

## 【法条注解】

新《公司法》第 36 条是关于换发营业执照的规定。相对于 2018 年《公司法》，此条款并不发生实质性变动。公司营业执照上载明的事项包括公司的名称、住所、注册资本、经营范围、法定代表人姓名等重要事项。这些重要事项能够反映企业的最基本信息，是市场上的其他主体了解企业便捷、可靠的渠道。当这些基本信息发生变更时，企业应当办理变更登记，通过变更登记，可以向外界公示本企业的基本信息发生变更。

## 【相关规定】

**《中华人民共和国市场主体登记管理条例》**

第 28 条　市场主体变更登记涉及营业执照记载事项的，登记机关应当及时为市场主体换发营业执照。

## 第三十七条　【注销登记】

| 新增条款 | |
|---|---|
| | **第三十七条**　公司因解散、被宣告破产或者其他法定事由需要终止的，应当依法向公司登记机关申请注销登记，由公司登记机关公告公司终止。 |

## 【法条注解】

新《公司法》第 37 条是关于注销登记的规定。此条款为公司法新增的内容。本条规定了公司注销登记的法定事由及注销登记的效力。注销登记是指登记主管机关依法对出现法定事由的企业，取消该企业法人资格或经营权的行为。由于登记产生的公信力，对善意第三人的信赖应加以保护，所以商事主体发生终止事由后并不当然消灭，只有将登记依法定程序注销后，始发生商事主体终止或消灭的法律后果。[1] 因此，注销登记的效力为公告公司终止，经过注销的公司，法人资格丧失。强制注销的实施有助于克服市场的内生性缺陷、清理"僵尸企业"，释放市场资源与维护公共利益。[2]

---

① 钱玉林：《商事主体注销登记争点问题讨论》，载《法学论坛》2021 年第 4 期。
② 朱晓娟：《公司强制注销的规范定位与体系构造》，载《国家检察官学院学报》2023 年第 6 期。

## 【相关规定】

**《中华人民共和国市场主体登记管理条例实施细则》**

第44条 市场主体因解散、被宣告破产或者其他法定事由需要终止的，应当依法向登记机关申请注销登记。依法需要清算的，应当自清算结束之日起30日内申请注销登记。依法不需要清算的，应当自决定作出之日起30日内申请注销登记。市场主体申请注销后，不得从事与注销无关的生产经营活动。自登记机关予以注销登记之日起，市场主体终止。

### 案 例 指 引

北京某商贸有限公司与上海某电器股份有限公司侵害商标权纠纷案 [北京知识产权法院（2021）京73民终3604号]

法院生效裁判认为，通常情况下，企业终止经营活动退出市场，需要经历决议解散、清算分配和注销登记三个主要过程。《市场主体登记管理条例》第31条第1款规定："市场主体因解散、被宣告破产或者其他法定事由需要终止的，应当依法向登记机关申请注销登记。经登记机关注销登记，市场主体终止。"根据该条规定，企业作为市场主体终止的，注销登记是必经程序。本案中，某超市在转型过程中，并未办理注销登记，缺乏主体资格终止的程序及形式要件。因此，某公司将涉案企业转型行为定性为原个体工商户的注销和新公司的成立，缺乏事实与法律依据。

## 第三十八条 【设立分公司】

| 修订前 | 修订后 |
| --- | --- |
| **第十四条第一款** 公司可以设立分公司。设立分公司，应当向公司登记机关申请登记，领取营业执照。分公司不具有法人资格，其民事责任由公司承担。 | **第三十八条** 公司设立分公司，应当向公司登记机关申请登记，领取营业执照。 |

## 【法条注解】

新《公司法》第38条是关于设立分公司的规定。本条款无实质变动。

分公司是指公司在其住所以外设立的从事经营活动，但不具有法人资格的机构。设立登记是分公司成立的生效要件，只有经过登记，获取营业执照，分公司才具备从事经营活动的资格。

## 【相关规定】

《中华人民共和国市场主体登记管理条例》

第 23 条　市场主体设立分支机构，应当向分支机构所在地的登记机关申请登记。

## 案例指引

某公司、某工程有限公司等建设工程施工合同纠纷案［最高人民法院（2022）最高法民再 177 号］

法院生效裁判认为，《公司法》第 14 条第 1 款规定："……设立分公司，应当向公司登记机关申请登记，领取营业执照……"由于某公司西南分公司迟至 2019 年 9 月 12 日方取得营业执照，其签订 1.30《协议书》时实为某公司职能部门。《最高人民法院关于适用〈中华人民共和国担保法〉若干问题的解释》第 18 条规定："企业法人的职能部门提供保证的，保证合同无效。债权人知道或者应当知道保证人为企业法人的职能部门的，因此造成的损失由债权人自行承担。债权人不知保证人为企业法人的职能部门，因此造成的损失，可以参照担保法第五条第二款的规定和第二十九条的规定处理。"因此，1.30《协议书》关于某公司西南分公司承担连带责任保证的约定无效。由于某公司并未举证证明某防水公司知道或应当知道某公司西南分公司为其职能部门，所以保证无效造成的损失应参照《担保法》第 5 条第 2 款的规定和第 29 条的规定处理。某防水公司应当知道某公司西南分公司未经授权，仍与某公司西南分公司订立保证合同，存在过错；某公司对 1.30《协议书》的签订也具有过错。因此，某公司应当对某房产公司不能清偿部分承担 1/2 的赔偿责任。

## 第三十九条　【虚假登记的撤销】

| 修订前 | 修订后 |
| --- | --- |
| 第一百九十八条　违反本法规定，虚报注册资本、提交虚假材料或者采取其他欺诈手段隐瞒重要事实取得公司登记的，由公司登记机关责令改正，对虚报注册资本的公司，处以虚报注册资本金额百分之五以上百分之十五以下的罚款；对提交虚假材料或者采取其他欺诈手段隐瞒重要事实的公司，处以五万元以上五十万元以下的罚款；情节严重的，撤销公司登记或者吊销营业执照。 | 第三十九条　虚报注册资本、提交虚假材料或者采取其他欺诈手段隐瞒重要事实取得公司设立登记的，公司登记机关应当依照法律、行政法规的规定予以撤销。 |

## 【法条注解】

新《公司法》第 39 条是关于虚假登记撤销的规定。公司登记制度是现代行政法通过规范公司法人的商事活动，以保护商事交易安全的重要制度。公司的登记行为不仅是事关市场主体身份确认的关键行为，而且其在工商机关或市场监督机关的登记信息无论是对于市场交易的各相对方而言，还是对于政府各监管方而言都具有公示、公信效力。公司进行虚假登记取得法人资格，很可能会扰乱市场秩序，因此需要撤销其登记，以恢复相应的社会秩序。

此外，撤销登记本质上是针对错误登记行为的一种纠错机制而非行政处罚，登记行为的合法性在于基础民事行为的真实性，虚假登记因缺乏合法性基础，应当予以撤销登记。因此，相对于 2018 年《公司法》第 198条规定，新《公司法》本条规定不再以"情节严重"为撤销登记的前提。

## 【相关规定】

**《中华人民共和国市场主体登记管理条例》**

第 40 条　提交虚假材料或者采取其他欺诈手段隐瞒重要事实取得市场主体登记的，受虚假市场主体登记影响的自然人、法人和其他组织可以向登记机关提出撤销市场主体登记的申请。

登记机关受理申请后，应当及时开展调查。经调查认定存在虚假市场主体登记情形的，登记机关应当撤销市场主体登记。相关市场主体和人员无法联系或者拒不配合的，登记机关可以将相关市场主体的登记时间、登记事项等通过国家企业信用信息公示系统向社会公示，公示期为45日。相关市场主体及其利害关系人在公示期内没有提出异议的，登记机关可以撤销市场主体登记。

因虚假市场主体登记被撤销的市场主体，其直接责任人自市场主体登记被撤销之日起3年内不得再次申请市场主体登记。登记机关应当通过国家企业信用信息公示系统予以公示。

## 案 例 指 引

李某、朱某与某市某区市场监督管理局、某市某区人民政府再审行政案［江苏省高级人民法院（2019）苏行申1439号］

法院生效裁判认为，《公司登记管理条例》第2条第2款规定，申请办理公司登记，申请人应当对申请文件、材料的真实性负责。2013年《公司法》第198条规定，违反本法规定，虚报注册资本、提交虚假材料或者采取其他欺诈手段隐瞒重要事实取得公司登记的，由公司登记机关责令改正，对虚报注册资本的公司，处以虚报注册资本金额5%以上15%以下的罚款；对提交虚假材料或者采取其他欺诈手段隐瞒重要事实的公司，处以5万元以上50万元以下的罚款；情节严重的，撤销公司登记或者吊销营业执照。本案中，九某公司提交虚假材料取得法定代表人以及股权变更登记，违反了法律法规禁止性规定，扰乱了公司登记秩序，对不知情的第三人方某的信用产生了负面影响，属于情节严重的情形。某区市监局查明事实后，对九某公司作出28号《处罚决定》，罚款365000元，上缴国库；撤销九某公司于2013年1月14日的股权变更登记和法定代表人变更登记，符合《公司法》第198条等规定。

## 第四十条　【股东认缴、实缴出资额等信息公示】

| 新增条款 | |
|---|---|
| | **第四十条**　公司应当按照规定通过国家企业信用信息公示系统公示下列事项：<br><br>（一）有限责任公司股东认缴和实缴的出资额、出资方式和出资日期，股份有限公司发起人认购的股份数；<br><br>（二）有限责任公司股东、股份有限公司发起人的股权、股份变更信息；<br><br>（三）行政许可取得、变更、注销等信息；<br><br>（四）法律、行政法规规定的其他信息。<br><br>公司应当确保前款公示信息真实、准确、完整。 |

**【法条注解】**

第 40 条为新《公司法》新增内容，规定公司应通过企业信息公示系统公示的信息。本条规定在企业信用信息平台公示的信息为非法定登记事项（法定登记事项详见新《公司法》第 32 条），但对保护交易安全、提高交易效率具有重要作用。通过企业信息公示系统公示有限公司股东认缴和实缴出资额、股权变动等信息，有助于提高交易相对人获取公司信息的效率，降低交易成本。

**【相关规定】**

**《企业信息公示暂行条例》**

第 10 条　企业应当自下列信息形成之日起 20 个工作日内通过企业信用信息公示系统向社会公示：

（一）有限责任公司股东或者股份有限公司发起人认缴和实缴的出资

额、出资时间、出资方式等信息；

（二）有限责任公司股东股权转让等股权变更信息；

（三）行政许可取得、变更、延续信息；

（四）知识产权出质登记信息；

（五）受到行政处罚的信息；

（六）其他依法应当公示的信息。

工商行政管理部门发现企业未依照前款规定履行公示义务的，应当责令其限期履行。

## 第四十一条 【优化公司服务登记】

| 新增条款 | |
| --- | --- |
| | **第四十一条** 公司登记机关应当优化公司登记办理流程，提高公司登记效率，加强信息化建设，推行网上办理等便捷方式，提升公司登记便利化水平。<br><br>国务院市场监督管理部门根据本法和有关法律、行政法规的规定，制定公司登记注册的具体办法。 |

## 【法条注解】

第 41 条为新《公司法》新增内容，可理解为便民原则。第 1 款规定公司登记机关应优化公司登记办理流程，提高公司登记效率等内容。第 2 款明确赋予国务院市场监督管理部门可以根据《公司法》及相关法律、行政法规，制定公司登记规范。例如，国务院市场监督管理部门已经制定的《市场主体登记管理条例》等与公司登记相关的条例。

第 41 条优化公司登记服务的规定，是为了解决实践中可能存在的公司登记前置行政审批、核准程序烦琐等问题。在制度价值取向上，由安全优先转向效率优先，在制度理念上淡化了公司登记中的行政管制色彩，强调公司登记的服务属性，与公司登记的行政确认性质相契合。

## 【相关规定】

**《中华人民共和国市场主体登记管理条例》**

第 6 条　国务院市场监督管理部门应当加强信息化建设，制定统一的市场主体登记数据和系统建设规范。

县级以上地方人民政府承担市场主体登记工作的部门（以下称登记机关）应当优化市场主体登记办理流程，提高市场主体登记效率，推行当场办结、一次办结、限时办结等制度，实现集中办理、就近办理、网上办理、异地可办，提升市场主体登记便利化程度。

# 第三章　有限责任公司的设立和组织机构

## 第一节　设　立

### 第四十二条　【有限责任公司股东人数限制】

| 修订前 | 修订后 |
|---|---|
| 　　**第二十四条**　有限责任公司由五十个以下股东出资设立。<br><br>　　**第五十七条第二款**　本法所称一人有限责任公司，是指只有一个自然人股东或者一个法人股东的有限责任公司。 | 　　**第四十二条**　有限责任公司由一个以上五十个以下股东出资设立。 |

**【法条注解】**

　　本条无实质性变化。第 42 条为对有限责任公司设立的人数要求，此条"人"为广义的人，可以是自然人、法人、组织等。

### 第四十三条　【有限公司设立协议】

| 新增条款 | |
|---|---|
| | 　　**第四十三条**　有限责任公司设立时的股东可以签订设立协议，明确各自在公司设立过程中的权利和义务。 |

## 【法条注解】

第 43 条规定有限责任公司设立协议，为新《公司法》新增内容，为任意性规则、提示性规定。对于有限责任公司而言，设立协议不是必需动作，当事人可自行选择。与本法第 93 条对应，第 93 条规定股份有限公司的设立，其中规定"发起人应当签订发起人协议"。体现有限责任公司与股份有限公司在设立上的差别。

设立协议，又称股东协议或发起人协议，是指在公司设立过程中，各发起人以设立公司为目的而结合在一起，由发起人签订协议，建立他们之间的合伙关系。

在个案中，因为有设立协议，则可能涉及违约行为、违约责任，具体则参照《民法典》的具体规定。

股东协议与公司章程存在一部分重叠，如公司名称、注册资本、经营范围、股东构成等事项。股东协议与公司章程的区别在于：一是效力不同。股东协议是合同法律规定的法律行为，只能约束同意该股东协议的人。股东协议一般不公示也不备案。而公司章程是组织法上的法律行为，可以对继受者产生法律效力。二是主体范围不同。股东协议只能在签署的股东间发生效力，而公司章程对董监高及公司本身均有约束力。三是修改程序不同。股东协议遵循合同变更原则，一般情况下只有全体签署协议的股东才能变更，而公司章程多数决即可修改。四是解除不同。公司章程不存在解除问题，随公司终止而一并消灭，而股东协议可以在公司存续阶段解除。

## 第四十四条　【公司设立行为的法律后果】

| 新增条款 | |
| --- | --- |
| | **第四十四条**　有限责任公司设立时的股东为设立公司从事的民事活动，其法律后果由公司承受。<br><br>公司未成立的，其法律后果由公司设立时的股东承受；设立时的股东为二人以上的，享有连带债权，承担连带债务。<br><br>设立时的股东为设立公司以己的名义从事民事活动产生的民事 |

续表

| 新增条款 |
| --- |
| 责任，第三人有权选择请求公司或者公司设立时的股东承担。<br><br>　　设立时的股东因履行公司设立职责造成他人损害的，公司或者无过错的股东承担赔偿责任后，可以向有过错的股东追偿。 |

## 【法条注解】

第 44 条为新《公司法》新增内容，规定"先公司行为"的法律后果。本条为吸收《最高人民法院关于适用〈中华人民共和国公司法〉若干问题的规定（三）》第 2 条至第 5 条以及《民法典》第 75 条。

本条明确设立公司时"先公司交易"的法律后果。在公司未成立的情况下，法律后果由公司设立时的股东承担，设立时的股东为 2 人以上的，承担连带义务。该条规定了股东对外承担连带责任，股东内部之间如何承担，可以通过协议明确。

## 【相关规定】

1. 《民法典》

第 75 条　设立人为设立法人从事的民事活动，其法律后果由法人承受；法人未成立的，其法律后果由设立人承受，设立人为二人以上的，享有连带债权，承担连带债务。

设立人为设立法人以自己的名义从事民事活动产生的民事责任，第三人有权选择请求法人或者设立人承担。

2. 《最高人民法院关于适用〈中华人民共和国公司法〉若干问题的规定（三）》

第 2 条　发起人为设立公司以自己名义对外签订合同，合同相对人请求该发起人承担合同责任的，人民法院应予支持；公司成立后合同相对人请求公司承担合同责任的，人民法院应予支持。

第 3 条　发起人以设立中公司名义对外签订合同，公司成立后合同相对人请求公司承担合同责任的，人民法院应予支持。

公司成立后有证据证明发起人利用设立中公司的名义为自己的利益与

相对人签订合同，公司以此为由主张不承担合同责任的，人民法院应予支持，但相对人为善意的除外。

第4条　公司因故未成立，债权人请求全体或者部分发起人对设立公司行为所产生的费用和债务承担连带清偿责任的，人民法院应予支持。

部分发起人依照前款规定承担责任后，请求其他发起人分担的，人民法院应当判令其他发起人按照约定的责任承担比例分担责任；没有约定责任承担比例的，按照约定的出资比例分担责任；没有约定出资比例的，按照均等份额分担责任。

因部分发起人的过错导致公司未成立，其他发起人主张其承担设立行为所产生的费用和债务的，人民法院应当根据过错情况，确定过错一方的责任范围。

第5条　发起人因履行公司设立职责造成他人损害，公司成立后受害人请求公司承担侵权赔偿责任的，人民法院应予支持；公司未成立，受害人请求全体发起人承担连带赔偿责任的，人民法院应予支持。

公司或者无过错的发起人承担赔偿责任后，可以向有过错的发起人追偿。

## 第四十五条　【有限责任公司章程制定】

| 修订前 | 修订后 |
| --- | --- |
| **第二十三条**　设立有限责任公司，应当具备下列条件：<br>（一）股东符合法定人数；<br>（二）有符合公司章程规定的全体股东认缴的出资额；<br>（三）股东共同制定公司章程；<br>（四）有公司名称，建立符合有限责任公司要求的组织机构；<br>（五）有公司住所。 | **第四十五条**　设立有限责任公司，应当由股东共同制定公司章程。 |

## 【法条注解】

根据新《公司法》第45条的规定，有限责任公司的公司章程，应当由股东共同制定，体现全体股东意志，是股东共同一致的意思表示，载明公司组织和活动的基本准则。

## 第四十六条 【有限责任公司章程内容】

| 修订前 | 修订后 |
| --- | --- |
| **第二十五条** 有限责任公司章程应当载明下列事项：<br>（一）公司名称和住所；<br>（二）公司经营范围；<br>（三）公司注册资本；<br>（四）股东的姓名或者名称；<br>（五）股东的~~出资方式、出资~~额和出资时间；<br>（六）公司的机构及其产生办法、职权、议事规则；<br>（七）公司法定代表人；<br>（八）股东会会议认为需要规定的其他事项。<br>股东应当在公司章程上签名~~、~~盖章。 | **第四十六条** 有限责任公司章程应当载明下列事项：<br>（一）公司名称和住所；<br>（二）公司经营范围；<br>（三）公司注册资本；<br>（四）股东的姓名或者名称；<br>（五）股东的**出资额、出资方式和出资日期**；<br>（六）公司的机构及其产生办法、职权、议事规则；<br>（七）公司法定代表人**的产生、变更办法**；<br>（八）股东会认为需要规定的其他事项。<br>股东应当在公司章程上签名**或者**盖章。 |

**【法条注解】**

新《公司法》第 46 条是关于章程记载事项的规定，与 2018 年《公司法》相比变化不大。其中第 7 项由"公司法定代表人"修改为"公司法定代表人的产生、变更办法"。这一变化，在实践中可以减少公司法定代表人变更引发的僵局。例如，章程中明确载明某人是公司法定代表人，当法定代表人发生变更时，可能碰到僵局。又如，A 被解任却不配合修改章程，则变更手续可能陷入僵局。新《公司法》不要求在章程中记载某个具体人，有助于避免法定代表人变化带来的困局。

同时，可以避免将公司法定代表人名字记载在公司章程的情况下，更换法定代表人由 1/2 以上表决权股东同意还是 2/3 以上表决权股东同意的不确定性。

## 第四十七条　【注册资本认缴制与最长认缴期限】

| 修订前 | 修订后 |
| --- | --- |
| **第二十六条**　有限责任公司的注册资本为在公司登记机关登记的全体股东认缴的出资额。<br><br>　　法律、行政法规以及国务院决定对有限责任公司注册资本实缴、注册资本最低限额另有规定的，从其规定。 | **第四十七条**　有限责任公司的注册资本为在公司登记机关登记的全体股东认缴的出资额。**全体股东认缴的出资额由股东按照公司章程的规定自公司成立之日起五年内缴足。**<br><br>　　法律、行政法规以及国务院决定对有限责任公司注册资本实缴、注册资本最低限额、**股东出资期限**另有规定的，从其规定。 |

## 【法条注解】

　　新《公司法》第47条与2018年《公司法》第26条对应，为有限责任公司注册资本认缴登记制的规定。新《公司法》强制规定有限责任公司股东最长认缴期限为5年，同时第2款为5年最长期限留下窗口。

　　注册资本认缴制为原公司法一大亮点，在该制度下，公司可以长期甚至无限期不用实缴出资，所以出现大量注册资本上千万元的公司，如果未出现资不抵债的情况，原则上可以永远不用实缴。自2013年起，认缴登记制改革以来，实践中出现不少"注册资本注水"的公司，股东承诺的认缴资本数额大、缴付期限长，且股东又可在认缴期限届至之前转让股权。如此一来，注册资本无法给予债权人足够的信赖。

　　设置5年最长认缴期限，可激励股东在确定出资义务时更理性地评估未来经营需求、投资风险，并顾及债权人获得合理预期。同时，将压缩"空壳公司"的生存空间，保护正常经营的合法权益，减少公司债权人"执行难"问题。

　　限制认缴期限和股东出资义务加速到期在功能层面上具有一致性，二者都可以维护公司资本充实，保护债权人利益。但二者的侧重点有所不同，股东出资义务加速到期是一种被动式保护债权人的路径，是在不得已的情况下为债权人提供的救济措施；而限制认缴期限更具主动性，可以有效遏制巨额认缴资本以及超长认缴期限等市场乱象，让公司的注册资本趋于理想化、诚信化，有助于创业者树立理性的责任意识。①

## 第四十八条 【股权、债权可用于出资】

| 修订前 | 修订后 |
| --- | --- |
| **第二十七条** 股东可以用货币出资，也可以用实物、知识产权、土地使用权等可以用货币估价并可以依法转让的非货币财产作价出资；但是，法律、行政法规规定不得作为出资的财产除外。<br><br>对作为出资的非货币财产应当评估作价，核实财产，不得高估或者低估作价。法律、行政法规对评估作价有规定的，从其规定。 | **第四十八条** 股东可以用货币出资，也可以用实物、知识产权、土地使用权、**股权**、**债权**等可以用货币估价并可以依法转让的非货币财产作价出资；但是，法律、行政法规规定不得作为出资的财产除外。<br><br>对作为出资的非货币财产应当评估作价，核实财产，不得高估或者低估作价。法律、行政法规对评估作价有规定的，从其规定。 |

## 【法条注解】

新《公司法》第 48 条规定股权、债权可作为出资形式。股权、债权出资属于非货币财产出资，应当经过严格的评估程序，并办理相应的产权过户、权利转让等手续，出资程序才合法有效。该法条的修改也是对司法解释、部门规章中有关股东以股权、债权方式出资问题的规定作出回应。

## 【相关规定】

1. 《最高人民法院关于适用〈中华人民共和国公司法〉若干问题的规定（三）》

第 11 条 出资人以其他公司股权出资，符合下列条件的，人民法院应当认定出资人已履行出资义务：

（一）出资的股权由出资人合法持有并依法可以转让；

（二）出资的股权无权利瑕疵或者权利负担；

（三）出资人已履行关于股权转让的法定手续；

---

① 朱慈蕴：《有限责任公司全面认缴制该何去何从？——兼评〈公司法（修订草案三审稿）〉第 47 条》，载《现代法学》2023 年第 6 期。

（四）出资的股权已依法进行了价值评估。

股权出资不符合前款第（一）、（二）、（三）项的规定，公司、其他股东或者公司债权人请求认定出资人未履行出资义务的，人民法院应当责令该出资人在指定的合理期间内采取补正措施，以符合上述条件；逾期未补正的，人民法院应当认定其未依法全面履行出资义务。

股权出资不符合本条第一款第（四）项的规定，公司、其他股东或者公司债权人请求认定出资人未履行出资义务的，人民法院应当按照本规定第九条的规定处理。

2.《中华人民共和国市场主体登记管理条例实施细则》

第13条　申请人申请登记的市场主体注册资本（出资额）应当符合章程或者协议约定。

市场主体注册资本（出资额）以人民币表示。外商投资企业的注册资本（出资额）可以用可自由兑换的货币表示。

依法以境内公司股权或者债权出资的，应当权属清楚、权能完整，依法可以评估、转让，符合公司章程规定。

## 第四十九条　【出资义务】

| 修订前 | 修订后 |
| --- | --- |
| **第二十八条**　股东应当按期足额缴纳公司章程中规定的各自所认缴的出资额。股东以货币出资的，应当将货币出资足额存入有限责任公司在银行开设的账户；以非货币财产出资的，应当依法办理其财产权的转移手续。<br><br>股东不按照前款规定缴纳出资的，除应当向公司足额缴纳外，还应当向已按期足额缴纳出资的股东承担违约责任。 | **第四十九条**　股东应当按期足额缴纳公司章程规定的各自所认缴的出资额。<br><br>股东以货币出资的，应当将货币出资足额存入有限责任公司在银行开设的账户；以非货币财产出资的，应当依法办理其财产权的转移手续。<br><br>股东**未按期足额**缴纳出资的，除应当向公司足额缴纳外，还应当**对给公司造成的损失承担赔偿责任**。 |

## 【法条注解】

本条是关于股东出资义务的规定。

本次修订强化了股东出资义务的法定性，股东出资义务包含两项内容：第一，股东应当严格按照公司章程的规定，按期足额缴纳自己所认缴的出资额，有限责任公司股东出资期限不得超过五年。如果公司章程规定为一次性缴纳货币出资的，股东必须一次性足额将货币出资存入公司的账户；如果公司章程规定为分期缴纳货币出资的，股东必须按期足额将货币出资存入公司账户，另外，此处所指"手续"，应理解为过户手续，即将原来属于股东个人所有的财产，转移为属于公司所有的财产。第二，股东若未按期足额缴纳出资给公司造成损失的，应当承担赔偿责任。按照法条表述，股东承担赔偿责任应包含两个要件：未按期足额缴纳、造成公司损失。这里的赔偿责任可包含继续履行出资义务的责任、对其他股东的违约责任、对公司损失的赔偿责任等。

本条在原来的表述基础上加入了"股东未按期足额缴纳出资的，除应当向公司足额缴纳外，还应当对给公司造成的损失承担赔偿责任"，进一步完善了对股东出资义务的一般性规定，约束了实践中利用认缴制的不负责任投资人，平衡了股东、公司以及外部债权人之间的利益，更加合理全面地对股东进行约束，保障了公司的财产性权利。

## 【相关规定】

1. 《民法典》

第577条 当事人一方不履行合同义务或者履行合同义务不符合约定的，应当承担继续履行、采取补救措施或者赔偿损失等违约责任。

2. 《中华人民共和国市场主体登记管理条例》

第45条 实行注册资本实缴登记制的市场主体虚报注册资本取得市场主体登记的，由登记机关责令改正，处虚报注册资本金额5%以上15%以下的罚款；情节严重的，吊销营业执照。

实行注册资本实缴登记制的市场主体的发起人、股东虚假出资，未交付或者未按期交付作为出资的货币或者非货币财产的，或者在市场主体成立后抽逃出资的，由登记机关责令改正，处虚假出资金额5%以上15%以下的罚款。

3. 《最高人民法院关于适用〈中华人民共和国公司法〉若干问题的规定（三）》

第8条 出资人以划拨土地使用权出资，或者以设定权利负担的土地使用权出资，公司、其他股东或者公司债权人主张认定出资人未履行出资义务的，人民法院应当责令当事人在指定的合理期间内办理土地变更手续或者解除权利负担；逾期未办理或者未解除的，人民法院应当认定出资人未依法全面履行出资义务。

第9条　出资人以非货币财产出资，未依法评估作价，公司、其他股东或者公司债权人请求认定出资人未履行出资义务的，人民法院应当委托具有合法资格的评估机构对该财产评估作价。评估确定的价额显著低于公司章程所定价额的，人民法院应当认定出资人未依法全面履行出资义务。

第10条　出资人以房屋、土地使用权或者需要办理权属登记的知识产权等财产出资，已经交付公司使用但未办理权属变更手续，公司、其他股东或者公司债权人主张认定出资人未履行出资义务的，人民法院应当责令当事人在指定的合理期间内办理权属变更手续；在前述期间内办理了权属变更手续的，人民法院应当认定其已经履行了出资义务；出资人主张自其实际交付财产给公司使用时享有相应股东权利的，人民法院应予支持。

出资人以前款规定的财产出资，已经办理权属变更手续但未交付给公司使用，公司或者其他股东主张其向公司交付、并在实际交付之前不享有相应股东权利的，人民法院应予支持。

第11条　出资人以其他公司股权出资，符合下列条件的，人民法院应当认定出资人已履行出资义务：

（一）出资的股权由出资人合法持有并依法可以转让；

（二）出资的股权无权利瑕疵或者权利负担；

（三）出资人已履行关于股权转让的法定手续；

（四）出资的股权已依法进行了价值评估。

股权出资不符合前款第（一）、（二）、（三）项的规定，公司、其他股东或者公司债权人请求认定出资人未履行出资义务的，人民法院应当责令该出资人在指定的合理期间内采取补正措施，以符合上述条件；逾期未补正的，人民法院应当认定其未依法全面履行出资义务。

股权出资不符合本条第一款第（四）项的规定，公司、其他股东或者公司债权人请求认定出资人未履行出资义务的，人民法院应当按照本规定第九条的规定处理。

**案 例 指 引**

张某、吴某追收未缴出资纠纷、股东出资纠纷案 [广东省高级人民法院（2017）粤民终 2805 号]

法院生效裁判认为，本案系追收未缴出资纠纷。争议焦点在于：（1）张某、吴某是否构成以获取验资为目的将出资短暂入账并出账的虚假出资行为。（2）如构成虚假出资，张某、吴某应当承担的民事法律责任。关于争议焦点（1），《公司法》中规定股东负有按期足额缴纳各自认缴出资的法定义务。张某、吴某作为某公司股东，已按照各自认缴额将出资款存入某公司账户，某公司如主张其构成虚假出资，应承担相应的举证责任。为证明张某、吴某系虚假出资，某公司向本院提交相关银行账户的交易明细、申请证人万某出庭作证，并申请本院向银行调取相关交易凭证。经调查查明，相关账户的交易明细、交易凭证以及证人证言相互印证，已形成证据链，足以证明某公司所主张的张某、吴某出资款系万某提供的过桥资金，当日出资款又转回万某操控的银行账户的事实。上述情形已符合虚假出资的形式特征，且张某、吴某未提交任何抗辩证据。据此，张某、吴某作为股东，以获取验资为目的，短暂地将资金转入并转出，使得某公司未能利用股东出资进行经营，张某、吴某的上述行为构成虚假出资。关于争议焦点（2），股东未对公司履行出资义务或者未全面履行出资义务的，公司有权请求股东向公司全面履行出资义务。因张某、吴某的行为已构成虚假出资，其依法应向某公司补足各自认缴的出资额，并承担将出资款转出而造成的利息损失。

## 第五十条 【出资不足的补充】

| 修订前 | 修订后 |
| --- | --- |
| 第三十条 有限责任公司成立后，~~发现作为设立公司出资的非货币财产的实际价额显著低于公司章程所定价额的，应当由交付该出资的股东补足其差额；~~公司设立时的其他股东承担连带责任。 | 第五十条 有限责任公司设立时，**股东未按照公司章程规定实际缴纳出资，或者实际出资的非货币财产的实际价额显著低于**所认缴的出资额的，设立时的其他股东**与该股东在出资不足的范围内**承担连带责任。 |

## 【法条注解】

本条是关于公司设立时股东出资不足补充的规定。

股东出资形式通常有货币、非货币两种，由于货币本身的特殊性，前者会出现未足额缴纳，后者则还存在差额问题，因此应当将不同情形都予以考虑，此次修订即将二者都纳入，保证公司在设立时资本的实际充有性，本条对设立公司的股东承担不如实缴付出资责任的确定时间、责任主体、构成条件、责任形式作出了设定。股东承担不如实缴付出资责任的时间为"有限责任公司设立时"；责任主体限于设立公司时的股东，根据条文表述，不包含公司成立后通过增资等形式加入的股东，公司发起人作为公司设立责任人具有防止公司设立程序、目的具有不法性以及保证公司设立时财产基础的特殊作用；承担责任的构成要件为"未按照公司章程规定实际缴纳出资，或者实际出资的非货币财产的实际价额显著低于所认缴的出资额的"；承担责任的形式为在出资不足的范围内承担连带责任。

此次修改将"成立后"改为"设立时"，结合第51条公司成立后催缴主体为董事会的规定，修改后的内容可以更加明确地厘清出资责任的范围，对于公司设立时采实缴制的，由发起人承担连带责任，设立时采认缴制的公司，则采取董事会催缴，其他股东补足的方式处理。同时也能进一步督促股东共同承担保证公司资本充足的义务。

## 【相关规定】

**《最高人民法院关于适用〈中华人民共和国公司法〉若干问题的规定（三）》**

第16条　股东未履行或者未全面履行出资义务或者抽逃出资，公司根据公司章程或者股东会决议对其利润分配请求权、新股优先认购权、剩余财产分配请求权等股东权利作出相应的合理限制，该股东请求认定该限制无效的，人民法院不予支持。

第17条　有限责任公司的股东未履行出资义务或者抽逃全部出资，经公司催告缴纳或者返还，其在合理期间内仍未缴纳或者返还出资，公司以股东会决议解除该股东的股东资格，该股东请求确认该解除行为无效的，人民法院不予支持。

在前款规定的情形下，人民法院在判决时应当释明，公司应当及时办理法定减资程序或者由其他股东或者第三人缴纳相应的出资。在办理法定减资程序或者其他股东或者第三人缴纳相应的出资之前，公司债权人依照本规定第十三条或者第十四条请求相关当事人承担相应责任的，人民法院应予支持。

第18条　有限责任公司的股东未履行或者未全面履行出资义务即转让股权，受让人对此知道或者应当知道，公司请求该股东履行出资义务、受让人对此承担连带责任的，人民法院应予支持；公司债权人依照本规定第十三条第二款向该股东提起诉讼，同时请求前述受让人对此承担连带责任的，人民法院应予支持。

受让人根据前款规定承担责任后，向该未履行或者未全面履行出资义务的股东追偿的，人民法院应予支持。但是，当事人另有约定的除外。

第19条　公司股东未履行或者未全面履行出资义务或者抽逃出资，公司或者其他股东请求其向公司全面履行出资义务或者返还出资，被告股东以诉讼时效为由进行抗辩的，人民法院不予支持。

公司债权人的债权未过诉讼时效期间，其依照本规定第十三条第二款、第十四条第二款的规定请求未履行或者未全面履行出资义务或者抽逃出资的股东承担赔偿责任，被告股东以出资义务或者返还出资义务超过诉讼时效期间为由进行抗辩的，人民法院不予支持。

第20条　当事人之间对是否已履行出资义务发生争议，原告提供对股东履行出资义务产生合理怀疑证据的，被告股东应当就其已履行出资义务承担举证责任。

## 案例指引

谢某与某公司股东出资纠纷案［西安市中级人民法院（2017）陕01民终383号］

法院生效裁判认为，2009年某公司登记成立，公司注册资本100万元。某公司章程第11条载明：贺某认缴33万元，实缴33万元，出资方式为：货币出资，出资到位时间2009年10月9日。谢某认缴33万元，实缴33万元，出资方式为：货币出资，出资到位时间2009年10月9日。邱某认缴34万元，实缴34万元，出资方式为：货币出资，出资到位时间2009年10月9日。2018年《公司法》第28条第1款规定："股东应当按期足额缴纳公司章程中规定的各自所认缴的出资额。股东以货币出资的，应当将货币出资足额存入有限责任公司在银行开设的账户；以非货币财产出资的，应当依法办理其财产权的转移手续。"谢某应缴出资33万元，实缴出资3.5万元，尚有29.5万元未向某公司缴纳，谢某未依照公司章程全面履行向某公司的出资义务。

谢某虽于 2013 年与某公司另一股东邱某签订《股东转让出资协议》，将其 30% 的股权转让于邱某，邱某在受让股权时知晓其实际出资情况，但依据 2018 年《公司法》第 3 条第 2 款的规定："有限责任公司的股东以其认缴的出资额为限对公司承担责任；股份有限公司的股东以其认购的股份为限对公司承担责任。"依法全面向公司履行出资义务系公司股东对公司的法定义务，未全面履行出资义务即转让股权的股东，其出资义务不因股权转让而消灭。谢某作为某公司的股东，应以补足其认缴但未缴的差额，向某公司缴纳剩余出资款 29.5 万元。

出让股东谢某与受让股东邱某之间存在股权转让关系，邱某应向谢某支付股权转让价款 30 万元，此为合同之债所致的给付义务；谢某与某公司之间存在出资法律关系，应向公司补齐出资款 29.5 万元，此为法定之债所致的给付义务。股权转让价款与补齐出资款之间，虽然均为金钱给付之债，存在某种数字上的联系，但二者存在实质的不同，支付股权转让对价的合同义务不能取代和消灭股东向公司补齐出资的法定义务。

## 第五十一条　【董事会资本充实责任】

| 新增条款 | |
| --- | --- |
| | 第五十一条　有限责任公司成立后，董事会应当对股东的出资情况进行核查，发现股东未按期足额缴纳公司章程规定的出资的，应当由公司向该股东发出书面催缴书，催缴出资。<br><br>未及时履行前款规定的义务，给公司造成损失的，负有责任的董事应当承担赔偿责任。 |

## 【法条注解】

本条是对董事会资本充实责任的新增内容。

此次公司法修订目标之一在于增强董事会在公司治理中的决策权，本条作为新增内容对公司催缴规则进行了修订，本条明确公司催缴机关主体、催缴形式以及未履行催缴义务的责任分配。具体来说，董事会被确认为公司的催缴机关，承担对股东出资情况的核查义务和催缴义务，这既是权利也是义务。从而董事会成为股东与公司之间的第三方，能够从公司利益出发保障股东出资及时足额；催缴形式应当为书面，该项可以理解为履行催缴义务的证明；责任承担方面，需要有两项前置要件：一是未履行催缴义务；二是给公司造成损失，且责任承担主体明确为负有责任的董事，此处可以作过错责任原则理解。

通过该条内容设置，有限责任公司的董事会职权在原有的召集股东会议、决定公司的经营计划和投资方案、决定公司内部管理机构设置等基础上，增加了核查和催缴职权，职权更明确丰富，有利于发挥公司的主体意志，保障公司资金充足，平稳运营。反向的责任设置，也有利于倒逼董事会成员积极履行义务。

## 【相关规定】

### 《最高人民法院关于适用〈中华人民共和国公司法〉若干问题的规定（三）》

第 13 条　股东未履行或者未全面履行出资义务，公司或者其他股东请求其向公司依法全面履行出资义务的，人民法院应予支持。

公司债权人请求未履行或者未全面履行出资义务的股东在未出资本息范围内对公司债务不能清偿的部分承担补充赔偿责任的，人民法院应予支持；未履行或者未全面履行出资义务的股东已经承担上述责任，其他债权人提出相同请求的，人民法院不予支持。

股东在公司设立时未履行或者未全面履行出资义务，依照本条第一款或者第二款提起诉讼的原告，请求公司的发起人与被告股东承担连带责任的，人民法院应予支持；公司的发起人承担责任后，可以向被告股东追偿。

股东在公司增资时未履行或者未全面履行出资义务，依照本条第一款或者第二款提起诉讼的原告，请求未尽公司法第一百四十七条第一款规定的义务而使出资未缴足的董事、高级管理人员承担相应责任的，人民法院应予支持；董事、高级管理人员承担责任后，可以向被告股东追偿。

第 19 条　公司股东未履行或者未全面履行出资义务或者抽逃出资，公司或者其他股东请求其向公司全面履行出资义务或者返还出资，被告股东以诉讼时效为由进行抗辩的，人民法院不予支持。

公司债权人的债权未过诉讼时效期间，其依照本规定第十三条第二款、第十四条第二款的规定请求未履行或者未全面履行出资义务或者抽逃出资的股东承担赔偿责任，被告股东以出资义务或者返还出资义务超过诉讼时效期间为由进行抗辩的，人民法院不予支持。

## 案例指引

**天某公司诉某鑫公司、建材公司、实业公司承揽合同纠纷案 [云南省高级人民法院（2019）云民终 231 号]**

法院生效裁判认为，根据 2018 年《公司法》的规定，股东应当按期足额缴纳公司章程中规定的各自所认缴的出资额。该条款明确规定了股东的出资义务应当是按照章程规定的期限和数额按期足额缴纳。实践中，在发生时间上包括公司设立时股东的出资义务和公司增资时股东的出资义务，在违法行为上表现为未履行或者未全面履行。其中，未履行出资又主要包括拒绝出资、出资不能等，未全面履行出资又主要包括出资不足及出资延迟、出资瑕疵等不适当出资。股东未履行或未全面履行出资义务的行为，违反的是公司资本维持原则，对公司债权人的权益构成严重威胁，故此，《最高人民法院关于适用〈中华人民共和国公司法〉若干问题的规定（三）》第 13 条明确规定了在此情形下，公司及公司的债权人对股东出资义务的追索权利。

实业公司根据公司设立时的章程规定，已经按期足额缴纳了第一期认缴资金，但在第二期缴纳期限到来之前，已经将全部股权转让给公司其他股东，在转让行为未被认定无效或者被撤销情形下，应视为其已一并将所认缴股权的出资义务进行了转让，无须再继续履行出资义务，故难以认定存在未履行或未全面履行出资义务的情形。另外，在经历了几次公司股权和注册资本的变动之后，公司现在的注册资本已经实缴完毕，且注册资本额已经超出设立时的注册资本额，因此，不存在股东违反公司资本维持原则的情况。

## 第五十二条　【股东催缴失权规则】

| 新增条款 | |
| --- | --- |
|  | **第五十二条**　股东未按照公司章程规定的出资日期缴纳出资，公司依照前条第一款规定发出书面催 |

| 新增条款 |
|---|
| 缴书催缴出资的，可以载明缴纳出资的宽限期；宽限期自公司发出催缴书之日起，不得少于六十日。宽限期届满，股东仍未履行出资义务的，公司经董事会决议可以向该股东发出失权通知，通知应当以书面形式发出，自通知发出之日起，该股东丧失其未缴纳出资的股权。<br><br>依照前款规定丧失的股权应当依法转让，或者相应减少注册资本并注销该股权；六个月内未转让或者注销的，由公司其他股东按照其出资比例足额缴纳相应出资。<br><br>股东对失权有异议的，应当自接到失权通知之日起三十日内，向人民法院提起诉讼。 |

## 【法条注解】

本条作为新增内容是对公司股东催缴失权规则的规定。

股东与公司之间因出资受资形成合同关系，且有限责任公司作为人合性程度较强的组织，应当设置接触"合同"和股东违约时的合理退出等机制。主要内容包括：第一，经董事会发出书面催缴书催缴，且宽限期届满后仍未足额缴纳出资时，相应股东可能面临失权风险。其中"公司经董事会决议可以向该股东发出失权通知"的表述可以理解为公司对是否发出失权通知具有选择权，即经催缴且期满未缴的情形，并非绝对导致股东失权，且较三审稿不同之处在于，最终版确定董事会发出失权通知之前，须经过董事会决议作为前置程序，从而为选择权的行使设置了合理路径；通知则采取书面形式和到达主义。第二，丧失的股权若未限期转让或注销，将由其他股东按比例缴纳出资，为失权后股权如何处置设置了路径，同时需注意，其他股东的范围是否仅涉及设立时其他股东，还是包含非发起人的股东，仍有待商榷，除此以外，若股东失权的实体条件或程序未满足，但该股东失权，应当对产生的损失设置失权股东救济途径。

新《公司法》第51条、第52条中规定的公司催缴和股东失权制度只适用于认缴而非实缴的情形，不再适用于非货币财产出资价额补足的情形。

## 【相关规定】

1. 2018 年《公司法》①

第 147 条　董事、监事、高级管理人员应当遵守法律、行政法规和公司章程，对公司负有忠实义务和勤勉义务。

董事、监事、高级管理人员不得利用职权收受贿赂或者其他非法收入，不得侵占公司的财产。

第 149 条　董事、监事、高级管理人员执行公司职务时违反法律、行政法规或者公司章程的规定，给公司造成损失的，应当承担赔偿责任。

2. 《最高人民法院关于适用〈中华人民共和国企业破产法〉若干问题的规定（二）》

第 20 条　管理人代表债务人提起诉讼，主张出资人向债务人依法缴付未履行的出资或者返还抽逃的出资本息，出资人以认缴出资尚未届至公司章程规定的缴纳期限或者违反出资义务已经超过诉讼时效为由抗辩的，人民法院不予支持。

管理人依据公司法的相关规定代表债务人提起诉讼，主张公司的发起人和负有监督股东履行出资义务的董事、高级管理人员，或者协助抽逃出资的其他股东、董事、高级管理人员、实际控制人等，对股东违反出资义务或者抽逃出资承担相应责任，并将财产归入债务人财产的，人民法院应予支持。

## 案例指引

科技公司诉胡某损害公司利益责任纠纷案［最高人民法院（2018）最高法民再 366 号］

法院生效裁判认为，胡某等 6 名董事未能提交证据证明其在股东出资期限届满之后向股东履行催缴出资的义务，以消极不作为的方式构成了对董事勤勉义务的违反。股东科技公司未缴清出资的行为实际损害了深圳科

---

① 本书为全面解读新法法条，展示法条变化情况，收录部分修改前的法条，下文对此不再提示。

技公司的利益，胡某等六名董事消极不作为放任了实际损害的持续。股东科技公司欠缴的出资即为深圳科技公司遭受的损失，股东科技公司欠缴出资的行为与胡某等六名董事消极不作为共同造成损害的发生、持续，胡某等六名董事未履行向股东催缴出资义务的行为与深圳科技公司所受损失之间存在法律上的因果关系。

2018年《公司法》规定，董事、监事、高级管理人员应当遵守法律、行政法规和公司章程，对公司负有忠实义务和勤勉义务。董事负有向未履行或未全面履行出资义务的股东催缴出资的义务，这是由董事会的职能定位和公司资本的重要作用决定的。根据董事会的职能定位，董事会负责公司业务经营和事务管理，董事会由董事组成，董事是公司的业务执行者和事务管理者。股东全面履行出资是公司正常经营的基础，董事监督股东履行出资是保障公司正常经营的需要。

本案中，系争案件的股东并非增资出资未到位，但在公司注册资本认缴制下，公司设立时认缴出资的股东负有的出资义务与公司增资时是相同的，董事、高级管理人员负有的督促股东出资的义务也不应有所差别，进而在公司注册资本认缴制下，股东未履行或未全面履行出资义务，董事、高级管理人员负有向股东催缴出资的义务。胡某等六名董事没有提出证据证明其在股东出资期限届满之后向股东履行了催缴出资的义务，以消极不作为的方式构成了对董事勤勉义务的违反。胡某等六名董事没有向未尽出资义务的股东催缴出资，未尽勤勉义务，与深圳科技公司所受损失之间存在法律上的因果关系。根据《公司法》第149条的规定，董事、监事、高级管理人员执行公司职务时违反法律、行政法规或者公司章程的规定，给公司造成损失的，应当承担赔偿责任。

虽然胡某等三人已退出公司董事职务，但在其担任董事职务时股东出资已经届期，三人在任时没有催告股东出资，已经违反董事的勤勉义务，相应由其承担的责任并不因其后来退出公司董事职务而免除。同样地，贺某等三人虽系后来才担任公司董事职务，但公司股东未出资是一个持续的状态，贺某等三名董事未向股东催缴出资也违反了董事的勤勉义务，应对公司损失承担赔偿责任。

## 第五十三条　【抽逃出资责任】

| 修订前 | 修订后 |
| --- | --- |
| 　　第三十五条　公司成立后，股东不得抽逃出资。 | 　　第五十三条　公司成立后，股东不得抽逃出资。<br>　　违反前款规定的，股东应当返还抽逃的出资；给公司造成损失的，负有责任的董事、监事、高级管理人员应当与该股东承担连带赔偿责任。 |

## 【法条注解】

本条是对股东抽逃出资责任的规定。

公司是以资本为核心的企业组织形式，投资者出资是公司资本形成的基础，因此出资是股东的一项基本义务，抽逃出资行为是违反出资义务的表现之一，而且抽逃出资是比瑕疵出资性质更严重、情节更恶劣的行为，其严重影响了交易安全，给公司及公司债权人的利益带来了重大损害。我国《公司法》对股东抽逃出资行为未明确定义，但一般认为抽逃出资是指股东已出资，但在出资后非法将与其所缴纳出资相应的出资额部分或全部抽回，从而达到不出资或少出资但保有股东身份目的的行为。根据抽逃出资的概念，构成抽逃出资须符合以下要件：抽逃出资的主体是公司股东；抽逃出资股东具有欺诈的故意；抽逃出资行为是发生在公司成立后，且损害公司权益；股东实施将其缴纳的出资全部或者部分抽走的行为。

股东不得抽逃出资的义务是资本维持原则的体现。资本维持原则又称资本充实原则，是指公司在其存续过程中，应当经常保持与其资本额相当的财产。资本是公司对外交往的一般担保和从事生产经营活动的物质基础。公司拥有足够的现实财产，可在一定程度上减少股东有限责任制给债权人带来的交易风险。本条要求股东不得抽逃出资，目的是防止因股东抽逃出资而减少公司资本。

相较 2018 年《公司法》对于抽逃出资规定过于原则，此次修订将责任主体从抽逃出资股东本体扩大至负有责任的董事、监事、高级管理人员，这里的"负有责任"可根据公司章程规定的约定义务及法定义务来定义；增加了董事、监事和高级管理人员，其次增设了赔偿责任和赔偿范围的规定，提升了抽逃出资的追责可能性。同时，相较于一审稿，最终在返还范围部分亦删去了银行同期存款利息的规定，实现了权利责任的平衡。该条内容的修改使得抽逃出资追缴主体更加明确，体现了保护公司财产的意旨，同时明确抽逃出资的责任，意在避免抽逃出资现象。

适用本条时，需要注意股东不得抽逃出资，不等于绝对禁止股东从公司撤回投资。若股东想撤回在公司的投资，可以按照法律允许的方式，实现撤回自己在公司的投资的经济目的。

## 【相关规定】

1. 《中华人民共和国市场主体登记管理条例》

第 45 条　实行注册资本实缴登记制的市场主体虚报注册资本取得市场主体登记的，由登记机关责令改正，处虚报注册资本金额 5% 以上 15% 以下的罚款；情节严重的，吊销营业执照。

实行注册资本实缴登记制的市场主体的发起人、股东虚假出资，未交付或者未按期交付作为出资的货币或者非货币财产的，或者在市场主体成立后抽逃出资的，由登记机关责令改正，处虚假出资金额 5% 以上 15% 以下的罚款。

2. 《最高人民法院关于适用〈中华人民共和国公司法〉若干问题的规定（三）》

第 12 条　公司成立后，公司、股东或者公司债权人以相关股东的行为符合下列情形之一且损害公司权益为由，请求认定该股东抽逃出资的，人民法院应予支持：

（一）制作虚假财务会计报表虚增利润进行分配；

（二）通过虚构债权债务关系将其出资转出；

（三）利用关联交易将出资转出；

（四）其他未经法定程序将出资抽回的行为。

第 14 条　股东抽逃出资，公司或者其他股东请求其向公司返还出资本息、协助抽逃出资的其他股东、董事、高级管理人员或者实际控制人对此承担连带责任的，人民法院应予支持。

公司债权人请求抽逃出资的股东在抽逃出资本息范围内对公司债务不能清偿的部分承担补充赔偿责任、协助抽逃出资的其他股东、董事、高级管理人员或者实际控制人对此承担连带责任的，人民法院应予支持；抽逃出资的股东已经承担上述责任，其他债权人提出相同请求的，人民法院不予支持。

第 15 条　出资人以符合法定条件的非货币财产出资后，因市场变化或者其他客观因素导致出资财产贬值，公司、其他股东或者公司债权人请求该出资人承担补足出资责任的，人民法院不予支持。但是，当事人另有约定的除外。

第16条 股东未履行或者未全面履行出资义务或者抽逃出资，公司根据公司章程或者股东会决议对其利润分配请求权、新股优先认购权、剩余财产分配请求权等股东权利作出相应的合理限制，该股东请求认定该限制无效的，人民法院不予支持。

第18条 有限责任公司的股东未履行或者未全面履行出资义务即转让股权，受让人对此知道或者应当知道，公司请求该股东履行出资义务、受让人对此承担连带责任的，人民法院应予支持；公司债权人依照本规定第十三条第二款向该股东提起诉讼，同时请求前述受让人对此承担连带责任的，人民法院应予支持。

受让人根据前款规定承担责任后，向该未履行或者未全面履行出资义务的股东追偿的，人民法院应予支持。但是，当事人另有约定的除外。

第19条 公司股东未履行或者未全面履行出资义务或者抽逃出资，公司或者其他股东请求其向公司全面履行出资义务或者返还出资，被告股东以诉讼时效为由进行抗辩的，人民法院不予支持。

公司债权人的债权未过诉讼时效期间，其依照本规定第十三条第二款、第十四条第二款的规定请求未履行或者未全面履行出资义务或者抽逃出资的股东承担赔偿责任，被告股东以出资义务或者返还出资义务超过诉讼时效期间为由进行抗辩的，人民法院不予支持。

第20条 当事人之间对是否已履行出资义务发生争议，原告提供对股东履行出资义务产生合理怀疑证据的，被告股东应当就其已履行出资义务承担举证责任。

## 案例指引

制衣厂公司与实业发展公司南澳公司股东出资纠纷案［最高人民法院（2016）最高法民再 357 号］

关于实业发展公司南澳公司应否被限制股东权利的问题，《最高人民法院关于适用〈中华人民共和国公司法〉若干问题的规定（三）》第16条规定："股东未履行或者未全面履行出资义务或者抽逃出资，公司根据公司章程或者股东会决议对其利润分配请求权、新股优先认购权、剩余财产分配请求权等股东权利作出相应的合理限制，该股东请求认定该限制无效的，人民法院不予支持。"

根据该规定，限制股东利润分配请求权、新股优先认购权、剩余财产分配请求权等股东权利，应当同时具备以下两个条件：（1）股东未履行或者未全面履行出资义务，或者有抽逃出资的行为；（2）应当根据公司章程或者股东会决议作出限制。

实业发展公司南澳公司并非未履行出资义务，而是未全面履行出资义务。制衣厂公司的章程中并未明确规定未全面履行出资义务的股东将被限制股东权利。同时根据制衣厂公司章程第25条的规定，出席董事会会议的法定人数不得少于全体董事的2/3，不够2/3人数时，其通过的决议无效。制衣厂公司共有5名董事，而制衣厂公司于2012年3月30日召开的关于限制实业发展公司南澳公司股东权利的董事会仅有3名董事参加，显然不满足合资企业章程规定的条件，故当次董事会决议无效。因此，制衣厂公司根据制衣厂公司董事会决议，请求限制实业发展公司南澳公司相应的股东权利，不能得到支持。

尹某庆、王某等与房地产公司股东资格确认纠纷案［最高人民法院（2016）最高法民申237号］法院经审理认为，在股东抽逃出资且经催缴，拒不补足的情况下，股东会有权通过公司内部的自治行为取消其相应股权。《最高人民法院关于适用〈中华人民共和国公司法〉若干问题的规定（三）》第17条第1款规定，有限责任公司的股东未履行出资义务或者抽逃全部出资，经公司催告缴纳或者返还，其在合理期间内仍未缴纳或者返还出资，公司以股东会决议解除该股东的股东资格，该股东请求确认该解除行为无效的，人民法院不予支持。

本案中，尹某庆抽逃增资款事实存在，在公司催讨后并未补足，公司股东会可以解除其相应股权，而且尹某庆也没有证据证明股东会程序以及决议内容存在法律法规禁止性规定的情形，故股东会决议的效力应予认可。

## 第五十四条 【加速到期规则】

| 新增条款 | |
| --- | --- |
| | **第五十四条** 公司不能清偿到期债务的，公司或者已到期债权的债权人有权要求已认缴出资但未届出资期限的股东提前缴纳出资。 |

## 【法条注解】

本条规定了股东缴纳出资的加速到期规则。2018 年《公司法》中并未对加速到期规则作出规定，在注册资本认缴制下，大部分公司设定的出资期限较长，因此注册资本与实收资本差距较大。

此次修订有两个亮点：第一，删去了应具备破产原因的规定，降低了该规则适用的门槛，即只要公司出现不能清偿到期合法债务的情形，即可适用加速到期制度；第二，拓宽了可适用该规则的主体，包括已到期债权的债权人和公司，进一步厘清公司法和破产法相关规则之边界，公司的加速到期请求权作为新增内容，增强了公司寻求加速到期救济的力度，公司实际资本规模能够更好地应对对外债务，进一步督促股东及时出资。

需注意，从文义解释角度而言，该法条的加速到期规则，在实践情形中仍有诸多规则需予以明确，如债权人要求提前缴纳出资时，是否存在数额的限制？股东提前缴纳后，资金是否可以直接给付债权人？若存在多个债权人时，是否须按顺序清偿，能否向债权人作个别清偿等问题，均待进一步明确规定。

## 【相关规定】

1. 《企业破产法》

第 35 条　人民法院受理破产申请后，债务人的出资人尚未完全履行出资义务的，管理人应当要求该出资人缴纳所认缴的出资，而不受出资期限的限制。

2. 《最高人民法院关于适用〈中华人民共和国企业破产法〉若干问题的规定（二）》

第 20 条　管理人代表债务人提起诉讼，主张出资人向债务人依法缴付未履行的出资或者返还抽逃的出资本息，出资人以认缴出资尚未届至公司章程规定的缴纳期限或者违反出资义务已经超过诉讼时效为由抗辩的，人民法院不予支持。

管理人依据公司法的相关规定代表债务人提起诉讼，主张公司的发起人和负有监督股东履行出资义务的董事、高级管理人员，或者协助抽逃出资的其他股东、董事、高级管理人员、实际控制人等，对股东违反出资义务或者抽逃出资承担相应责任，并将财产归入债务人财产的，人民法院应予支持。

**案 例 指 引**

1. 进出口贸易公司与某银行南湖支行、投资管理公司破产债权确认纠纷案（《最高人民法院公报》2012 年第 12 期）

某银行南湖支行和进出口贸易公司对投资管理公司均享有债权，且两债权产生的原因关系是相同的，即均基于投资管理公司对进出口贸易公司出资不到位而应承担补足出资的责任。现争议的焦点在于讼争 1400 万元破产债权的归属问题。

1. 根据宜昌中院作出的（2000）宜中经初字第 6 号民事判决以及（2000）宜中法执字第 110-4 号民事裁定，投资管理公司应在其出资不足的范围内向某银行南湖支行承担责任，但该执行程序在人民法院受理破产案件后尚未执行完毕。由于破产程序是对债务人全部财产进行的概况执行，注重对所有债权的公平受偿，具有对一般债务清偿程序的排他性。因此，在进出口贸易公司、投资管理公司先后被裁定宣告破产后，对投资管理公司财产已采取保全措施和执行措施的，包括依据宜昌中院（2000）宜中法执字第 110-4 号民事裁定所采取执行措施的，都属于未执行财产，均应当依法中止执行。破产财产应在破产清算程序中一并公平分配。

2. 注册资本系公司对所有债权人承担民事责任的财产保障。在股东出资不到位的情况下，如公司被裁定宣告进入破产程序，根据《企业破产法》第 35 条 "人民法院受理破产申请后，债务人的出资人尚未完全履行出资义务的，管理人应当要求该出资人缴纳所认缴的出资，而不受出资期限的限制" 的规定，作为股东的投资管理公司应首先向进出口贸易公司补缴出资。依据《企业破产法》第 30 条的规定，该补缴的出资应属于进出口贸易公司破产财产的组成部分，只能用于向进出口贸易公司所有债权人进行公平清偿，而不能向个别债权人清偿，否则就与《企业破产法》第 16 条 "人民法院受理破产申请后，债务人对个别债权人的债务清偿无效" 规定相悖，侵害了进出口贸易公司其他债权人的合法利益。故，二审判决将讼争破产债权确认归进出口贸易公司享有符合《企业破产法》的规定精神，某银行南湖支行可向进出口贸易公司申报自己的破产债权并参与分配。

2. 网络技术公司、科技公司计算机软件开发合同纠纷案［最高人民法院（2019）最高法知民终 662 号］

法院生效裁判认为，若计算机软件开发合同已将开发费的支付方式约定为特定比例的公司股权，则在双方未达成新的约定将支付方式从股权变更为现金的情况下，开发方要求委托方支付股权的等值货币作为开发费的主张缺少合同依据。若约定股权已实际由开发方持有，则在无证据证明认缴出资需要加速到期的情况下，应认定开发方已履行完毕支付开发费的义务，开发方不负有在出资期限届满前实缴出资额的义务。

## 第五十五条　【出资证明书】

| 修订前 | 修订后 |
| --- | --- |
| 　　**第三十一条**　有限责任公司成立后，应当向股东签发出资证明书。<br>　　出资证明书应当载明下列事项：<br>　　（一）公司名称；<br>　　（二）公司成立日期；<br>　　（三）公司注册资本；<br>　　（四）股东的姓名或者名称、缴纳的出资额和出资日期；<br>　　（五）出资证明书的编号和核发日期。<br>　　出资证明书由公司盖章。 | 　　**第五十五条**　有限责任公司成立后，应当向股东签发出资证明书，**记载**下列事项：<br>　　（一）公司名称；<br>　　（二）公司成立日期；<br>　　（三）公司注册资本；<br>　　（四）股东的姓名或者名称、**认缴和实缴**的出资额、**出资方式**和出资日期；<br>　　（五）出资证明书的编号和核发日期。<br>　　出资证明书**由法定代表人签名**，并由公司盖章。 |

## 【法条注解】

本条是关于有限责任公司股东出资证明书的规定。

出资证明书，是有限责任公司签发的证明股东已履行出资义务的法律文件，是投资人成为有限责任公司股东，并依法享有股东权利和承担股东义务的法律凭证。为了使出资证明书记载的内容更加明确、规范，保证其效力，法律对出资证明书应当记载的事项作出了一定修改：第一，进一步明确出资额及出资方式，出资额应当包含认缴、实缴的出资额，由于认缴情况已经在股东名册、章程中均有体现，这里应当重点关注实缴情况，但对于实缴出资情况若发生变化时出资证明书的修改程序，该条未予明确；出资方式可包括货币和非货币财产。第二，出资证明书除需加盖公司公章外，还应由法定代表人签字，该形式要求可保证法定代表人对股东出资情况的知悉，有利于后续督促股东履行出资义务。

## 【相关规定】

1. 《民法典》

第 440 条　债务人或者第三人有权处分的下列权利可以出质：

（一）汇票、本票、支票；

（二）债券、存款单；

（三）仓单、提单；

（四）可以转让的基金份额、股权；

（五）可以转让的注册商标专用权、专利权、著作权等知识产权中的财产权；

（六）现有的以及将有的应收账款；

（七）法律、行政法规规定可以出质的其他财产权利。

2. 《最高人民法院关于适用〈中华人民共和国公司法〉若干问题的规定（三）》

第 23 条　当事人依法履行出资义务或者依法继受取得股权后，公司未根据公司法第三十一条、第三十二条的规定签发出资证明书、记载于股东名册并办理公司登记机关登记，当事人请求公司履行上述义务的，人民法院应予支持。

## 案例指引

周某、张某、张某 2、浦某诉某公司股权转让纠纷案①

根据《公司法》有关规定，有限责任公司股东身份的确定以及股份的转让都有严格的法定程序，公司出具的"出资证明书"和留存的"股东名册"是公司重要的文书档案，其记载的内容是认定股东身份及其投资数额、投资比例和享有权益大小等事项的重要法律依据。本案包括四原告在内的七位集资人，与某公司的设立股东林某、崔某并未签订股权转让协议；四原告不是某公司的原始设立股东，但其资金在进、出某公司时，进入时未有股权出让人，退出时也没有股权受让人，不符合《公司法》所规定的"股东依法转让出资"的法定程序和股东"不得抽回出资"的规定，

---

① 本案例为作者根据研究、工作经验，为具体说明相关法律问题，编辑加工而得。

也就是说，四原告的资金可以自由进出某公司，并未受《公司法》股东权利义务特别是股东"不得抽回出资"等法律规定的约束和调整；即使某公司的注册资金未到位、是四原告向某公司集资了款项后才开始运作，但只要四原告与某公司的原股东未履行受让和出让的法律程序，四原告并不自然成为某公司的股东；四原告自认为是"挂名股东"，但即使是挂名股东，其出资也是不得随意抽回的。可见，四原告各投入某公司的资金，不具备股本金性质，四原告交款的收据、退款的《费用报销单》和《退资协议》，明确写明的事由均为"集资款"，而非注册资本，因此，对于四原告提供的报销凭证和挂名股东剪报等证据资料，不予采信，四原告某公司股东身份不能确认；其要求按集资比例分配某公司"累计利润总额"以及依附于该财产之上的孳息的诉请，无事实和法律依据。

## 第五十六条　【股东名册】

| 修订前 | 修订后 |
| --- | --- |
| **第三十二条**　有限责任公司应当置备股东名册，记载下列事项：<br>（一）股东的姓名或者名称及住所；<br>（二）股东的出资额；<br>（三）出资证明书编号。<br>　记载于股东名册的股东，可以依股东名册主张行使股东权利。<br>　公司应当将股东的姓名或者名称向公司登记机关登记；登记事项发生变更的，应当办理变更登记。未经登记或者变更登记的，不得对抗第三人。 | **第五十六条**　有限责任公司应当置备股东名册，记载下列事项：<br>（一）股东的姓名或者名称及住所；<br>（二）股东**认缴和实缴**的出资额、**出资方式和出资日期**；<br>（三）出资证明书编号；<br>**（四）取得和丧失股东资格的日期。**<br>　记载于股东名册的股东，可以依股东名册主张行使股东权利。 |

## 【法条注解】

本条是关于有限责任公司股东名册的规定。股东名册，是指有限责任公司依照法律规定登记对本公司进行投资的股东及其出资情况的簿册。股东名册是法律规定的有限责任公司必须具备的文本。置备股东名册是有限责任公司成立后必须履行的一项法定义务。

此次修订相较原有法条，主要涉及两方面变化：第一，新《公司法》明确了股东出资额需要记载的具体内容，包括认缴和实缴的出资额、出资方式和出资日期。股东名册具有以下主要作用：一是股东名册是股东状况的查询依据；二是股东名册是公司正常活动的基础。明确记载出资额相关情况将有利于公司债权人、投资者了解公司资产情况，从而作出有关投资、监督管理等决定。第二，增加了取得和丧失股东资格日期这一事项，股东是公司存续的基础，该项内容可以更加清晰地记录公司股东结构的演变历程及现有股东状况，从而更准确地体现公司经营状况。

**【相关规定】**

1. **《民法典》**

第 64 条　法人存续期间登记事项发生变化的，应当依法向登记机关申请变更登记。

第 65 条　法人的实际情况与登记的事项不一致的，不得对抗善意相对人。

2. **《证券法》**

第 151 条　证券登记结算机构应当向证券发行人提供证券持有人名册及有关资料。

证券登记结算机构应当根据证券登记结算的结果，确认证券持有人持有证券的事实，提供证券持有人登记资料。

证券登记结算机构应当保证证券持有人名册和登记过户记录真实、准确、完整，不得隐匿、伪造、篡改或者毁损。

3. **《最高人民法院关于适用〈中华人民共和国公司法〉若干问题的规定（三）》**

第 23 条　当事人依法履行出资义务或者依法继受取得股权后，公司未根据公司法第三十一条、第三十二条的规定签发出资证明书、记载于股东名册并办理公司登记机关登记，当事人请求公司履行上述义务的，人民法院应予支持。

第 25 条　名义股东将登记于其名下的股权转让、质押或者以其他方式处分，实际出资人以其对于股权享有实际权利为由，请求认定处分股权行为无效的，人民法院可以参照民法典第三百一十一条的规定处理。

名义股东处分股权造成实际出资人损失，实际出资人请求名义股东承担赔偿责任的，人民法院应予支持。

第 26 条　公司债权人以登记于公司登记机关的股东未履行出资义务为由，请求其对公司债务不能清偿的部分在未出资本息范围内承担补充赔偿责任，股东以其仅为名义股东而非实际出资人为由进行抗辩的，人民法院不予支持。

名义股东根据前款规定承担赔偿责任后，向实际出资人追偿的，人民法院应予支持。

第 27 条　股权转让后尚未向公司登记机关办理变更登记，原股东将仍登记于其名下的股权转让、质押或者以其他方式处分，受让股东以其对于股权享有实际权利为由，请求认定处分股权行为无效的，人民法院可以参照民法典第三百一十一条的规定处理。

原股东处分股权造成受让股东损失，受让股东请求原股东承担赔偿责任、对于未及时办理变更登记有过错的董事、高级管理人员或者实际控制人承担相应责任的，人民法院应予支持；受让股东对于未及时办理变更登记也有过错的，可以适当减轻上述董事、高级管理人员或者实际控制人的责任。

第 28 条　冒用他人名义出资并将该他人作为股东在公司登记机关登记的，冒名登记行为人应当承担相应责任；公司、其他股东或者公司债权人以未履行出资义务为由，请求被冒名登记为股东的承担补足出资责任或者对公司债务不能清偿部分的赔偿责任的，人民法院不予支持。

**4.《中华人民共和国市场主体登记管理条例》**

第 9 条　市场主体的下列事项应当向登记机关办理备案：

（一）章程或者合伙协议；

（二）经营期限或者合伙期限；

（三）有限责任公司股东或者股份有限公司发起人认缴的出资数额，合伙企业合伙人认缴或者实际缴付的出资数额、缴付期限和出资方式；

（四）公司董事、监事、高级管理人员；

（五）农民专业合作社（联合社）成员；

（六）参加经营的个体工商户家庭成员姓名；

（七）市场主体登记联络员、外商投资企业法律文件送达接受人；

（八）公司、合伙企业等市场主体受益所有人相关信息；

（九）法律、行政法规规定的其他事项。

第 24 条　市场主体变更登记事项，应当自作出变更决议、决定或者法定变更事项发生之日起 30 日内向登记机关申请变更登记。

市场主体变更登记事项属于依法须经批准的，申请人应当在批准文件有效期内向登记机关申请变更登记。

第 29 条　市场主体变更本条例第九条规定的备案事项的，应当自作出变更决议、决定或者法定变更事项发生之日起 30 日内向登记机关办理备案。农民专业合作社（联合社）成员发生变更的，应当自本会计年度终了之日起 90 日内向登记机关办理备案。

## 案例指引

**资本管理公司诉投资管理公司等请求变更公司登记纠纷案①**

本案的争议焦点之一是股权出让方是否具有提起公司股权变更登记的诉讼主体资格。争议来源于对《最高人民法院关于适用〈中华人民共和国公司法〉若干问题的规定（三）》第 23 条规定，当事人依法履行出资义务或者依法继受取得股权后，公司未根据《公司法》规定签发出资证明书、记载于股东名册并办理公司登记机关登记，当事人请求公司履行上述义务的，人民法院应予支持的理解不同。

虽然《最高人民法院关于适用〈中华人民共和国公司法〉若干问题的规定（三）》第 23 条规定，当事人依法履行出资义务或者依法继受取得股权后，公司未根据《公司法》规定签发出资证明书、记载于股东名册并办理公司登记机关登记，当事人请求公司履行上述义务的，人民法院应予支持，确认依法履行出资义务或者依法继受取得股权的当事人具有提起变更公司登记之诉的资格，但是并未排除或否认公司股权出让方提起变更公司登记之诉的权利。资本管理公司系案涉股权转让方，《股权转让协议》明确约定其具有督促投资管理公司到市场监督管理机关办理股权转让事项变更登记手续的义务，并且其收取后续股权转让余款的前提条件是投资管理公司办理完成股权变更登记手续，故资本管理公司属于股权转让的利益相关方，对于变更公司登记具有诉的权利。因此，资本管理公司有权作为原告提起变更股权登记之诉。

有关股权转让的公司登记纠纷保护的法益主体方面，基于公司是拟制的人这一基本原理，《公司法》的规则既有基于公司设立、股权转让、公司决议等组织内部成员及机关运行的机制，也有因公司的运营行为与债权人等外部主体发生的其他外部法律关系。《公司法》不仅有包括公司运行的对外效力规则，亦有关于公司内部主体和内部机制的内部效力规则。股权转让的变更登记纠纷属于公司登记纠纷的一种，《公司法》规定，公司应当将股东的姓名或者名称向公司登记机关登记；登记事项发生变更的，应当办理变更登记。未经登记或者变更登记的，不得对抗第三人。根据上

---

① 本案例为作者根据研究、工作经验，为具体说明相关法律问题，编辑加工而得。

述规定，股权转让的变更登记纠纷虽然有基于商事公示原则要求公司尽快办理股权变更登记，以保护基于公示信赖利益的第三人权益的对外效力，但是，该规定主要是对于因股东变动而产生的股东与公司内部之间的权利与义务关系，公司是工商变更登记的义务主体，股权变更的股东包括变更前的股权出让人和变更后的股权受让人，二者均是受股权变更行为影响的主体，从权益保护的均衡性来说，股权出让方与股权受让方是股权转让的一体两面，其应当平等地享有股权变更登记的诉讼权利。

根据《公司法》的规定，工商登记的股东是股东权利的体现，也是股东身份的证明，股权转让的变更登记具有公示效力。对于股权受让方而言，其依法履行出资义务或者依法继受取得股权，根本目的在于通过支付相应的对价而获得标的公司的股份，因此其对于股东身份的认定即股权变更登记的需求更为直接、迫切，具有积极的诉讼利益。而对于股权出让方而言，传统观点认为，股权出让方在股权交易中主要是为了获得股权出让后的经济收益，其对股权转让登记并没有积极的权益。但是，股权出让方除具有获得经济收益的自益权外，还具有因股东身份而带来的参与公司管理等共益权，通过股权出让去除股东身份的消极权益亦与股权出让方的权益具有利害关系。《公司法》明确规定的未经登记或者变更登记的，不得对抗第三人，则公司登记的不作为亦实际影响股权出让方不作为实际股东的权益，由其承担本不应当承担的责任，如股权出让人可能面临公司债权人以股东责任将其追加为被告的诉讼风险。因此，工商登记变更与否与股权出让方具有重要的利害关系，亦直接导致股权出让人的权益受损，故股权出让方在股权变更登记中亦具有诉的利益。

## 第五十七条 【股东查阅、复制权】

| 修订前 | 修订后 |
| --- | --- |
| 第三十三条 股东有权查阅、复制公司章程、股东会会议记录、董事会会议决议、监事会会议决议和财务会计报告。 | 第五十七条 股东有权查阅、复制公司章程、**股东名册**、股东会会议记录、董事会会议决议、监事会会议决议和财务会计报告。 |
| 股东可以要求查阅公司会计账簿。股东要求查阅公司会计账簿的，应当向公司提出书面请求，说明目的。公司有合理根据认为股东 | 股东可以要求查阅公司会计账簿、**会计凭证**。股东要求查阅公司会计账簿、**会计凭证**的，应当向公司提出书面请求，说明目的。公司 |

| 修订前 | 修订后 |
| --- | --- |
| 查阅会计账簿有不正当目的，可能损害公司合法利益的，可以拒绝提供查阅，并应当自股东提出书面请求之日起十五日内书面答复股东并说明理由。公司拒绝提供查阅的，股东可以请求人民法院要求公司提供查阅。 | 有合理根据认为股东查阅会计账簿、**会计凭证**有不正当目的，可能损害公司合法利益的，可以拒绝提供查阅，并应当自股东提出书面请求之日起十五日内书面答复股东并说明理由。公司拒绝提供查阅的，股东可以向人民法院**提起诉讼**。<br><br>股东查阅前款规定的材料，可以委托会计师事务所、律师事务所等中介机构进行。<br><br>股东及其委托的会计师事务所、律师事务所等中介机构查阅、复制有关材料，应当遵守有关保护国家秘密、商业秘密、个人隐私、个人信息等法律、行政法规的规定。<br><br>股东要求查阅、复制公司全资子公司相关材料的，适用前四款的规定。 |

## 【法条注解】

本条是关于股东查阅、复制权的规定。

股东是公司的投资人/者，是公司财产的最终所有人，对公司如何开展生产经营活动，如何对重大事务作出决策，如何运用公司财产进行生产经营，公司盈余如何分配等，拥有决定权。因此，股东有权了解公司的一切情况，特别是公司经营决策和公司财产使用的情况，即股东对公司事务享有知情权。公司的内部机构必须尊重股东的知情权，保障股东知情权得到切实的维护和实现。股东知情权具体表现为股东对反映公司经营决策和财产使用情况的相关资料，有权进行查阅和复制。

股东查阅、复制公司的公司章程、股东会会议记录、董事会会议记录、监事会会议记录和财务会计报告等资料，是不需要公司批准的，即股东的这部分查阅、复制权是由《公司法》授予的。区别于公司章程、股东会会议决议等其他材料，股东虽然也有权查阅公司的会计账簿、会计凭证，但必须取得公司的批准，即这部分权利是公司授予的。此外，股东即使取得批准可以查阅公司会计账簿、会计凭证，但也无权复制该项材料。

此次修订意在进一步强化股东知情权，首先加入了"股东名册"作为可查阅对象，股东名册作为静态把握股东信息的资料，记载着有关股东及其股权状况的信息。

同时由于有限责任公司具有较强的人合性，因此股东间若发生分歧矛盾，会计报告是对公司经营、财务状况的概括反映，在中小型有限公司整体财务管理水平亟待提高的现实情况下，不能排除控股股东作假的可能。根据《会计法》的相关规定，股东知情权查阅的范围应当及于会计凭证。

因此，本次修订亦加入"会计凭证"内容。但需注意本次修订对会计凭证的查阅范围未予明确，实践中，会计凭证有一定特殊性，其本身包含记账凭证、相关原始凭证等有关资料，内容繁冗，因此应对可查阅会计凭证范围予以限制，如限定在与会计账簿记载内容有关的会计原始凭证和记账凭证，查阅会计账簿和会计凭证的次序也应作出明确，如只有在查阅会计账簿无法实现其目的时，才可请求查阅会计凭证；同时严格把握会计凭证的查阅程序。从而较好地保护股东权的行使和公司财务资料的保密，实现公司权利与股东权利的均衡保护。

除此之外，此次修订加入新的查阅方法，即赋予股东委托第三方中介机构的权利，更有力地保护了股东的查阅权及行权方式。

另外，此次修订将股东查阅、复制权的行使范围延伸至全资子公司，作为完全由唯一一家母公司所拥有或控制的子公司，其内部管理和外部经营活动均由母公司主导，母公司对子公司的重大事项拥有实际决定权，能够决定子公司董事会的组成，可以直接行使权力任命董事会董事等，但同时，虽然受母公司实际控制，全资子公司仍属于独立的法人，以自己的名义从事经营活动，独立承担民事责任。因此，股东有必要了解这一独立法人的经营状况，从而更好地对公司整体情况作出评估。

## 【相关规定】

### 《会计法》

第 14 条　会计凭证包括原始凭证和记帐凭证。

办理本法第十条所列的经济业务事项，必须填制或者取得原始凭证并及时送交会计机构。

会计机构、会计人员必须按照国家统一的会计制度的规定对原始凭证进行审核，对不真实、不合法的原始凭证有权不予接受，并向单位负责人报告；对记载不准确、不完整的原始凭证予以退回，并要求按照国家统一的会计制度的规定更正、补充。

原始凭证记载的各项内容均不得涂改；原始凭证有错误的，应当由出具单位重开或者更正，更正处应当加盖出具单位印章。原始凭证金额有错误的，应当由出具单位重开，不得在原始凭证上更正。

记帐凭证应当根据经过审核的原始凭证及有关资料编制。

第 15 条　会计帐簿登记，必须以经过审核的会计凭证为依据，并符合有关法律、行政法规和国家统一的会计制度的规定。会计帐簿包括总帐、明细帐、日记帐和其他辅助性帐簿。

会计帐簿应当按照连续编号的页码顺序登记。会计帐簿记录发生错误或者隔页、缺号、跳行的，应当按照国家统一的会计制度规定的方法更正，并由会计人员和会计机构负责人（会计主管人员）在更正处盖章。

使用电子计算机进行会计核算的，其会计帐簿的登记、更正，应当符合国家统一的会计制度的规定。

## 案例指引

设备公司、河北设备公司股东知情权纠纷案 ［最高人民法院（2020）最高法民再 170 号］

本案争议焦点为设备公司行使股东知情权目的是否正当以及在其查阅目的正当的前提下，其是否有权查阅包括原始和记账凭证在内的所有会计账簿。法院经审理后认为，首先，设备公司有权查阅合资公司的文件档案材料。《公司法》规定股东有权查阅、复制公司章程、股东会会议记录、董事会会议决议等材料。股东可以通过书面形式请求查阅公司会计账簿，但需说明目的。公司有合理根据认为股东查阅会计账簿有不正当目的，可能损害公司合法利益的，可以拒绝提供查阅，并应当自股东提出书面请求之日起十五日内书面答复股东并说明理由。合资公司章程、董事会会议记录、财务会计报告等是合资公司应当制备的文件材料，属于合资双方有权请求查阅的范围，合资一方请求查阅的，合资公司应当提供。这些材料是在合资公司内部需要公开的资料，应当允许合资双方不受限制地查阅或者复制。河北设备公司虽然向设备公司提交了 2014 年度以前的审计报告和每个月的财务报表，但不应影响设备公司查阅权的正常行使。设备公司有权在合适的时间自行查阅，否则将构成对设备公司行使查阅权的不当限制。

　　其次，设备公司查阅合资公司会计账簿不具有不正当目的。《最高人民法院关于适用〈中华人民共和国公司法〉若干问题的规定（四）》第 8 条对何为"不正当目的"作出了规定。河北设备公司以股东自营或者为他人经营与公司主营业务有实质性竞争关系业务为由主张设备公司具有不正当目的，对此负有证明义务。在认定主营业务时应当主要考虑该项业务对公司稳定利润的贡献，兼顾在营业收入中的比重，河北设备公司作为渣浆泵生产企业，渣浆泵的生产应当为其主营业务。实质性竞争关系则是指股东和公司之间存在利益冲突，其情形需要根据案件事实综合认定。河北设备公司的经营范围为研究、设计、生产渣浆泵等配套服务。设备公司的经营范围为泵件销售，在生产环节二者不存在竞争关系。在销售环节，合作初期，二者存在分工合作的关系。河北设备公司没有证据证明设备公司与其代表人存在主体混同的情形，其以公司关联关系为由限制合资一方查阅会计账簿的权利，没有法律依据。综上，河北设备公司并未提供有效证据证明设备公司查阅合资公司会计账簿具有不正当目的。

　　最后，设备公司有权查阅合资公司的原始凭证和记账凭证，并有权指定审计师对合资公司账目进行审计。《公司法》规定股东查阅权的意旨主要是防止小股东滥用知情权干扰公司的正常经营活动。本案中，合资双方持股比例各为 50%，不存在小股东滥用股东权利妨碍公司正常经营的情形。双方在合资合同中有"合同各方有权各自承担费用自行指定审计师审计合营公司的账目"的特别约定。河北设备公司章程亦规定，"合营各方有权自费聘请审计师查阅合营公司账簿。查阅时，合营公司应提供方便"。合资双方通过章程、合资合同约定的公司内部治理事项，属于当事人意思自治权利的范畴，缔约双方应当诚实守信，予以遵守。河北设备公司亦确认，审计师在审计合资公司的账目时，必然涉及原始凭证和记账凭证。在合资双方约定合资一方有权自行指定审计师审计合资公司账目的情况下，股东知情权的范围不宜加以限缩，否则，将与设置股东知情权制度的目的背道而驰。基于利益平衡和确保信息真实的考虑，设备公司查阅会计账簿时应有权查阅原始凭证和记账凭证。在河北设备公司未能举证证明设备公司查阅会计账簿具有不正当目的的情况下，设备公司有权查阅原始凭证在内的会计账簿并指定审计师对合资公司账目进行审计。

# 第二节　组织机构

## 第五十八条　【股东会组成及法律地位】

| 修订前 | 修订后 |
| --- | --- |
| 第三十六条　有限责任公司股东会由全体股东组成。股东会是公司的权力机构，依照本法行使职权。 | 第五十八条　有限责任公司股东会由全体股东组成。股东会是公司的权力机构，依照本法行使职权。 |

**【法条注解】**

本条是关于股东会组成及法律地位的规定。股东会是股东在公司内部行使股东权的法定组织。股东会具有以下特征：第一，股东会由全体股东组成。本条强调"全体股东"，体现了股东平等原则。第二，股东会是公司的意思形成机构和权力机构。股东会是股东表达意愿并将分散的意愿汇集起来形成股东集体意志的机构。本条用"公司的权力机构"一词来界定股东会的性质，体现了股东会在公司治理结构中最高权力中心的法律地位。第三，股东会是公司法定必备但非常设机构。新《公司法》明确规定股东会是有限责任公司（一人有限责任公司除外）和股份有限公司（只有一个股东的股份有限公司除外）的必设机构。股东会是公司的非常设机构，通常以召开会议的方式行使职权。

## 第五十九条　【股东会职权和书面议事方式】

| 修订前 | 修订后 |
| --- | --- |
| 第三十七条　股东会行使下列职权：<br>（一）决定公司的经营方针和投资计划；<br>（二）选举和更换非由职工代表担任的董事、监事，决定有关董事、监事的报酬事项；<br>（三）审议批准董事会的报告； | 第五十九条　股东会行使下列职权：<br>（一）选举和更换董事、监事，决定有关董事、监事的报酬事项；<br>（二）审议批准董事会的报告；<br>（三）审议批准监事会的报告；<br>（四）审议批准公司的利润分配方案和弥补亏损方案； |

续表

| 修订前 | 修订后 |
|---|---|
| ~~(四)~~ 审议批准监事会或者监事的报告； | （五）对公司增加或者减少注册资本作出决议； |
| ~~(五)~~ 审议批准公司的年度财务预算方案、决算方案； | （六）对发行公司债券作出决议； |
| ~~(六)~~ 审议批准公司的利润分配方案和弥补亏损方案； | （七）对公司合并、分立、解散、清算或者变更公司形式作出决议； |
| ~~(七)~~ 对公司增加或者减少注册资本作出决议； | （八）修改公司章程； |
| ~~(八)~~ 对发行公司债券作出决议； | （九）公司章程规定的其他职权。 |
| ~~(九)~~ 对公司合并、分立、解散、清算或者变更公司形式作出决议； | **股东会可以授权董事会对发行公司债券作出决议。** |
| ~~(十)~~ 修改公司章程； | 对**本条第**一款所列事项股东以书面形式一致表示同意的，可以不召开股东会会议，直接作出决定，并由全体股东在决定文件上签名**或者**盖章。 |
| ~~(十一)~~ 公司章程规定的其他职权。 | |
| 对前款所列事项股东以书面形式一致表示同意的，可以不召开股东会会议，直接作出决定，并由全体股东在决定文件上签名~~、~~盖章。 | |

## 【法条注解】

本条是关于股东会职权和书面议事方式的规定。股东会须在法定范围内行使职权。相较于 2018 年《公司法》，本条第 1 款删除了"决定公司的经营方针和投资计划"和"审议批准公司的年度财务预算方案、决算方案"两项管理事项，将公司实际经营的职权从股东会转移到董事会，本条第 2 款规定"股东会可以授权董事会对发行公司债券作出决议"。这一做法突出了现代公司治理中公司章程的重要地位，减少了法律对公司内部管理的干预，扩大了公司意思自治空间。这有利于加强并进一步保障董事会在公司经营中的独立地位，强化董事会的主观能动性与决策能力。这也体现了所有权与经营权相分离的现代公司制度的基本原理。实务中，公司在公司章程中应按照新《公司法》的规定设置股东会、董事会的内部职权。股东会和董事会权责的界定，有助于对内部决策程序是否合规作出判断。新《公司法》第 112 条第 1 款规定，新《公司法》第 59 条第 1 款、第 2 款关于有限责任公司股东会职权的规定同样适用于股份有限公司股东会。

**案例指引**

袁某等与黄某等损害公司利益责任纠纷案 [最高人民法院（2017）最高法民申 1794 号]

黄某等被告五人系某商贸公司董事，根据《公司章程》第 27 条的规定，黄某等五名董事通过召开董事会形成决议，决定设立分公司，该分公司处于亏损状态。袁某等四人作为股东主张《公司章程》第 27 条因违反《公司法》第 37 条、第 46 条强制性规定而无效。最高院认为，《公司法》第 37 条、第 46 条分别是股东会与董事会职权的相关规定，并不属于效力性强制性规定。而且根据《公司法》第 4 条的规定，公司股东依法享有选择管理者的权利，相应地，该管理者的权限也可以由公司股东会自由决定。《公司法》并未禁止有限责任公司股东自主地将一部分决定公司经营方针与投资计划的权力赋予董事会。故，该商贸公司《公司章程》第 27 条有关应由股东大会作出决议的重大事项中"公司自主对公司资产开发，由董事会决定并向股东大会报告"的例外规定，并不存在因违反法律、行政法规的强制性规定而无效的情形，《公司章程》第 27 条依法有效。

## 第六十条 【一人有限责任公司股东职权的行使】

| 修订前 | 修订后 |
| --- | --- |
| 第六十一条 一人有限责任公司不设股东会。股东作出本法第三十七条第一款所列决定时，应当采用书面形式，并由股东签名后置备于公司。 | 第六十条 只有一个股东的有限责任公司不设股东会。股东作出前条第一款所列事项的决定时，应当采用书面形式，并由股东签名或者盖章后置备于公司。 |

## 【法条注解】

本条是关于一人有限责任公司股东职权的行使的规定，一人有限责任公司作为一种特殊的公司组织形式，应当依据新《公司法》第 60 条的规定出具书面股东决定，该决定应被认定为有效决议。本条新增"盖章"作为股东确认书面股东决定的方式。新《公司法》第 112 条关于只有一个股东的有限责任公司不设股东会的规定，同样适用于只有一个股东的股份有限公司。

## 第六十一条　【首次股东会会议的召集和主持人】

| 修订前 | 修订后 |
| --- | --- |
| **第三十八条**　首次股东会会议由出资最多的股东召集和主持，依照本法规定行使职权。 | **第六十一条**　首次股东会会议由出资最多的股东召集和主持，依照本法规定行使职权。 |

## 【法条注解】

本条明确了首次股东会会议的召集和主持人。按照资本多数决原则，本条规定由出资最多的股东召集和主持首次股东会会议。首次股东会应依照新《公司法》规定行使职权。

## 第六十二条　【股东会会议制度】

| 修订前 | 修订后 |
| --- | --- |
| **第三十九条**　股东会会议分为定期会议和临时会议。<br>　　定期会议应当**依照**公司章程的规定按时召开。代表十分之一以上表决权的股东，三分之一以上的董事，监事会或者不设监事会的公司的监事提议召开临时会议的，应当召开临时会议。 | **第六十二条**　股东会会议分为定期会议和临时会议。<br>　　定期会议应当**按照**公司章程的规定按时召开。代表十分之一以上表决权的股东、三分之一以上的董事**或者**监事会提议召开临时会议的，应当召开临时会议。 |

## 【法条注解】

本条是关于股东会会议制度的规定。股东会会议分为定期会议和临时会议。股东会的定期会议，是指按照公司章程的规定在一定时期内必须召开的会议。股东会的临时会议，是指未在公司章程中规定召开时间的一种不定期会议。临时会议是因法定人员的提议而召开的会议，人员范围包括代表十分之一以上表决权的股东、三分之一以上的董事以及监事会。

新《公司法》第83条明确了监事会及监事设立的任意性，规定了不设监事会的公司的监事依法享有监事会职权。故，本条第2款相应删去了"或者不设监事会的公司的监事"的表述，在条文表述上更简洁。

## 第六十三条 　【股东会会议的召集与主持】

| 修订前 | 修订后 |
| --- | --- |
| 　　第四十条　有限责任公司设立董事会的，股东会会议由董事会召集，董事长主持；董事长不能履行职务或者不履行职务的，由副董事长主持；副董事长不能履行职务或者不履行职务的，由半数以上董事共同推举一名董事主持。<br><br>　　有限责任公司不设董事会的，股东会会议由执行董事召集和主持。<br><br>　　董事会或者执行董事不能履行或者不履行召集股东会会议职责的，由监事会或者不设监事会的公司的监事召集和主持；监事会或者监事不召集和主持的，代表十分之一以上表决权的股东可以自行召集和主持。 | 　　第六十三条　股东会会议由董事会召集，董事长主持；董事长不能履行职务或者不履行职务的，由副董事长主持；副董事长不能履行职务或者不履行职务的，由过半数的董事共同推举一名董事主持。<br><br>　　董事会不能履行或者不履行召集股东会会议职责的，由监事会召集和主持；监事会不召集和主持的，代表十分之一以上表决权的股东可以自行召集和主持。 |

## 【法条注解】

本条是关于股东会会议召集和主持的规定。本条第1款规定股东会由董事会召集，董事长主持。董事长不能履行职务或者不履行职务的，由副董事长主持。副董事长不能履行职务或者不履行职务的，由过半数的董事共同推举一名董事主持。

为了使公司能够顺利运转，维护公司及公司股东和相关人的利益，本条第2款采用了一种递进、替补式的制度安排，规定了公司有关机关和符合法定条件的股东在特定情形下的股东会召集权，在程序上保证了股东会的正常召开，避免公司陷入僵局。

新《公司法》第 75 条、第 83 条分别规定了不设董事会的公司的董事依法享有董事会职权，不设监事会的公司的监事依法享有监事会职权，即享有股东会召集权，故本条删去相应表述。

## 第六十四条　【股东会会议的通知程序和记录】

| 修订前 | 修订后 |
| --- | --- |
| 　第四十一条　召开股东会会议，应当于会议召开十五日前通知全体股东；但是，公司章程另有规定或者全体股东另有约定的除外。<br><br>　股东会应当对所议事项的决定作成会议记录，出席会议的股东应当在会议记录上签名。 | 　第六十四条　召开股东会会议，应当于会议召开十五日前通知全体股东；但是，公司章程另有规定或者全体股东另有约定的除外。<br><br>　股东会应当对所议事项的决定作成会议记录，出席会议的股东应当在会议记录上签名**或者盖章**。 |

## 【法条注解】

本条是关于股东会会议的通知程序和记录的规定。本条第 1 款规定，股东会会议的召开应当于 15 日前通知全体股东。通知方式一般包括书面、口头、公告等。股东会会议的通知程序可以由公司章程另行规定或者全体股东另行约定，这体现了公司自治的原则。

股东会会议记录是指股东会召开会议时，对会议的主要议题和该议题的讨论过程，各股东发表的意见及最后决定所做的书面记录。股东会会议记录是公司日常生产经营活动的决策、执行的依据和记载，股东会有义务制作并留存股东会会议记录，以便真实、客观地反映股东会的决定。本条第 2 款新增"盖章"作为出席会议的股东确认会议记录的方式。

## 第六十五条　【股东的表决权】

| 修订前 | 修订后 |
| --- | --- |
| 　第四十二条　股东会会议由股东按照出资比例行使表决权；但是，公司章程另有规定的除外。 | 　第六十五条　股东会会议由股东按照出资比例行使表决权；但是，公司章程另有规定的除外。 |

## 【法条注解】

本条是关于股东的表决权的规定。第一，股东会会议是股东表达自己意志的场所。股东会决定有关事项，由股东提出自己的意见，表达自己的意志。第二，股东在股东会上有表决权。股东的表决权是指股东基于投资人地位对公司的有关事项表示自己同意、不同意或放弃发表意见的权利。第三，按照各股东的出资比例行使表决权。股东会会议的表决实行股东平等、资本多数决的民主决策原则。股东应根据自己所持公司资本的比例的多少来表达自己的意志。出资多的表决权就多，反之就少。第四，公司章程另有规定的除外。依据公司自治的原则，公司章程如果规定行使表决权的其他方式，受法律保护。

## 第六十六条　　【股东会决议】

| 修订前 | 修订后 |
| --- | --- |
| 　　**第四十三条**　股东会的议事方式和表决程序，除本法有规定的外，由公司章程规定。<br>　　股东会会议作出修改公司章程、增加或者减少注册资本的决议，以及公司合并、分立、解散或者变更公司形式的决议，必须经代表三分之二以上表决权的股东通过。 | 　　**第六十六条**　股东会的议事方式和表决程序，除本法有规定的外，由公司章程规定。<br>　　**股东会作出决议，应当经代表过半数表决权的股东通过。**<br>　　股东会作出修改公司章程、增加或者减少注册资本的决议，以及公司合并、分立、解散或者变更公司形式的决议，应当经代表三分之二以上表决权的股东通过。 |

## 【法条注解】

本条是关于股东会决议的通过比例的规定。除法定的应经代表三分之二以上表决权的股东通过决议才生效的事项外（包括修改公司章程、增加或者减少注册资本，以及公司合并、分立、解散或者变更公司形式等事项），新《公司法》不再任意授予公司章程来规定股东会决议的通过比例，而是规定了"应当经代表过半数表决权的股东通过"。

## 第六十七条　【董事会职权】

| 修订前 | 修订后 |
|---|---|
| 　　第四十六条　董事会对股东会负责，行使下列职权：<br>　　（一）召集股东会会议，并向股东会报告工作；<br>　　（二）执行股东会的决议；<br>　　（三）决定公司的经营计划和投资方案；<br>　　（四）~~制订公司的年度财务预算方案、决算方案；~~<br>　　（五）制订公司的利润分配方案和弥补亏损方案；<br>　　（六）制订公司增加或者减少注册资本以及发行公司债券的方案；<br>　　（七）制订公司合并、分立、解散或者变更公司形式的方案；<br>　　（八）决定公司内部管理机构的设置；<br>　　（九）决定聘任或者解聘公司经理及其报酬事项，并根据经理的提名决定聘任或者解聘公司副经理、财务负责人及其报酬事项；<br>　　（十）制定公司的基本管理制度；<br>　　（十一）公司章程规定的其他职权。 | 　　第六十七条　**有限责任公司设董事会，本法第七十五条另有规定的除外。**<br>　　董事会行使下列职权：<br>　　（一）召集股东会会议，并向股东会报告工作；<br>　　（二）执行股东会的决议；<br>　　（三）决定公司的经营计划和投资方案；<br>　　（四）制订公司的利润分配方案和弥补亏损方案；<br>　　（五）制订公司增加或者减少注册资本以及发行公司债券的方案；<br>　　（六）制订公司合并、分立、解散或者变更公司形式的方案；<br>　　（七）决定公司内部管理机构的设置；<br>　　（八）决定聘任或者解聘公司经理及其报酬事项，并根据经理的提名决定聘任或者解聘公司副经理、财务负责人及其报酬事项；<br>　　（九）制定公司的基本管理制度；<br>　　（十）公司章程规定**或者股东会授予**的其他职权。<br>　　**公司章程对董事会职权的限制不得对抗善意相对人。** |

## 【法条注解】

本条是关于董事会职权的规定。新《公司法》延续了 2018 年《公司法》对董事会职权列举式概括的规范模式。相比于 2018 年《公司法》，新《公司法》第 67 条第 1 款删除了董事会对公司年度财务预算方案、决算方案的制定权，同时第 59 条删除了股东会对公司年度财务预算方案、决算方案的审批权。这一做法突出了现代公司治理中公司章程的重要地位，将原本属于股东会的法定职权调整为可由公司章程自主赋予的职权，扩大了公司意思自治空间，减少了法律对公司内部管理的干预，避免职权重叠给公司治理带来的隐患，体现了所有权与经营权相分离的现代公司制度的基本原理。

新《公司法》第 67 条第 1 款第 10 项新增 "股东会授予的其他职权"，新《公司法》第 67 条第 2 款与新《公司法》第 59 条第 2 款股东会可以授权董事会对发行公司债券作出决议对应。在尊重公司治理结构内部调整的基础上，明确章程对董事会职权的限制不得对抗善意相对人，强化对善意相对人的保护。

## 第六十八条 　【董事会的成员组成】

| 修订前 | 修订后 |
| --- | --- |
| 　　**第四十四条**　有限责任公司设董事会，~~其成员为三人至十三人；但是，本法第五十条另有规定的除外。~~<br>　　~~两个以上的国有企业或者两个以上的其他国有投资主体投资设立的有限责任公司，其董事会成员中应当有公司职工代表；其他有限责任公司董事会成员中可以有公司职工代表。~~董事会中的职工代表由公司职工通过职工代表大会、职工大会或者其他形式民主选举产生。<br>　　董事会设董事长一人，可以设副董事长。董事长、副董事长的产生办法由公司章程规定。 | 　　**第六十八条**　有限责任公司董事会成员为三人以上，其成员中可以有公司职工代表。职工人数三百人以上的有限责任公司，**除依法设监事会并有公司职工代表的外**，其董事会成员中应当有公司职工代表。董事会中的职工代表由公司职工通过职工代表大会、职工大会或者其他形式民主选举产生。<br>　　董事会设董事长一人，可以设副董事长。董事长、副董事长的产生办法由公司章程规定。 |

## 【法条注解】

本条是关于董事会成员组成的规定，旨在优化董事会组织形式。本条删除了 2018 年《公司法》中对有限公司董事人数 13 人上限的规定，只保留了最低人数的要求，公司可以依据自身经营管理需求决定董事的数量，体现了公司法对公司意思自治的尊重。

本条将职工代表董事强制要求从具有国有成分的两种有限公司扩大至除有监事会且其中有职工代表以外的 300 人以上的有限公司，凸显了民主治理、民主监督在公司治理中发挥的作用，维护了职工的合法权益。

## 第六十九条　【审计委员会组成及职权】

| 新增条款 | |
| --- | --- |
| | **第六十九条**　有限责任公司可以按照公司章程的规定在董事会中设置由董事组成的审计委员会，行使本法规定的监事会的职权，不设监事会或者监事。公司董事会成员中的职工代表可以成为审计委员会成员。 |

## 【法条注解】

本条是关于审计委员会组成及职权的规定。审计委员会制度是新《公司法》下的新增制度设计，通过赋予公司自主选择设立监事会或审计委员会的权利，旨在完善公司治理监督机制，为满足投资差异化需求，接轨国际市场以及提高我国企业国际经济竞争实力提供制度保障。

就制度发展历史来看，审计委员会制度在新《公司法》颁布前就已有相关的市场实践。其最早由 2002 年证监会《上市公司治理准则》确立，于第 52 条中指出上市公司可以根据股东大会的决议设立审计委员会，但 2023 年国务院办公厅发布的《关于上市公司独立董事制度改革的意见》将设立审计委员会划为上市公司需要遵守的强制性规定，即上市公司应当设立审计委员会。2017 年，国务院发布《关于进一步完善国有企业法人治理结构的指导意见》，其中指出应在国有企业中设立审计委员会。基于此，新《公司法》颁布前在上市公司等领域中已存在审计委员会、监事会与独立董事并行的多重监督结构。

根据国有独资公司、国有资本投资运营公司以及上市公司董事会建设实践，并为我国企业走出去及外商到我国投资提供便利，新《公司法》首次将审计委员会制度纳入有限公司治理中，是我国在有限公司领域适用单层制治理结构的重要尝试。目前在国际上存在 4 种公司治理结构，分别为单层制、双层制、混合制以及自选制，其中最为重要的是主要由英美法国家所遵行的单层制公司治理结构，以及主要由大陆法系国家采纳的双层制公司治理结构。单层制是指只设立董事会，由其同时行使管理与监督双重职能，可以设置独立董事；双层制以德国为例，分设监事会和董事会（不设独董），监事会作为董事会上位机构，享有董事任免权、监督权等重要权限。我国 2018 年《公司法》的规定应属混合制，设立董事会（上市公司还要求设立独董）与监事会同时向股东会负责，但监事会与董事会平起平坐，权限也仅限于基础的监督权。

各种治理结构有得有失，且从国际趋势上来看，越来越多的国家允许公司以自身治理需求为导向在不同的治理结构中进行选择，从而呈现出兼具包容性与多元化的公司法发展新态势。在国内层面，单层制的引入与我国公司内部监督制度失灵也存在很大关系。尽管 2018 年《公司法》对监事会的职责作出了具体规定，但实践中仍然可能存在监事会责任承担机制模糊、独立性不足、监督力度不够等问题，上市公司领域存在监事会与独立董事双重监督机制，同样也面临职责重叠、责任不清等困境。相比之下，单层制下权责分配更为明确，在信息获取、监督全面性与监督效率上更具有制度优势。但需要注意的是，法律移植固然是成本最低、最为便捷的改良方式，但目前新《公司法》并未对其具体制度内容以及衔接作出回应，制度的落实亟待进一步的细化与调整，如董事会监督与决策功能的冲突性。

## 第七十条 【董事任职与辞任】

| 修订前 | 修订后 |
|---|---|
| **第四十五条** 董事任期由公司章程规定，但每届任期不得超过三年。董事任期届满，连选可以连任。 | **第七十条** 董事任期由公司章程规定，但每届任期不得超过三年。董事任期届满，连选可以连任。 |

续表

| 修订前 | 修订后 |
|---|---|
| 董事任期届满未及时改选，或者董事在任期内辞职导致董事会成员低于法定人数的，在改选出的董事就任前，原董事仍应当依照法律、行政法规和公司章程的规定，履行董事职务。 | 董事任期届满未及时改选，或者董事在任期内辞任导致董事会成员低于法定人数的，在改选出的董事就任前，原董事仍应当依照法律、行政法规和公司章程的规定，履行董事职务。<br>**董事辞任的，应当以书面形式通知公司，公司收到通知之日辞任生效，但存在前款规定情形的，董事应当继续履行职务。** |

## 【法条注解】

本条是关于董事任职与辞任的规定。本条第 1 款、第 2 款规定了董事的任期以及善后义务，本条第 3 款新增了董事辞任的形式与程序要求，明确董事辞任的单方法律行为性质，辞任的生效无须取得股东会或董事会的同意，并对董事辞任增加了限制，当存在本条第 2 款规定的情形时，董事应当继续履行职务。就条文体系而言，新《公司法》将同时担任法定代表人的董事辞任相关规定（同时担任法定代表人的董事辞任视为辞去法定代表人职位的推定以及对公司确定新法定代表人时间限制的规定）从本条中转移到了总则部分第 10 条，从而统一股份公司与有限公司的相关制度安排，法律逻辑更加流畅自洽。就条文内容而言，第 70 条虽然进行了一定细化，但就不同情形下的发送对象（条文中"公司"具体为哪个公司机构，是法定代表人、股东会抑或董事会）、辞任通知发送时间、无限期改选期限，以及逾期无法改选的后果等问题尚无规定，亟须以司法解释予以明确。

## 案 例 指 引

郁某某诉某实业有限公司、某电子商务产业园有限公司、某网络科技有限公司请求变更公司登记纠纷案 [（2020）苏 06 民终 192 号]

法院生效裁判认为，《公司法》第 45 条第 2 款关于辞任或离任董事继续履行董事职务的规定，目的是保障公司正常的经营管理，避免公司运营因董事的缺额而陷入停滞，以维护股东利益乃至不特定债权人的合法权益。但《公司法》仅规定在改选董事就任前辞任或离任董事需要履行董事职务，并未对公司股东会改选的期限以及不能完成改选的后果作出规定。此种立法并不周延，未虑及可能出现的公司股东意见不一甚至矛盾不可调和而长期无法选出继任董事的情形。此种情形下，若机械遵循《公司法》第45条第2款规定，则辞任或离任董事履行董事职务将遥遥无期，无法达到辞任或离任的目的，董事的权利和义务将严重失衡。因此，准确理解和适用这一规定，必须在保护公司、股东利益与辞任或离任董事权益之间寻求平衡，恰当的方式是为辞任或离任董事继续履行董事职务明确一个前提条件，即公司股东会能够在合理期限内选举并能够选出继任董事。如有可归责于股东会的原因导致不能及时选出继任董事，辞任或离任董事则已无继续履行董事职务之必要，法律应当保护其辞任或离任的权利。本案中，某有限公司股东会经催告截至二审诉讼期间仍未选出继任董事，具有明显过错，要求郁某某继续履行董事职务，有违公平，故而撤销一审判决，支持郁某某上诉请求。

## 第七十一条 【解任董事】

| 新增条款 | |
| --- | --- |
| | **第七十一条** 股东会可以决议解任董事，决议作出之日解任生效。<br>无正当理由，在任期届满前解任董事的，该董事可以要求公司予以赔偿。 |

## 【法条注解】

本条是关于解任董事的规定。本条新增了董事无因解除权与解任后的损害赔偿请求权。我国董事解任制度经历了从有因到无因的转变过程：1993年《公司法》第47条以及第115条规定股东会在董事任期届满前不得无故解任董事，而在2005年《公司法》中删除了该规定，此后直至2019年《最高人民法院关于适用〈中华人民共和国公司法〉若干问题的规定（五）》才再次对董事解任进行了规定，并确立了无因解任董事制度。本次《公司法》出台之前，我国《公司法》虽然并未明确董事与公司之间的关系，但从法理研究以及司法实践来看，董事基于股东会的选任决议与自身的同意任职，与公司之间形成委托关系已经成为共识。委托合同双方均享有任意解除权，因此股东会可无因随时解除董事职务，同理董事也可无因辞任。第71条延续了无因解任董事的立法思路与实务共识，明确了解任生效时间与索赔制度。依据委托合同一般原理，若因公司的解任存在过错（无正当理由），导致董事存在损失，则董事可以要求公司对此予以赔偿。此外，董事允许股东会无理由撤换董事会成员在我国现实背景下可能导致董事会独立性与能动性被削弱，从而导致"大股东"或实际控制人滥用权力。

## 【相关规定】

1. 1993年《公司法》

第47条　董事任期由公司章程规定，但每届任期不得超过三年。董事任期届满，连选可以连任。

董事在任期届满前，股东会不得无故解除其职务。

2. 2005年《公司法》

第22条　公司股东会或者股东大会、董事会的决议内容违反法律、行政法规的无效。

股东会或者股东大会、董事会的会议召集程序、表决方式违反法律、行政法规或者公司章程，或者决议内容违反公司章程的，股东可以自决议作出之日起六十日内，请求人民法院撤销。

股东依照前款规定提起诉讼的，人民法院可以应公司的请求，要求股东提供相应担保。

公司根据股东会或者股东大会、董事会决议已办理变更登记的，人民法院宣告该决议无效或者撤销该决议后，公司应当向公司登记机关申请撤销变更登记。

## 案例指引

李某某诉某科技有限公司公司决议撤销纠纷案（最高人民法院指导案例10号）

法院生效裁判认为，根据2018年《公司法》第22条第2款的规定，董事会决议可撤销的事由包括：（1）召集程序违反法律、行政法规或公司章程；（2）表决方式违反法律、行政法规或公司章程；（3）决议内容违反公司章程。从召集程序看，被告公司于 2009 年 7 月 18 日召开的董事会由董事长葛某某召集，三位董事均出席董事会，该次董事会的召集程序未违反法律、行政法规或公司章程的规定。从表决方式看，根据被告公司章程规定，对所议事项作出的决定应由占全体股东三分之二以上的董事表决通过方才有效，上述董事会决议由三位股东（兼董事）中的两位表决通过，故在表决方式上未违反法律、行政法规或公司章程的规定。从决议内容看，被告公司章程规定董事会有权解聘公司经理，董事会决议内容中"总经理李某某不经董事会同意私自动用公司资金在二级市场炒股，造成巨大损失"的陈述，仅是董事会解聘李某某总经理职务的原因，而解聘李某某总经理职务的决议内容本身并不违反公司章程。

董事会决议解聘李某某总经理职务的原因如果不存在，并不导致董事会决议撤销。首先，公司法尊重公司自治，公司内部法律关系原则上由公司自治机制调整，司法机关原则上不介入公司内部事务；其次，被告公司的章程中未对董事会解聘公司经理的职权作出限制，并未规定董事会解聘公司经理必须有一定原因，该章程内容未违反公司法的强制性规定，应认定有效，因此被告公司董事会可以行使公司章程赋予的权力作出解聘公司经理的决定。故法院应当尊重公司自治，无须审查被告公司董事会解聘公司经理的原因是否存在，即无须审查决议所依据的事实是否属实，理由是否成立。综上，原告李某某请求撤销董事会决议的诉讼请求不成立，依法予以驳回。

## 第七十二条 　【董事会会议的召集与主持】

| 修订前 | 修订后 |
| --- | --- |
| 　第四十七条　董事会会议由董事长召集和主持；董事长不能履行职务或者不履行职务的，由副董事长召集和主持；副董事长不能履行职务或者不履行职务的，由半数以上董事共同推举一名董事召集和主持。 | 　第七十二条　董事会会议由董事长召集和主持；董事长不能履行职务或者不履行职务的，由副董事长召集和主持；副董事长不能履行职务或者不履行职务的，由**过半数的**董事共同推举一名董事召集和主持。 |

**【法条注解】**

　　本条是关于董事会会议的召集与主持的规定。本条内容并无实质性变动。"半数以上"与"过半数"的区别在于前者包含本数，后者不包含，但当人数为奇数时，两者则完全相同。2018 年《公司法》中大多数采取"过半数"通过模式，"半数以上"占少数。在新《公司法》中，将除第78 条外的"半数以上"均修改为"过半数"，解决了实务中半数人同意、半数人否决但决议得以通过的矛盾情形，提高了立法语言的准确性。

## 第七十三条　【董事会决议】

| 修订前 | 修订后 |
| --- | --- |
| **第四十八条**　董事会的议事方式和表决程序，除本法有规定的外，由公司章程规定。<br><br>　　董事会应当对所议事项的决定作成会议记录，出席会议的董事应当在会议记录上签名。<br><br>　　董事会决议的表决，实行一人一票。 | **第七十三条**　董事会的议事方式和表决程序，除本法有规定的外，由公司章程规定。<br><br>　　**董事会会议应当有过半数的董事出席方可举行。董事会作出决议，应当经全体董事的过半数通过。**<br><br>　　董事会决议的表决，应当一人一票。<br><br>　　董事会应当对所议事项的决定作成会议记录，出席会议的董事应当在会议记录上签名。 |

**【法条注解】**

　　本条是关于董事会决议的规定。本条新增了有限公司董事会最低出席人数以及决议通过比例的规定，加强了对董事会表决规则和程序的规制。2018 年《公司法》只在第 111 条中对股份公司董事会出席人数以及表决规则进行了规定，而将有限公司董事会的议事方式以及表决程序交由公司章程自治。本次公司法将股份公司董事会会议的相关规定（第 124 条）扩张至有限公司，限制了有限公司在董事会表决方面的自治权利，提高了有限公司董事会的规范化水平。与此同时，结合删除有限公司董事会人数上限等规定，意在强化董事会在有限公司治理中所发挥的重要作用。

**【相关规定】**

1. 2018 年《公司法》

第 111 条　董事会会议应有过半数的董事出席方可举行。董事会作出决议，必须经全体董事的过半数通过。

董事会决议的表决，实行一人一票。

2.《最高人民法院关于适用〈中华人民共和国公司法〉若干问题的规定（四）》

第 1 条　公司股东、董事、监事等请求确认股东会或者股东大会、董事会决议无效或者不成立的，人民法院应当依法予以受理。

第 5 条　股东会或者股东大会、董事会决议存在下列情形之一，当事人主张决议不成立的，人民法院应当予以支持：

（一）公司未召开会议的，但依据公司法第三十七条第二款或者公司章程规定可以不召开股东会或者股东大会而直接作出决定，并由全体股东在决定文件上签名、盖章的除外；

（二）会议未对决议事项进行表决的；

（三）出席会议的人数或者股东所持表决权不符合公司法或者公司章程规定的；

（四）会议的表决结果未达到公司法或者公司章程规定的通过比例的；

（五）导致决议不成立的其他情形。

## 第七十四条　【经理职权】

| 修订前 | 修订后 |
| --- | --- |
| **第四十九条**　有限责任公司可以设经理，由董事会决定聘任或者解聘。经理对董事会负责，行使下列职权：<br>（一）主持公司的生产经营管理工作，组织实施董事会决议；<br>（二）组织实施公司年度经营计划和投资方案； | **第七十四条**　有限责任公司可以设经理，由董事会决定聘任或者解聘。<br>　经理对董事会负责，**根据公司章程的规定或者董事会的授权**行使职权。经理列席董事会会议。 |

| 修订前 | 修订后 |
| --- | --- |
| ~~（三）拟订公司内部管理机构设置方案；~~<br>~~（四）拟订公司的基本管理制度；~~<br>~~（五）制定公司的具体规章；~~<br>~~（六）提请聘任或者解聘公司副经理、财务负责人；~~<br>~~（七）决定聘任或者解聘除应由董事会决定聘任或者解聘以外的负责管理人员；~~<br>~~（八）董事会授予的其他职权。~~<br>~~公司章程对经理职权另有规定的，从其规定。~~<br>经理列席董事会会议。 | |

## 【法条注解】

本条是关于经理职权的规定，新《公司法》第 74 条将原公司法中经理的法定职权全部删除，使经理职权从来源于法律条文、公司章程，以及董事会授权转变到全部由公司章程，以及董事会予以规定，减少了法律对公司内部治理结构的干预，扩大了公司内部权责划分的自治空间，使公司可以依据自身的经营管理需求自由决定其治理结构，推动公司运行效率的提升。经理职权交与公司自治，与新《公司法》第 59 条股东会职权、第 67 条董事会职权变更共同构成了本次新《公司法》中治理结构调整的核心基础。三者的变化都反映出强化公司章程地位，尊重公司意思自治空间的立法思路，但也对公司自身的治理能力提出了更高水平的要求。

将经理的法定职权纳入公司自治的空间，意味着公司需要及时根据自身的经营管理状况与需求制订详细的权责划分方案，尽可能地减少章程空白与灰色地带。与此同时，减少法律规定还将对相对人保护发起挑战，给表见代理以可乘之机，公司如何稳步提升治理水平在当前语境下的重要性显而易见。

## 第七十五条　【不设董事会的有限责任公司】

| 修订前 | 修订后 |
| --- | --- |
| 第五十条　股东人数较少或者规模较小的有限责任公司，可以设一名执行董事，不设董事会。执行董事可以兼任公司经理。<br>执行董事的职权由公司章程规定。 | 第七十五条　规模较小或者股东人数较少的有限责任公司，可以不设董事会，设一名董事，**行使本法规定的董事会的职权**。该董事可以兼任公司经理。 |

## 【法条注解】

本条规定了仅有规模较小的有限责任公司可以不设立董事会，新《公司法》第75条延续了三审稿的思路，仍然保留规模较小或者股东人数较少两种情形。在董事职权方面，2018年《公司法》规定执行董事的职权应由公司章程规定，在章程没有规定的情况下只能类推适用公司法对董事会职权的规定。新《公司法》裁弯取直，明确了在不设董事会的情况下董事可以适用公司法中有关董事会职权的规定，有助于发挥董事在公司治理中的关键作用。此外，本次新《公司法》中将不设董事会时设立的职务名称从"执行董事"更改为董事，"执行董事"一词不再指不设董事会时的一人董事，而是指同时担任董事与公司具体经营管理职务的董事。此外，还需处理其与《民法典》用语衔接的问题，如《民法典》第81条关于营利法人执行机构的描述中仍然使用"执行董事"一词。

## 第七十六条　【监事会的设立与组成】

| 修订前 | 修订后 |
| --- | --- |
| 第五十一条　有限责任公司设监事会，其成员不得少于三人。股东人数较少或者规模较小的有限责任公司，可以设一至二名监事，不设监事会。<br>监事会应当包括股东代表和适当比例的公司职工代表，其中职工 | 第七十六条　有限责任公司设监事会，**本法第六十九条、第八十三条另有规定的除外**。<br>**监事会成员为三人以上。监事**会成员应当包括股东代表和适当比例的公司职工代表，其中职工代表的比例不得低于三分之一，具体比 |

续表

| 修订前 | 修订后 |
|---|---|
| 代表的比例不得低于三分之一，具体比例由公司章程规定。监事会中的职工代表由公司职工通过职工代表大会、职工大会或者其他形式民主选举产生。<br><br>监事会设主席一人，由全体监事过半数选举产生。监事会主席召集和主持监事会会议；监事会主席不能履行职务或者不履行职务的，由半数以上监事共同推举一名监事召集和主持监事会会议。<br><br>董事、高级管理人员不得兼任监事。 | 例由公司章程规定。监事会中的职工代表由公司职工通过职工代表大会、职工大会或者其他形式民主选举产生。<br><br>监事会设主席一人，由全体监事过半数选举产生。监事会主席召集和主持监事会会议；监事会主席不能履行职务或者不履行职务的，由**过半数的**监事共同推举一名监事召集和主持监事会会议。<br><br>董事、高级管理人员不得兼任监事。 |

## 【法条注解】

新《公司法》第 76 条是关于有限责任公司监事会的设立与组成问题的规定。本条在原有基础上增加了有限责任公司可以选择在董事会中设置由董事组成的审计委员会。2002 年《上市公司治理准则》中倡导设立审计委员会，此次，新《公司法》首次将审计委员会制度应用到有限责任公司领域，行使监事会职权，能够提高决策效率，更好地履行监督义务。

## 案例指引

冷藏公司诉物流公司公司决议效力确认纠纷案（《最高人民法院公报》2019 年第 11 期）

法院生效裁判认为，与公司签订劳动合同或者存在事实劳动关系是成为职工代表监事的必要条件，魏某[1]并不具备担任原审被告物流公司职工代表监事的资格，理由如下：第一，职工代表大会是协调劳动关系的重要制度，职工代表须与公司存在劳动关系。参考国资委、中华全国总工会等

---

[1] 本案第三人。

部门制定的《企业民主管理规定》第 23 条的规定，与企业签订劳动合同建立劳动关系以及与企业存在事实劳动关系的职工，有选举和被选举为职工代表大会代表的权利。依法终止或者解除劳动关系的职工代表，其代表资格自行终止。本案中，魏某于系争股东会决议作出时已不在物流公司任职，未在物流公司领取薪水，即与物流公司不存在劳动关系，故魏某不具备作为职工代表的资格。第二，职工代表监事应通过职工代表大会、职工大会等形式，从职工代表中民主选举产生。《公司法》第 51 条第 2 款规定了监事会应包括公司职工代表，说明职工代表资格是成为职工代表监事的前提。本案中，魏某并非职工代表，因此不具备担任物流公司职工代表监事的资格。另外，《公司法》第 51 条第 2 款亦规定监事会中职工代表的比例不得低于 1/3，该比例系公司法上效力性强制性规定，本案中魏某不具备职工代表资格，另外两名监事系股东代表，职工代表比例为零，违反了前款规定。故一审法院认定系争股东会决议中任命魏某为物流公司职工代表监事的条款无效，并无不当，二审予以支持。至于两上诉人认为选举职工代表监事程序合法、签字职工均有表决资格的主张，因魏某不具备职工代表资格，无论签字职工是否具有表决资格，均无法改变监事会中无职工代表的事实，亦无法补正系争股东会决议相关条款的效力，故对于上诉人的该项主张，二审法院亦不予采纳。

## 第七十七条　【监事的任期】

| 修订前 | 修订后 |
| --- | --- |
| 　　第五十二条　监事的任期每届为三年。监事任期届满，连选可以连任。<br>　　监事任期届满未及时改选，或者监事在任期内辞职导致监事会成员低于法定人数的，在改选出的监事就任前，原监事仍应当依照法律、行政法规和公司章程的规定，履行监事职务。 | 　　第七十七条　监事的任期每届为三年。监事任期届满，连选可以连任。<br>　　监事任期届满未及时改选，或者监事在任期内辞任导致监事会成员低于法定人数的，在改选出的监事就任前，原监事仍应当依照法律、行政法规和公司章程的规定，履行监事职务。 |

## 【法条注解】

　　本条是关于监事的任期的规定。新《公司法》第 77 条是关于监事任期的规定。为避免监督缺漏，新《公司法》规定在改选出的监事就任前，原监事仍应当依照法律、行政法规和公司章程的规定，履行监事职务，这也彰显了监事的诚实守信义务

## 案例指引

**廖某与商务服务有限公司姓名权纠纷上诉案 [上海市第一中级人民法院（2020）沪01民终6345号]**

一审法院经审理认为，廖某与袁某共同成立商务服务有限公司，其担任公司监事，系其真实意思表示。后二人将公司股权转让给郭某，其监事任期尚未届满，廖某提出曾向郭某要求辞去监事一职，但并未提供证据予以证明，且《股权转让协议书》上亦未对廖某卸任监事之职的要求予以约定，故一审法院对此意见不予采纳。廖某在诉状中表示由郭某负责完成了工商变更登记事项，与股权转让相关登记的实践并不相符。即便如其所述，则其于一审庭审中陈述在股权转让后并未查看新的工商登记情况，此举亦不符合常理。因此，廖某提出商务服务有限公司擅自继续使用其姓名登记为公司监事之事实，难以成立。一审法院无法认定商务服务有限公司继续登记廖某为公司监事的行为，对廖某的姓名权构成侵害。根据公司法规定，监事任期届满未及时改选，在改选出的监事就任前，原监事仍应当依照法律规定及公司章程规定履行监事职务。廖某目前监事任期虽已届满，但并不能因此认定商务服务有限公司由于尚未改选出新的监事而对廖某的姓名权构成侵害。

二审法院经审理认为，本案的争议焦点为商务服务有限公司将廖某登记为监事，是否侵犯了廖某的姓名使用权。本案中，廖某与袁某共同成立商务服务有限公司时，由廖某担任商务服务有限公司监事。后廖某、袁某将商务服务有限公司股权转让给郭某时，廖某的监事任期尚未届满。现廖某未能举证证明其曾向郭某提出过辞去监事职务，《股权转让协议书》亦未对廖某卸任监事职务作出约定。《公司法》第52条第2款规定："监事任期届满未及时改选，或者监事在任期内辞职导致监事会成员低于法定人数的，在改选出的监事就任前，原监事仍应当依照法律、行政法规和公司章程的规定，履行监事职务。"因此，廖某仍系商务服务有限公司的监事，商务服务有限公司将廖某登记为监事，具有相应依据。因廖某系自愿成为商务服务有限公司的监事，商务服务有限公司的行为不属于干涉、盗用、冒用廖某姓名权的情形，故上诉人廖某的上诉理由，本院不予支持。

## 第七十八条 【监事会或监事的职权（一）】

| 修订前 | 修订后 |
|---|---|
| 第五十三条 监事会~~、不设监~~<br>~~事会的公司的监事~~行使下列职权： | 第七十八条 监事会行使下列职权： |
| （一）检查公司财务； | （一）检查公司财务； |
| （二）对董事、高级管理人员执行公司职务的行为进行监督，对违反法律、行政法规、公司章程或者股东会决议的董事、高级管理人员提出罢免的建议； | （二）对董事、高级管理人员执行职务的行为进行监督，对违反法律、行政法规、公司章程或者股东会决议的董事、高级管理人员提出解任的建议； |
| （三）当董事、高级管理人员的行为损害公司的利益时，要求董事、高级管理人员予以纠正； | （三）当董事、高级管理人员的行为损害公司的利益时，要求董事、高级管理人员予以纠正； |
| （四）提议召开临时股东会会议，在董事会不履行本法规定的召集和主持股东会会议职责时召集和主持股东会会议； | （四）提议召开临时股东会会议，在董事会不履行本法规定的召集和主持股东会会议职责时召集和主持股东会会议； |
| （五）向股东会会议提出提案； | （五）向股东会会议提出提案； |
| （六）依照本法第一百五十一条的规定，对董事、高级管理人员提起诉讼； | （六）依照本法第一百八十九条的规定，对董事、高级管理人员提起诉讼； |
| （七）公司章程规定的其他职权。 | （七）公司章程规定的其他职权。 |

## 【法条注解】

本条是关于监事会或者监事的职权的规定。新《公司法》第78条是关于监事会或监事职权的规定。主要包括财务监督权、对公司经营管理活动的监督、提议召开临时股东会会议、提案权、代表诉讼权以及公司章程规定的其他职权。

## 案例指引

王某等与投资发展有限公司等损害公司利益责任纠纷再审案［江苏省高级人民法院（2020）苏民申 777 号］

法院生效裁判认为，（1）乔某有权代表投资发展有限公司提起本案诉讼。首先，投资发展有限公司系置业公司股东，其应先请求置业公司执行董事、监事提起本案诉讼，但根据 1383 号民事判决所载："置业公司、王某、程某（置业公司执行董事）、董某 2、王某 2（置业公司监事）提出，2000 万元已实际投入到了置业公司的开发项目，故不应认定虚假投资、虚假诉讼"，且置业公司在本案中明确表示不起诉，故已经不存在置业公司执行董事、监事接受投资发展有限公司申请提起本案诉讼的可能性，公司内部救济途径已经穷尽，故投资发展有限公司提起本案诉讼并不违反《公司法》第 151 条的规定。其次，《公司法》第 53 条规定："监事会、不设监事会的公司的监事行使下列职权……（六）依照本法第一百五十一条的规定，对董事、高级管理人员提起诉讼……"本案中，乔某系投资发展有限公司原监事，其认为公司执行董事王某与他人共同损害公司利益，有权代表公司对王某、王某 2 提起本案诉讼，故乔某以投资发展有限公司名义提起本案诉讼，符合上述法律规定。（2）原审法院对董某代表投资发展有限公司申请撤回本案起诉未予准许，并无不当。首先，乔某作为投资发展有限公司监事已提起本案诉讼，投资发展有限公司免除乔某的监事职务，并不影响本案诉讼程序正常进行。其次，投资发展有限公司在本案诉讼期间通过内部决议免去乔某监事职务，任命董某为监事，并由董某代表投资发展有限公司向原审法院提交撤回起诉申请，系王某利用持股优势地位规避监督，阻击本案诉讼。原审法院对投资发展有限公司撤诉申请未予准许，并无不当。至于乔某与投资发展有限公司的债权债务关系，与本案无关，本院不予理涉。

## 第七十九条　【监事会或监事的职权（二）】

| 修订前 | 修订后 |
|---|---|
| 第五十四条　监事可以列席董事会会议，并对董事会决议事项提出质询或者建议。<br><br>监事会、不设监事会的公司的监事发现公司经营情况异常，可以进行调查；必要时，可以聘请会计师事务所等协助其工作，费用由公司承担。 | 第七十九条　监事可以列席董事会会议，并对董事会决议事项提出质询或者建议。<br><br>监事会发现公司经营情况异常，可以进行调查；必要时，可以聘请会计师事务所等协助其工作，费用由公司承担。 |

## 【法条注解】

该条是关于监事会和监事职权的规定。新《公司法》第 79 条规定了监事会或监事的职权。主要规定了监事及监事会行使特别事项调查权的职权，以及必要时可以聘请会计师事务所的协助。

## 案例指引

建筑装饰工程有限公司与董某所有权纠纷上诉案 [上海市第一中级人民法院（2009）沪一中民三（商）终字第 105 号]

一审法院经审理认为，依据建筑装饰工程有限公司章程约定，建筑装饰工程有限公司不设监事会。董某现是建筑装饰工程有限公司的监事。根据法律规定，董某作为建筑装饰工程有限公司的监事，可以对建筑装饰工程有限公司董事、高级管理人员的经营行为和公司的财务状况进行监督，监事在履行其监督职责时，需要进行调查、必要时代表公司进行诉讼等活动。在其调查的过程中，还可能需要聘请有关机构协助进行。在这些活动中，不免会支出一些合理的费用，这些费用毫无疑问要由公司承担，以保证监事没有后顾之忧，积极运用有效的途径和手段履行职责。董某支出的费用，是与董某履行监事职责有关，公安机关根据涉案鉴定报告的鉴定结果以及其他线索，已经对建筑装饰工程有限公司总经理案外人高某采取了司法强制措施。故现有的证据证明了董某为维护建筑装饰工程有限公司利益的支出是合理和必要的。建筑装饰工程有限公司未能举证证明董某支付的相关费用存在不合理的情况。因此，建筑装饰工程有限公司应支付董某垫付的相应鉴定费用。在本案中，董某至今只垫付了5万元，其余5万元并没有实际支付给公信中南公司。

二审法院经审理认为，上诉人建筑装饰工程有限公司作为依法设立的有限责任公司，应当遵守《公司法》及该公司章程的相关规定。被上诉人董某是上诉人公司的股东并担任监事的职务，其依法可以行使对该公司董事、经理执行公司职务时违反法律、法规或公司章程的行为进行监督的职权，当董事和经理的行为损害了公司的利益时，其还享有要求董事和经理予以纠正的权利。本案中，被上诉人就上诉人公司的总经理案外人高某涉嫌挪用资金等事项向公安机关举报，并未超出其作为公司监事所应履行的监督职责，被上诉人在公安机关进行调查取证的过程中，协助公安机关进行委托会计鉴定并实际垫付了5万元的委托鉴定费用，亦未超出合理的范畴。虽上诉人建筑装饰工程有限公司总经理高某已于本案二审审理期间被公安机关释放，但上诉人并无充分的证据证明被上诉人履行监事职责是出于恶意。若相关涉嫌犯罪的事实经证实存在并成立的话，被上诉人董某的行为理所当然是维护上诉人公司利益和股东权益的行为，但不能因为涉嫌犯罪的事实未被认定，上诉人即认为被上诉人的行为系损害公司利益的行为。因此，原审法院依据我国公司法的相关规定，认定系争的5万元费用应当由上诉人公司承担，认定事实清楚，适用法律正确。上诉人建筑装饰工程有限公司的上诉理由，缺乏事实和法律依据，不能成立，本院不予采信，其上诉请求本院难予支持。

## 第八十条　【董事、高管对监事会的义务】

| 修订前 | 修订后 |
| --- | --- |
| 第一百五十条　股东会或者股东大会要求董事、~~监事~~、高级管理人员列席会议的，~~董事、监事、高~~级管理人员应当列席并接受股东的质询。<br><br>董事、高级管理人员应当如实向监事会或者不设监事会的有限责任公司的监事提供有关情况和资料，不得妨碍监事会或者监事行使职权。 | 第八十条　监事会可以要求董事、高级管理人员提交执行职务的报告。<br><br>董事、高级管理人员应当如实向监事会提供有关情况和资料，不得妨碍监事会或者监事行使职权。 |

## 【法条注解】

新《公司法》第 80 条是关于董事、高级管理人员对监事会的义务的规定。该条在原有条文基础上增加"监事会可以要求董事、高级管理人员提交执行职务的报告"，一定程度上扩大了监事会的权限，可以促进监事会履行职责的积极性，更好地进行监督工作。同时，要求董事、高级管理人员提交执行职务的报告，增强其执行职务的规范性，防止其滥用职权。

## 案例指引

投资有限公司与刘某等损害公司利益责任纠纷上诉案［北京市高级人民法院（2020）京民终 696 号］

投资有限公司以李某、刘某作为董事、高级管理人员阻碍监事履行职权导致投资有限公司产生聘请会计师、律师的费用等损失为由主张李某、刘某就上述损失对公司承担赔偿责任。李某、刘某辩称，李某、刘某并未违反忠实及勤勉义务，未对投资有限公司造成损失。根据《公司法》第147 条、第 148 条的规定，为了防止发生董事、监事、高级管理人员的道德风险，《公司法》规定了董事、监事、高级管理人员对公司的忠实义务和勤勉义务，并规定董事、监事、高级管理人员执行公司职务时违反法律、行政法规或者公司章程的规定，给公司造成损失的，应当承担赔偿责任。董事、高级管理人员的忠实义务要求董事、高级管理人员在管理公司、经营业务、履行职责时，必须代表全体股东为公司最大利益而努力工作，当自身利益与公司利益发生冲突时，必须以公司利益为重，不得将自身利益置于公司利益之上。董事、高级管理人员的勤勉义务要求行为人履行其职责时必须表现出一般审慎者处于相似位置时在类似情况下所表现出来的勤勉、注意和技能，同时，在从事公司经营管理活动时应当恪尽职守，尽到其所应具有的经营管理水平。因此，认定董事、高级管理人员是否违反勤勉义务应当以其职责范围来判断。本案中，在判断李某、刘某是否违反忠实、勤勉义务，应当审视其在职责范围内是否存在违反上述义务的行为，即其是否履行了职责。《公司法》第 150 条第 2 款规定："董事、高级管理人员应当如实向监事会或者不设监事会的有限责任公司的监事提供有关情况和资料，不得妨碍监事会或者监事行使职权。"故，李某、刘某有义务如实向监事提供有关情况和资料，不得妨碍监事会或者监事行使职权。忠实、勤勉义务的判断包括主观和客观两个方面，在主观上应当要求高级管理人员存在重大过失。只要董事、公司高级管理人员尽到了适当的注意义务，按照公司的日常运作模式发挥了管理作用，根据公司决策认真执行，法院就不宜对公司的内部行为过多干涉，只有结合案件的具体情况，根据主客观相结合的标准进行衡量，在属于重大过失、过错的情形下，才能直接认定董事、高级管理人员的行为构成违反忠实、勤勉义务。本案中，第一，根据已查明的事实，投资有限公司在王某 2019 年 8 月 5 日发出《通知一》要求对公司开展财务专项及相关检查时，于 2019 年 8 月 6 日向王某发出《关于监事检查事项的确认》要求讨论审计费用及相关事项。而王某在对公司确认事项的回复中就公司提出的审计费用过高，与审计公司人员进行讨论等事宜未作回应。第二，王某针对公司的确认函及回复信息，仅向公司及李某、刘某提出了备查材料等要求，仍未就审计费用等投资有限公司提出的问题进行回应，且给公司预留的资料准备时间仅两周左右。因此，根据现有证据，不足以证明李某、刘某在案涉监事履行职责事项上存在重大过失或故意。

## 第八十一条　【监事会的会议制度】

| 修订前 | 修订后 |
| --- | --- |
| **第五十五条**　监事会每年度至少召开一次会议，监事可以提议召开临时监事会会议。<br><br>监事会的议事方式和表决程序，除本法有规定的外，由公司章程规定。<br><br>监事会决议应当经半数以上监事通过。<br><br>监事会应当对所议事项的决定作成会议记录，出席会议的监事应当在会议记录上签名。 | **第八十一条**　监事会每年度至少召开一次会议，监事可以提议召开临时监事会会议。<br><br>监事会的议事方式和表决程序，除本法有规定的外，由公司章程规定。<br><br>监事会决议应当经**全体监事的过半数**通过。<br><br>**监事会决议的表决，应当一人一票。**<br><br>监事会应当对所议事项的决定作成会议记录，出席会议的监事应当在会议记录上签名。 |

## 【法条注解】

新《公司法》第 81 条是关于监事会的会议制度的规定。本条增加了监事会决议应当经全体监事的过半数通过的规定，此处修改明确决议通过需要全体监事过半数，而非参加会议的监事过半数，相较于之前增加了表决通过的难度。另外，还增加了监事会决议的表决应当一人一票的规定，一人一票的监事表决制度更能体现平等性。

## 第八十二条 【监事职责所需费用的承担】

| 修订前 | 修订后 |
| --- | --- |
| 第五十六条 监事会、不设监事会的公司的监事行使职权所必需的费用，由公司承担。 | 第八十二条 监事会行使职权所必需的费用，由公司承担。 |

## 【法条注解】

新《公司法》第 82 条是监事职责所需费用的承担的规定。监事会在履行监督职能的过程中很可能会因履行职权而产生相应的费用，由于该履职行为是出于维护公司的利益，因此该部分费用应当由公司承担。需要注意的是，公司可承担的费用仅限于"行使职权所必需的费用"，如依法对董事、高级管理人员提起诉讼时的诉讼费用等，并不包括履行职权的所有费用。

## 案例指引

上诉人律师事务所、投资发展有限公司与原审第三人乔某因委托代理合同纠纷案 [江苏省南京市中级人民法院（2020）苏 01 民终 7400 号]

一审法院经审理认为，首先，关于乔某是否有权代表投资发展有限公司向王某、王某林提起损害赔偿诉讼的问题。根据法律规定，乔某作为投资发展有限公司的监事，有权代表投资发展有限公司提起股东代表诉讼，并参与该诉讼的一审、二审及执行程序，已生效的裁判文书对此进行了确认并进行了详细说理，一审法院在此不再赘述。其次，关于投资发展有限公司应支付给某 2 律所的律师费金额如何确定的问题。根据《公司法》第

147 条规定，监事应当遵守法律、行政法规和公司章程，对公司负有忠实义务和勤勉义务。根据《公司法》第 56 条规定，监事行使职权所必需的费用，由公司承担。根据《最高人民法院关于适用〈中华人民共和国公司法〉若干问题的规定（四）》第 26 条的规定，股东依照《公司法》第 151 条第 2 款规定直接提起诉讼的案件，其诉讼请求部分或者全部得到人民法院支持的，公司应承担股东因参加诉讼支付的合理费用。如前所述，乔某作为监事代表投资发展有限公司提起股东代表诉讼未违反法律规定，乔某为了诉讼事宜委托具有专业法律知识的律师事务所代理进行诉讼，并无不当。但根据《公司法》第 56 条及第 147 条的规定，并参照《最高人民法院关于适用〈中华人民共和国公司法〉若干问题的规定（四）》第 26 条的规定，乔某在诉讼过程中所产生的必要的、合理的费用，才应由公司承担。而乔某与某 2 律所签订的《委托代理合同》系全风险代理合同，所约定的律师费金额巨大，该费用显然超过了必要的、合理的范围。二审法院经审理认为，《公司法》第 53 条规定："监事会、不设监事会的公司的监事行使下列职权……（六）依照本法第一百五十一条的规定，对董事、高级管理人员提起诉讼……"第 56 条规定："监事会、不设监事会的公司的监事行使职权所必需的费用，由公司承担。"根据《公司法》第 56 条的规定，乔某行使监事职权所必需的费用，应由投资发展有限公司承担。乔某为提起 7525 号案件（该案件中，乔某代表投资发展有限公司提起的诉讼请求为王某、王某林向置业公司返还 4800 万元及利息）及争取该案胜诉所支出的必需费用，应由投资发展有限公司承担。在乔某已委托某 1 律所参加诉讼的情况下，另行代表投资发展有限公司委托某 2 律所作为诉讼代理人参与 7525 号案件的审理及执行过程，并不违反法律规定，生效判决亦予以确认，该委托行为应对投资发展有限公司产生约束力。再次，监事履职所支出的费用应为必需的费用，结合依照《最高人民法院关于适用〈中华人民共和国公司法〉若干问题的规定（四）》第 26 条的规定，可以认定该支出的费用亦应为合理的费用。7525 号案件中，乔某与某 2 律所签订的《委托代理合同》约定以诉讼标的 20% 收取风险服务费，显然超出合理、必需的限度，该超出部分对投资发展有限公司不产生约束力。最后，一审法院综合考虑 7525 号案件的审理情况、某 2 律所参与诉讼的时间及所作工作量等因素，酌定投资发展有限公司应支付某 2 公司律师代理费的金额为 80 万元，符合《关于明确我省律师服务收费试行标准的通知》，可予维持。某 2 律所虽在本案起诉前曾向乔某提出过律师代理费的主张，但乔某并未向投资发展有限公司的法定代表人或其他股东告知。

且律师代理费的支付主体为投资发展有限公司，乔某虽为监事，但其在该事项上并不具有当然的代理权，结合《委托代理合同》约定律师代理费超过合理限度、对投资发展有限公司不产生约束力的事实，苏尊容大公司要求投资发展有限公司支付逾期付款违约金的主张，一审法院未予支持，并无不当。

## 第八十三条　【监事会的设立例外】

| 修订前 | 修订后 |
| --- | --- |
| **第五十一条第一款**　有限责任公司设监事会~~，其成员不得少于三人~~。股东人数较少或者规模较小的有限责任公司，可以设一至二名监事，不设监事会。 | **第八十三条**　规模较小或者股东人数较少的有限责任公司，可以不设监事会，设一名监事，**行使本法规定的监事会的职权；经全体股东一致同意，也可以不设监事。** |

## 【法条注解】

新《公司法》第 83 条是关于监事会的设立例外的规定。该条是本次新《公司法》修改的亮点之一，简化公司组织机构设置，贯彻优化公司治理精神。该条明确了有限责任公司对于监事会以及监事设立的可选择性，凸显了公司治理自治精神，有利于提高公司治理的灵活性。同时，将不设立监事的条件限制在"全体股东一致同意"，有利于保护小股东的利益。但是，允许不设立监事及监事会，存在公司监督上的缺漏，尤其是如何协调与股东代位诉讼前置程序等规定上存在制度空白。

## 案例指引

张某与商贸有限责任公司请求变更公司登记纠纷上诉案［北京市第三中级人民法院（2022）京 03 民终 13010 号］

一审法院经审理认为，根据《公司法》第 37 条的规定，股东会选举和更换由非职工代表担任的董事、监事，决定有关董事和监事的报酬事项。第 51 条规定，有限责任公司设监事会，其成员不得少于三人。股东人数较少或者规模较小的有限责任公司，可以设一至二名监事，不设监事会。因此，根据《公司法》规定，有限责任公司应当设立监事会或者设立监事。此外，《公司法》中对于监事的任职并无限制。根据张某提供的证据可以认定，其未在商贸有限责任公司工作，但该事实并非可以涤除监事登记的理由。根据张某的陈述，其对于成为商贸有限责任公司监事一事知情。现张某要求涤除其监事登记，并无法律依据，且未提交证据证明商贸有限责任公司选任了新的监事。故本院对于张某提出的诉讼请求难以支持。

二审法院经审理认为，公司监事是以公司董事、高管为对象，行使监督公司活动权利的人员，其职务的任命和免除系公司内部治理事项，应依照《公司法》的规定和公司章程的约定进行。根据《公司法》第 37 条的规定，股东会选举和更换由非职工代表担任的董事、监事，决定有关董事和监事的报酬事项。第 51 条规定，有限责任公司设监事会，其成员不得少于三人。股东人数较少或者规模较小的有限责任公司，可以设一至二名监事，不设监事会。因此，现行公司法中对于监事的任职并无限制。本案中，张某对在商贸有限责任公司成立之初担任监事知情，且在商贸有限责任公司经营过程中，曾系商贸有限责任公司股东之一的张某之妻转让股权并变更公司工商登记情况后张某仍为商贸有限责任公司监事。现其不愿继续担任公司监事，应首先向商贸有限责任公司提出变更的请求，通过商贸有限责任公司自治机制来变更监事，根据现有证据无法证明商贸有限责任公司已对变更张某的监事作出决议。张某主张商贸有限责任公司经营异常、商贸有限责任公司及法定代表人失联等其穷尽手段亦无法与商贸有限责任公司及法定代表人取得联系，但其并未就上述主张充分举证，故在此情形下，一审法院对其直接要求涤除其监事身份登记的诉请不予支持，二审法院不持异议。

# 第四章　有限责任公司的股权转让

## 第八十四条　【股权转让】

| 修订前 | 修订后 |
| --- | --- |
| **第七十一条**　有限责任公司的股东之间可以相互转让其全部或者部分股权。<br><br>　　股东向股东以外的人转让股权，应当经其他股东过半数同意。股东应就其股权转让事项书面通知其他股东征求同意，其他股东自接到书面通知之日起满三十日未答复的，视为同意转让。~~其他股东半数以上不同意转让的，不同意的股东应当购买该转让的股权；不购买的，视为同意转让。~~<br><br>　　经股东同意转让的股权，在同等条件下，其他股东有优先购买权。两个以上股东主张行使优先购买权的，协商确定各自的购买比例；协商不成的，按照转让时各自的出资比例行使优先购买权。<br><br>　　公司章程对股权转让另有规定的，从其规定。 | **第八十四条**　有限责任公司的股东之间可以相互转让其全部或者部分股权。<br><br>　　股东向股东以外的人转让股权的，应当**将**股权转让**的数量、价格、支付方式和期限等**事项书面通知其他股东，其他股东在同等条件下有优先购买权。股东自接到书面通知之日起三十日**内**未答复的，视**为放弃优先购买权**。两个以上股东行使优先购买权的，协商确定各自的购买比例；协商不成的，按照转让时各自的出资比例行使优先购买权。<br><br>　　公司章程对股权转让另有规定的，从其规定。 |

## 【法条注解】

新《公司法》第 84 条是关于股权转让的规定。该条明确了股东对外转让股权只需要通知其他股东即可，不需要征得其他股东的同意。该次修订凸显了意思自治精神，简化股东对外转让股权的条件与程序，促进了股权的流转。同时，仍然尊重有限责任公司股东在对外转让股权时同等条件下的优先购买权。

## 【相关规定】

1.《最高人民法院关于适用〈中华人民共和国公司法〉若干问题的规定（四）》

第 16 条　有限责任公司的自然人股东因继承发生变化时，其他股东主张依据公司法第七十一条第三款规定行使优先购买权的，人民法院不予支持，但公司章程另有规定或者全体股东另有约定的除外。

第 18 条　人民法院在判断是否符合公司法第七十一条第三款及本规定所称的"同等条件"时，应当考虑转让股权的数量、价格、支付方式及期限等因素。

第 22 条　通过拍卖向股东以外的人转让有限责任公司股权的，适用公司法第七十一条第二款、第三款或者第七十二条规定的"书面通知""通知""同等条件"时，根据相关法律、司法解释确定。

在依法设立的产权交易场所转让有限责任公司国有股权的，适用公司法第七十一条第二款、第三款或者第七十二条规定的"书面通知""通知""同等条件"时，可以参照产权交易场所的交易规则。

2.《最高人民法院关于人民法院执行工作若干问题的规定（试行）（2020 修正）》

（全文略）

## 案 例 指 引

陈某 1 与李某 1 等离婚后财产纠纷上诉案［北京市第一中级人民法院（2019）京 01 民终 4709 号］

一审法院经审理认为，本案中，基于陈某 1 与李某 1 之间的离婚协议书之约定，陈某 1 与李某 1 已就李某 1 名下房地产公司的股权分割达成一致意见，现李某 2 作为房地产公司的股东，在不同意李某 1 向陈某 1 转让上述股权之情形下享有优先购买权。陈某 1 以李某 2 系显名股东为由主张其不享有优先购买权，对此，法院认为，李某 2 是否为显名股东，不是本案需要解决的问题，陈某 1 可另案予以解决。李某 2 系工商登记的股东，故基于公示公信原则，其作为该公司股东具有优先购买权。优先购买权人行使权利，应在同等条件下行使。具体到本案中，同等条件首先应是对转让股权整体性的购买；其次，应当考虑到转让股权的价格以及支付方式等因素。李某 2 于本案中明确表示其仅就李某 1 转让给陈某 1 的股权份额中的 1% 股权行使优先购买权，并非对上述转让份额整体性的购买，故不符合法律规定的同等条件。另，其主张以 1 元价格购买亦不符合常理。综上，李某 2 于本案中主张行使优先购买权，不符合法律规定的行使要件，法院对其该项主张不予支持。关于李某 2 提出的要求陈某 1 承担房地产公司债务之要求，与本案不属于同一法律关系，李某 2 可另案予以解决。

二审法院经审理认为，《最高人民法院关于适用〈中华人民共和国婚姻法〉若干问题的解释（二）》第 16 条规定，人民法院审理离婚案件，涉及分割夫妻共同财产中以一方名义在有限责任公司的出资额，另一方不是该公司股东的，按以下情形分别处理：（1）夫妻双方协商一致将出资额部分或者全部转让给该股东的配偶，过半数股东同意、其他股东明确表示放弃优先购买权的，该股东的配偶可以成为该公司股东。（2）夫妻双方就出资额转让份额和转让价格等事项协商一致后，过半数股东不同意转让，但愿意以同等价格购买该出资额的，人民法院可以对转让出资所得财产进行分割。过半数股东不同意转让，也不愿意以同等价格购买该出资额的，视为其同意转让，该股东的配偶可以成为该公司股东。本案中，陈某 1 和李某 1 基于双方《股权转让协议书》及《离婚协议书》的相关约定，已就李某 1 名下房地产公司的股权分割达成一致意见，现李某 2 作为该公司的股东，在不同意李某 1 向陈某 1 转让上述股权的情形下，享有优先购买权。根据《公司法》的规定，经股东同意转让的股权，在同等条件下，其他股东有优先购买权。"同等条件"是公司股东行使优先购买权的前提基础和实质要件。《最高人民法院关于适用〈中华人民共和国公司法〉若干问题的规定（四）》第 18 条规定，人民法院在判断是否符合《公司法》第 71 条第 3 款及本规定所称的"同等条件"时，应当考虑转让股权的数量、价格、支付方式及期限等因素。本案中，因李某 2 在一审审理期间表示以 1 元价格购买李某 1 转让给陈某 1 的股权份额中的 1% 股权，故本案对于"同等条件"的判定集中于数量和价格两个要素。对于转让数量的问题，一审判决认为同等条件首先应是对转让股权整体性的购买，故对于李某 2 要求行使优先购买权的主张没有支持。关于股东优先购买权是否可以部分行使的问题，有观点认为法律没有禁止股东部分行使优先购买权，股东可以按其意志自由地部分行使优先购买权；另有观点认为，转让股权的分割将对交易的"同等条件"造成重大改变，故股东不可以部分行使优先购买权。本院认为，转让数量相同应作为同等条件确定标准的重要组成部分，其他股东仅主张购买转让股权的一部分，实际上没有达到"同等条件"的标准。本案中，李某 2 在一审中明确陈述，"需要考虑对价，如果要买的话，只买 1%，价格 1 元"，并未明确表示过要全部购买，而且陈某 1 认为 1% 股权在其受让的 50% 股权中的意义至关重要，若李某 2 仅购买 1% 股权，会极大影响其剩余 49% 股权的价值，故李某 2 没有达到"同等条件"下的数量要求。对于转让价格的问题，价格相同是"同等条件"中最实质的要件，本案中李某 2 以房地产公司存在负债为由，仅出 1 元价格购买 1% 股权，陈某 1 对该价格并不认可，因此李某 2 的主张亦不符合同等条件下的价格要求，故一审法院认定李某 2 的优先购买权不能成立，并无不当。

## 第八十五条　【优先购买权】

| 修订前 | 修订后 |
| --- | --- |
| 　　**第七十二条**　人民法院依照法律规定的强制执行程序转让股东的股权时，应当通知公司及全体股东，其他股东在同等条件下有优先购买权。其他股东自人民法院通知之日起满二十日不行使优先购买权的，视为放弃优先购买权。 | 　　**第八十五条**　人民法院依照法律规定的强制执行程序转让股东的股权时，应当通知公司及全体股东，其他股东在同等条件下有优先购买权。其他股东自人民法院通知之日起满二十日不行使优先购买权的，视为放弃优先购买权。 |

## 【法条注解】

　　本条表达股东的优先购买权。该条规定了强制执行转让股权，即在法院强制执行程序中转让股东股权的，其他股东享有优先购买权，并且规定了行使权利的期限。

## 【相关规定】

《最高人民法院关于适用〈中华人民共和国公司法〉若干问题的规定（四）》

第 22 条　通过拍卖向股东以外的人转让有限责任公司股权的，适用公司法第七十一条第二款、第三款或者第七十二条规定的"书面通知""通知""同等条件"时，根据相关法律、司法解释确定。

在依法设立的产权交易场所转让有限责任公司国有股权的，适用公司法第七十一条第二款、第三款或者第七十二条规定的"书面通知""通知""同等条件"时，可以参照产权交易场所的交易规则。

## 第八十六条　【股权转让程序】

| 新增条款 | |
| --- | --- |
|  | 第八十六条　股东转让股权的，应当书面通知公司，请求变更股东名册；需要办理变更登记的，并请求公司向公司登记机关办理变更登记。公司拒绝或者在合理期限内不予答复的，转让人、受让人可以依法向人民法院提起诉讼。<br>　　股权转让的，受让人自记载于股东名册时起可以向公司主张行使股东权利。 |

## 【法条注解】

新《公司法》新增的第 86 条表达了股权转让的程序。首先，本条规定了受让股东通知公司的义务和请求变更登记的权利，同时明确规定了公司变更登记的义务。其次，赋予了转让人和受让人在公司不履行义务时寻求司法救济的权利。最后，明确了股权转让时股权变动发生效力的分界点，解决了长期以来理论与实践中意思主义和形式主义的分歧。明确了受让股东对内行使股东权利的时间点，进而明确对内股东资格的确认。

## 【相关规定】

《最高人民法院关于适用〈中华人民共和国公司法〉若干问题的规定（三）》

第23条　当事人依法履行出资义务或者依法继受取得股权后，公司未根据公司法第三十一条、第三十二条的规定签发出资证明书、记载于股东名册并办理公司登记机关登记，当事人请求公司履行上述义务的，人民法院应予支持。

## 案例指引

某企业集团有限公司、某银行股份有限公司股东名册记载纠纷二审民事判决书［最高人民法院（2020）最高法民终642号］

法院生效裁判认为，某企业集团有限公司为银行发起人股东，持股占比逾7%，银行向其颁发的《股权证》上记载"股权变更和股份转让时必须到本公司办理过户"等字样。（2018）辽民终648号、（2017）辽01民初1173号生效民事判决分别认定某企业集团有限公司与某商业管理有限公司、某集团有限公司签订的《股权转让协议书》有效，某企业集团有限公司同意股权转让并收到全部股权转让款。此后经当地银保监局批复同意变更某商业管理有限公司、某集团有限公司为银行股东并记载于该行股东名册及章程。据此，某商业管理有限公司、某集团有限公司经履行股权转让协议并经行政机关审批作为股东记载于银行股东名册之时，即成为银行股东，某企业集团有限公司同时丧失银行股东身份。银行是否在工商行政部门办理变更登记，不影响案涉股权转让的效力。股权转让交易中，受让人通过受让股权继受取得股东资格后，即依法享有参与重大决策、选择管理者、监督公司经营以及获得分配等权利。股东基于身份关系实施的决策、参与公司管理等行为，涉及其他股东的利益以及与公司交易的不特定第三方的交易关系，为保护善意相对人，维护社会交易安全和交易秩序，即便股权转让合同嗣后被解除，股权受让人在作为股东期间依法行使的各项权利通常仍应具有法律效力，公司亦应因股东投资以及参与公司经营决策而向其分配股息和红利。易言之，股权转让合同的解除通常仅对将来发生效力，并非溯及既往地导致合同根本消灭。因此，案涉《股权转让协议书》解除前，某商业管理有限公司、某集团有限公司的股东身份及基于股东对公司投资而获得的分红收益仍然有效。股权转让合同解除后，基于该解除不具有溯及既往的效力，某企业集团有限公司并不能自然恢复股东资格，而需要通过重新办理股权变更程序才能再次成为银行的股东。《商业银行法》第 24 条第 1 款关于"商业银行有下列变更事项之一的，应当经国务院银行业监督管理机构批准……（五）变更持有资本总额或者股份总额百分之五以上的股东"的规定，案涉股权占比逾 7%，某企业集团有限公司在股权转让协议解除后，要重新成为银行股东，除应履行公司内部的股东变更程序外，还须经银行业监督管理机构审查批准。《商业银行股权管理暂行办法》第 5 条规定："商业银行股东应当具有良好的社会声誉、诚信记录、纳税记录和财务状况，符合法律法规规定和监管要求。"某企业集团有限公司现已进入破产清算程序，显然不符合前述规定要求的成为商业银行股东的条件，当地银保监局亦在向本院回函中明确指出某企业集团有限公司不符合《中国银保监会中资商业银行行政许可事项实施办法》关于股东资格的相关规定。故某企业集团有限公司主张其为银行股东并要求变更登记的请求，缺乏事实基础和法律依据，不予支持。

本案表明股权受让人记载于股东名册之时，即成为股东，是否在工商行政部门办理变更登记，不影响股权转让的效力。在股权转让交易中，受让人通过受让股权继受取得股东资格后，即依法享有参与重大决策、选择管理者、监督公司经营以及获得分配等权利。

### 第八十七条 【股权转让的变更记载】

| 修订前 | 修订后 |
| --- | --- |
| 第七十三条 依照本法第七十一条、第七十二条转让股权后，公司应当注销原股东的出资证明书，向新股东签发出资证明书，并相应修改公司章程和股东名册中有关股东及其出资额的记载。对公司章程的该项修改不需再由股东会表决。 | 第八十七条 依照本法转让股权后，公司应当及时注销原股东的出资证明书，向新股东签发出资证明书，并相应修改公司章程和股东名册中有关股东及其出资额的记载。对公司章程的该项修改不需再由股东会表决。 |

### 【法条注解】

本条表达了股权转让的变更记载。本条规定了股权转让后，公司应承担注销出资证明书和签发新出资证明书、修改公司章程以及股东名册的义务，并且此项对公司章程的修改无须经过股东会表决。

## 【相关规定】

《最高人民法院关于适用〈中华人民共和国公司法〉若干问题的规定（三）》

第23条 当事人依法履行出资义务或者依法继受取得股权后，公司未根据公司法第三十一条、第三十二条的规定签发出资证明书、记载于股东名册并办理公司登记机关登记，当事人请求公司履行上述义务的，人民法院应予支持。

## 第八十八条 【瑕疵股权转让的责任承担】

| 新增条款 | |
| --- | --- |
| | **第八十八条** 股东转让已认缴出资但未届出资期限的股权的，由受让人承担缴纳该出资的义务；受让人未按期足额缴纳出资的，转让人对受让人未按期缴纳的出资承担补充责任。<br><br>未按照公司章程规定的出资日期缴纳出资或者作为出资的非货币财产的实际价额显著低于所认缴的出资额的股东转让股权的，转让人与受让人在出资不足的范围内承担连带责任；受让人不知道且不应当知道存在上述情形的，由转让人承担责任。 |

## 【法条注解】

本条表达了瑕疵股权转让的责任承担。本条在吸收《最高人民法院关于适用〈中华人民共和国公司法〉若干问题的规定（三）》第18条规定的基础上新增了未届出资期限股权转让的责任承担的规定，明确了转让未届出资期限的股权转让，由受让人承担出资责任，转让人对受让人未按期缴纳的出资部分承担补充责任。

## 【相关规定】

《最高人民法院关于适用〈中华人民共和国公司法〉若干问题的规定（三）》

第 13 条　股东未履行或者未全面履行出资义务，公司或者其他股东请求其向公司依法全面履行出资义务的，人民法院应予支持。

公司债权人请求未履行或者未全面履行出资义务的股东在未出资本息范围内对公司债务不能清偿的部分承担补充赔偿责任的，人民法院应予支持；未履行或者未全面履行出资义务的股东已经承担上述责任，其他债权人提出相同请求的，人民法院不予支持。

股东在公司设立时未履行或者未全面履行出资义务，依照本条第一款或者第二款提起诉讼的原告，请求公司的发起人与被告股东承担连带责任的，人民法院应予支持；公司的发起人承担责任后，可以向被告股东追偿。

股东在公司增资时未履行或者未全面履行出资义务，依照本条第一款或者第二款提起诉讼的原告，请求未尽公司法第一百四十七条第一款规定的义务而使出资未缴足的董事、高级管理人员承担相应责任的，人民法院应予支持；董事、高级管理人员承担责任后，可以向被告股东追偿。

第 18 条　有限责任公司的股东未履行或者未全面履行出资义务即转让股权，受让人对此知道或者应当知道，公司请求该股东履行出资义务、受让人对此承担连带责任的，人民法院应予支持；公司债权人依照本规定第十三条第二款向该股东提起诉讼，同时请求前述受让人对此承担连带责任的，人民法院应予支持。

受让人根据前款规定承担责任后，向该未履行或者未全面履行出资义务的股东追偿的，人民法院应予支持。但是，当事人另有约定的除外。

## 案例指引

黎某、某屠宰公司等股东出资纠纷案［吉林省高级人民法院（2021）吉民终 150 号］

法院生效裁判认为，虽然于某、黎某按公司法的规定采取认缴的方式向某屠宰公司出资且将股权转让给某食品公司时认缴出资的期限尚未届满，且于某、黎某成立某食品公司采取认缴注册资本金的方式将注册资本由 3 万元增加到 1.3 亿元，这种以小博大的股权安排方式并非法律所禁止，但是某屠宰公司与某食品公司均是由于某与黎某共同持股控制的公司，其二人在持有上述两公司股份期间，还同时持有某牧业公司及某沃土公司的全部股份，对于其二人持有的上述股份，仅在某食品公司实缴注册资本 3 万元，其余出资形式均为认缴，在此种情况下，于某与黎某将其二人持有的某屠宰公司、某牧业公司、某沃土公司的全部股份无偿转让给无出资能力的某食品公司持股，由某屠宰公司的直接控股股东变为间接控股股东，其实质是为实现利用公司独立人格和股东的有限责任规避其个人的出资义务的目的，将投资风险转嫁给债权人，因此，虽然某屠宰公司登记持股人的变更导致了公司治理结构外观发生变化，但是于某与黎某实质仍是公司意志的决策主体，其二人对公司的控制权并未发生变化，本案系基于投资人的出资义务产生的公司内部纠纷，不应受公司治理结构外观变化的制约，其出资义务不能因认缴和转让的事实予以免除。

本案表明了股东转让已认缴出资但未届缴资期限的股权的，虽然是由受让人首先承担责任，但仍要防止股东为实现利用公司独立人格和股东的有限责任规避其个人的出资义务的目的，将投资风险转嫁给债权人的情形。

## 第八十九条 【异议股东回购请求权】

| 修订前 | 修订后 |
|---|---|
| **第七十四条** 有下列情形之一的，对股东会该项决议投反对票的股东可以请求公司按照合理的价格收购其股权：<br><br>（一）公司连续五年不向股东分配利润，而公司该五年连续盈利，并且符合本法规定的分配利润条件的；<br><br>（二）公司合并、分立、转让主要财产的；<br><br>（三）公司章程规定的营业期限届满或者章程规定的其他解散事由出现，股东会会议通过决议修改 | **第八十九条** 有下列情形之一的，对股东会该项决议投反对票的股东可以请求公司按照合理的价格收购其股权：<br><br>（一）公司连续五年不向股东分配利润，而公司该五年连续盈利，并且符合本法规定的分配利润条件；<br><br>（二）公司合并、分立、转让主要财产；<br><br>（三）公司章程规定的营业期限届满或者章程规定的其他解散事由出现，股东会通过决议修改章程 |

续表

| 修订前 | 修订后 |
| --- | --- |
| 章程使公司存续的。<br><br>　　自股东会会议决议通过之日起六十日内，股东与公司不能达成股权收购协议的，股东可以自股东会会议决议通过之日起九十日内向人民法院提起诉讼。 | 使公司存续。<br><br>　　自股东会决议作出之日起六十日内，股东与公司不能达成股权收购协议的，股东可以自股东会决议作出之日起九十日内向人民法院提起诉讼。<br>　　公司的控股股东滥用股东权利，严重损害公司或者其他股东利益的，其他股东有权请求公司按照合理的价格收购其股权。<br>　　公司因本条第一款、第三款规定的情形收购的本公司股权，应当在六个月内依法转让或者注销。 |

## 【法条注解】

本条表达了异议股东的回购请求权。相较于 2018 年《公司法》，新《公司法》增加了控股股东滥用股权权利，严重损害公司或者其他股东利益的，其他中小股东可以向公司请求按照合理价格回购股权的情形的规定。增加此规定旨在加强对中小股东权利的保护，为实践中的中小股东因大股东滥用权利损害公司或自身利益而提供退出公司的渠道。同时还有利于缓和公司解散，为处理公司僵局提供更多解决方案。此外，本条还增加了回购股权的处置方式，要求公司将收购的股权在六个月内依法转让或者注销。

## 【相关规定】

### 《公司法》

第 21 条　公司股东应当遵守法律、行政法规和公司章程，依法行使股东权利，不得滥用股东权利损害公司或者其他股东的利益。

公司股东滥用股东权利给公司或者其他股东造成损失的，应当承担赔偿责任。

第 163 条　公司不得为他人取得本公司或者其母公司的股份提供赠与、

借款、担保以及其他财务资助，公司实施员工持股计划的除外。

为公司利益，经股东会决议，或者董事会按照公司章程或者股东会的授权作出决议，公司可以为他人取得本公司或者其母公司的股份提供财务资助，但财务资助的累计总额不得超过已发行股本总额的百分之十。董事会作出决议应当经全体董事的三分之二以上通过。

违反前两款规定，给公司造成损失的，负有责任的董事、监事、高级管理人员应当承担赔偿责任。

## 案例指引

贺某、某矿业公司请求公司收购股份纠纷案［贵州省高级人民法院（2018）黔民终 1033 号］

法院生效裁判认为，《公司法》第 74 条的立法目的在于为保护小股东的合法权益免遭占优势地位的大股东滥用公司控制权所侵害，而专为持不同意见的小股东设定的一种救济途径。而本案采矿权的转让是基于煤矿企业兼并重组政策要求进行的，目的在于保存某矿业公司的采矿权。按照煤矿企业兼并重组政策要求，煤矿企业年产能不能低于 200 万吨，某矿业公司产能规模因未达到煤矿主体企业的产能要求，不能独立持有其采矿权，需过户到主体企业，并购买关闭指标进行配对关闭后，才能继续存在。因此，涉案交易属于企业的自救行为，有别于一般公司控股股东恶意损害小股东利益的行为，且从签订的转让协议及公司一年后形成的股东会决议内容来看，已明确未经公司股东同意，某矿业集团有限责任公司不得向第三人转让公司采矿权，否则应向公司承担赔偿责任。采矿权过户至某矿业集团有限责任公司名下后，公司各股东行使股权不因采矿权名义过户而受到影响。且协议签订后，也是某矿业公司股东在实际经营管理，并非某矿业集团有限责任公司经营管理，贺某在签订协议后仍然在某矿业公司担任经营矿长、副经理及董事。可见虽然采矿权转让了，但实际上某矿业公司的经营管理及决策还是矿业公司的原股东，并非某矿业集团有限责任公司。在某矿业公司的采矿权必须根据政策要求过户到达到产能规模的煤矿主体企业名下才能得以保存的情况下，相较于过户到其他煤矿主体企业名下，显然过户到其股东之一的某矿业集团有限责任公司名下更为经济、安全。贺某在不能提出其他对企业采矿权的合理救济途径的情况下，仅简单提出反对意见，并据此根据《公司法》第 74 条之规定要求公司收购其股份，显然与立法目的不符，且有违公平和诚实信用原则。

本案表明本条的立法目的在于保护小股东的合法权益免遭占优势地位的大股东滥用公司控制权所侵害，而专为持不同意见小股东设定的一种救济途径。

## 第九十条 【股东资格的继承】

| 修订前 | 修订后 |
| --- | --- |
| 第七十五条 自然人股东死亡后，其合法继承人可以继承股东资格；但是，公司章程另有规定的除外。 | 第九十条 自然人股东死亡后，其合法继承人可以继承股东资格；但是，公司章程另有规定的除外。 |

## 【法条注解】

本条表达了股东资格的继承。新《公司法》对此未作修改。本条规定了自然人股东死亡后，其合法继承人可以取得其股东资格，但也允许公司章程对此作出另外的规定。

## 【相关规定】

《最高人民法院关于适用〈中华人民共和国公司法〉若干问题的规定（四）》

第16条 有限责任公司的自然人股东因继承发生变化时，其他股东主张依据公司法第七十一条第三款规定行使优先购买权的，人民法院不予支持，但公司章程另有规定或者全体股东另有约定的除外。

# 第五章　股份有限公司的设立和组织机构

## 第一节　设　立

### 第九十一条　【股份有限公司的设立方式】

| 修订前 | 修订后 |
| --- | --- |
| 　　第七十七条　股份有限公司的设立，可以采取发起设立或者募集设立的方式。<br>　　发起设立，是指由发起人认购公司应发行的全部股份而设立公司。<br>　　募集设立，是指由发起人认购公司应发行股份的一部分，其余股份向社会公开募集或者向特定对象募集而设立公司。 | 　　第九十一条　设立股份有限公司，可以采取发起设立或者募集设立的方式。<br>　　发起设立，是指由发起人认购设立公司时应发行的全部股份而设立公司。<br>　　募集设立，是指由发起人认购设立公司时应发行股份的一部分，其余股份向特定对象募集或者向社会公开募集而设立公司。 |

### 【法条注解】

　　本条表达了股份有限公司设立的方式。本条规定可以通过发起设立和募集设立两种方式设立股份有限公司，并区分了两种设立方式的区别，前者在设立公司时应认购全部股份；后者发起人则需认购一部分股份，其余可向特定对象募集或向社会公开募集。

## 【相关规定】

《最高人民法院关于适用〈中华人民共和国公司法〉若干问题的规定（三）》

第6条 股份有限公司的认股人未按期缴纳所认股份的股款，经公司发起人催缴后在合理期间内仍未缴纳，公司发起人对该股份另行募集的，人民法院应当认定该募集行为有效。认股人延期缴纳股款给公司造成损失，公司请求该认股人承担赔偿责任的，人民法院应予支持。

## 第九十二条 【发起人的限制】

| 修订前 | 修订后 |
| --- | --- |
| 第七十八条 设立股份有限公司，应当有三人以上二百人以下为发起人，其中须有半数以上的发起人在中国境内有住所。 | 第九十二条 设立股份有限公司，应当有一人以上二百人以下为发起人，其中应当有半数以上的发起人在中华人民共和国境内有住所。 |

## 【法条注解】

本条表达了股份有限公司对发起人的限制。与2018年《公司法》相比，新《公司法》承认了一人股份有限公司的法律地位，且该一人必须在中华人民共和国境内有住所。

### 案例指引

某机械制造有限公司、孙某等股权转让纠纷案 [辽宁省大连市中级人民法院（2021）辽02民终5271号]

法院生效裁判认为，对于三原告诉请解除股份转让协议及补充协议的理由之一是某科技股份有限公司是非上市股份有限公司，非上市股份有限公司的股权转让依法不属于《公司登记管理条例》第9条规定的公司工商登记事项的范围，所以非上市股份有限公司股权转让不需要申请工商变更登记。若除此之外还有其他相关工商变更事宜，依据案涉股份转让协议第4条的约定，作为原股东的某销售有限公司、曹某、某成套设备有限公司三方有义务在协议生效后一周之内协助上诉人办理工商相关的全部变更手续及资产交接手续。其次，案涉股份转让协议及补充协议不违反法律、行政法规的效力性强制性规定，也不损害国家利益、社会公共利益和第三人合法权益。虽然协议约定某销售有限公司、曹某、某成套设备有限公司将目标公司某科技股份有限公司的全部股份均转让给上诉人某机械制造有限公司，将使目标公司某科技股份有限公司只有上诉人一名股东，但这并不必然影响案涉股份转让协议及补充协议合同目的的实现。第一，《公司法》第78条规定："设立股份有限公司，应当由二人以上二百人以下为发起人……"该条款是对股份制公司设立时发起人人数的限制性法律规定，但法律并未禁止股份有限公司在经营过程中因股份转让使公司股东人数变为一人的情况；第二，公司唯一股东可以寻找或吸纳新的股东，使股东人数增加，也可以在对公司进行清理后，向工商行政管理部门办理注销手续，还可以将公司性质变更为一人有限公司。因此，某销售有限公司、曹某、某成套设备有限公司在将目标公司某科技股份有限公司的全部股份转让给上诉人后，上诉人可以采取多种变通方式，使公司合法合规存在。而且从案涉补充协议来看，上诉人获取某科技股份有限公司全部股权的目的主要是实现对该公司的经营控制权尤其是对该公司名下厂房、办公楼及土地三项资产的完全控制权。案涉股份转让协议及补充协议并不必然因工商登记或股东人数的问题而无法实现合同目的。同时，《合同法》第62条规定"当事人就有关合同内容约定不明确，依照本法第六十一条的规定仍不能确定的，适用下列规定……（五）履行方式不明确的，按照有利于实现合同目的的方式履行……"《民法典》第511条对此没有作出修改。如果某销售有限公司、曹某、某成套设备有限公司认为案涉协议履行方式约定不明，依据上述法律规定，也应当按照有利于实现合同目的的方式履行。故某销售有限公司、曹某、某成套设备有限公司请求解除合同的理由不能成立。

　　本案表明了本条是对股份制公司设立时发起人人数的限制性法律规定，但法律并没有禁止股份有限公司在经营过程中因股份转让使公司股东人数变为一人的情形。即使股东人数仅为一人时，股东仍可以寻找或者吸收新的股东，也可以变更公司性质为一人有限公司，还可以对公司进行清理，向有关部门办理注销手续。

## 第九十三条 【发起人的义务】

| 修订前 | 修订后 |
| --- | --- |
| 　　**第七十九条**　股份有限公司发起人承担公司筹办事务。<br>　　发起人应当签订发起人协议，明确各自在公司设立过程中的权利和义务。 | 　　**第九十三条**　股份有限公司发起人承担公司筹办事务。<br>　　发起人应当签订发起人协议，明确各自在公司设立过程中的权利和义务。 |

### 【法条注解】

　　本条表达了股份有限公司发起人的义务。本条规定了设立股份有限公司时，发起人在设立阶段应签订发起人协议，明确在设立阶段各发起人的权利和义务。

## 第九十四条 【股份有限公司的设立程序】

| 新增条款 | |
| --- | --- |
| | 　　**第九十四条**　设立股份有限公司，应当由发起人共同制订公司章程。 |

### 【法条注解】

　　新《公司法》第 94 条规定了发起人共同制定公司章程的程序。2018年《公司法》第 76 条规定了股份有限公司设立的程序和条件，新《公司法》出于体系协调、避免重复的考虑，不再保留关于股份公司设立条件的规定。关于 2018 年《公司法》第 76 条第 4 项发起人制定公司章程的规定，新《公司法》第 94 条单独成条进行规定。

　　新《公司法》第 94 条规定设立股份有限公司需要由发起人共同制定公司章程。本条首先明确了发起人的角色，发起人是指参与股份有限公司创立的个人或实体。他们在公司成立过程中承担关键角色，负责确定公司的基本架构和运营规则。其次明确了公司章程的重要性，公司章程是公司的基本法律文件，规定了公司的组织结构和运营方式。包括公司名称、经营范围、注册资本、股东权利和义务、管理结构等关键信息。最后法条强调章程需要由所有发起人共同制定。这确保了公司章程的制定过程中各方利益得到平衡和考虑，同时也保证了公司治理结构的合理性和合法性。通过共同制定公司章程，发起人确立了公司的治理框架和经营原则，为公司的健康运营和长期发展奠定了基础。

## 第九十五条 【股份有限公司章程应载明事项】

| 修订前 | 修订后 |
|---|---|
| 　　**第八十一条** 股份有限公司章程应当载明下列事项：<br>　　（一）公司名称和住所；<br>　　（二）公司经营范围；<br>　　（三）公司设立方式；<br>　　（四）公司股份总数、~~每股金额~~和注册资本；<br>　　~~（五）~~发起人的姓名或者名称、认购的股份数、出资方式和~~出资时间~~；<br>　　~~（六）~~董事会的组成、职权和议事规则；<br>　　~~（七）~~公司法定代表人；<br>　　~~（八）~~监事会的组成、职权和议事规则；<br>　　~~（九）~~公司利润分配办法；<br>　　~~（十）~~公司的解散事由与清算办法；<br>　　~~（十一）~~公司的通知和公告办法；<br>　　~~（十二）~~股东夫会会议认为需要规定的其他事项。 | 　　**第九十五条** 股份有限公司章程应当载明下列事项：<br>　　（一）公司名称和住所；<br>　　（二）公司经营范围；<br>　　（三）公司设立方式；<br>　　**（四）公司注册资本、已发行的股份数和设立时发行的股份数，面额股的**每股金额；<br>　　（五）发行类别股的，每一类别股的股份数及其权利和义务；<br>　　（六）发起人的姓名或者名称、认购的股份数、出资方式；<br>　　（七）董事会的组成、职权和议事规则；<br>　　（八）公司法定代表人的产生、变更办法；<br>　　（九）监事会的组成、职权和议事规则；<br>　　（十）公司利润分配办法；<br>　　（十一）公司的解散事由与清算办法；<br>　　（十二）公司的通知和公告办法；<br>　　（十三）股东会认为需要规定的其他事项。 |

## 【法条注解】

新《公司法》第 95 条规定了股份有限公司章程应当载明的事项。对股份有限公司章程载明事项进行了补充完善，主要体现在：第 95 条第 4 项规定了公司章程应载明公司股份总数和公司设立时发行的股份数，发行面额股的，章程应载明每股的金额。一方面，该项区分了公司股份总数和公司设立时发行股份数的概念，从而更好地与授权资本制相匹配；另一方面，该项明确了发行无面额股情况的记载事项。同时，第 95 条第 8 项规定公司章程应载明公司法定代表人的产生、变更办法，此举有利于减少公司实践中因为法定代表人确定方式存在争议而引发的纠纷。

## 案例指引

任某某与某印花厂、某服装公司加工合同纠纷案 ［湖北省荆州市中级人民法院（2023）鄂 10 民终 1119 号］

法院生效裁判认为，依照《公司法》第 26 条和第 81 条的规定分期缴纳尚未届满缴纳期限的出资。公司财产不足以清偿债务时，债权人主张未缴出资股东，以及公司设立时的其他股东或者发起人在未缴出资范围内对公司债务承担连带清偿责任的，人民法院应依法予以支持。本案中，某服装公司在变更登记前是上诉人以认缴出资方式设立的一人有限责任公司，上诉人在其作为某服装公司唯一股东及公司法定代表人期间未实际出资，其已将公司股份全部转让，并办理了变更公司股东及法定代表人登记。但股份转让时既未对出资进行协商处理，也未对公司债务进行协商处理，致公司拖欠员工工资及供货商债务并产生纠纷。案涉加工费发生在公司股份转让前，某印花厂请求公司设立时的股东任某某在未缴出资范围内承担连带责任符合上述法律规定。

《公司法》第 81 条规定了股份有限公司章程应当载明的事项，包括发起人的姓名或名称、认购的股份数、出资方式和出资时间，发起人应当根据公司章程记载的方式和时间承担出资责任，否则发起人将在不能清偿的范围内承担连带责任。本案中，法院则依据《公司法》第 81 条判决某印花厂在其股东未缴出资范围内承担连带责任。

## 第九十六条　【股份有限公司注册资本】

| 修订前 | 修订后 |
| --- | --- |
| **第八十条**　股份有限公司采取发起设立方式设立的，注册资本为在公司登记机关登记的~~全体发起人~~认购的股本总额。在发起人认购的股份缴足前，不得向他人募集股份。<br><br>~~股份有限公司采取募集方式设立的，注册资本为在公司登记机关登记的实收股本总额。~~<br><br>法律、行政法规以及国务院决定对股份有限公司~~注册资本实缴、~~注册资本最低限额另有规定的，从其规定。 | **第九十六条**　股份有限公司的注册资本为在公司登记机关登记的**已发行股份**的股本总额。在发起人认购的股份缴足前，不得向他人募集股份。<br><br>法律、行政法规以及国务院决定对股份有限公司注册资本最低限额另有规定的，从其规定。 |

### 【法条注解】

新《公司法》第 96 条规定了股份有限公司注册资本为在公司登记机关登记的已发行股份的股本总额，在本次公司法修改一审稿时引入了已发行股份的概念，以统一现行公司法以发起方式设立公司时的认购股本与以募集方式设立公司的实收股本两个表述。本处修订即明确，股份公司的注册资本是已经发行的股份而非股份总数。其法理基础在于，股份总数中未发行的股份数，在公司设立后是否发行仍具有较强的不确定性，因此不能作为体现公司资本能力的注册资本，更加清晰明确的规定，减少公司法规定的灰色地带。

## 第九十七条　【设立股份有限公司认购股份】

| 修订前 | 修订后 |
| --- | --- |
| **第八十三条**　以发起设立方式设立股份有限公司的，发起人应当书面认足公司章程规定其认购的股份~~，并按照公司章程规定缴纳出资~~。 | **第九十七条**　以发起设立方式设立股份有限公司的，发起人应当认足公司章程规定**的公司设立时应发行**的股份。 |

续表

| 修订前 | 修订后 |
|---|---|
| ~~以非货币财产出资的，应当依法办理其财产权的转移手续。~~ ~~发起人不依照前款规定缴纳出资的，应当按照发起人协议承担违约责任。~~ ~~发起人认足公司章程规定的出资后，应当选举董事会和监事会，由董事会向公司登记机关报送公司章程以及法律、行政法规规定的其他文件，申请设立登记。~~ **第八十四条** 以募集设立方式设立股份有限公司的，发起人认购的股份不得少于公司股份总数的百分之三十五；但是，法律、行政法规另有规定的，从其规定。 | 以募集设立方式设立股份有限公司的，发起人认购的股份不得少于公司章程规定的公司设立时应发行股份总数的百分之三十五；但是，法律、行政法规另有规定的，从其规定。 |

## 【法条注解】

本条将发起设立股份有限公司认购股份规则和募集设立股份有限公司的认购规则整合成为一条。为与法定资本制向授权资本制转型的重大变化相衔接，修订稿对发起人认缴范围进行了措辞上的修正。同时，将属于设立程序的赘余条款删除，调整发起人认缴义务、股款缴纳义务及相应违约责任规定的顺序，使之分别成为独立条款。如此，进一步优化了立法的体系性表达。

## 案 例 指 引

**某光电股份有限公司等与王某等股权转让纠纷案**［北京市第一中级人民法院（2023）京01民终1242号］

本案一个重要争议焦点，为某科技公司是否存在出资违约行为，是否存在《公司法》第83条所规定的不依照约定缴纳出资，依法承担违约责任的情形。

　　二审法院认为,《合资协议》是某光电股份有限公司、袁某、黄某某、某科技公司、王某某拟共同设立视觉公司而签订的合同,协议约定了各方认缴的出资数额、期限及持股比例。2021 年 11 月 29 日,视觉公司成立。至此,某光电股份有限公司、袁某、黄某某、某科技有限公司、王某某不仅是《合资协议》的当事人,同时也是视觉公司的股东。《合资协议》是公司发起人之间就公司设立达成的协议,只约束于发起人。作为视觉公司的股东,还应遵循《公司法》的相关规定。本案中,某光电股份有限公司、袁某、黄某某主张某科技公司未履行《合资协议》约定的出资义务,要求其承担协议约定的股权回购等责任。在案证据显示,在某科技公司第一期出资期限届满之前,某光电股份有限公司、袁某、黄某某提出停止视觉公司经营、提前解散公司的议案,某科技公司、王某某与某光电股份公司、袁某、黄某某就视觉公司是否解散、《合资协议》是否解除等问题已经产生争议。在此种情形下,某科技公司暂缓履行协议约定的出资义务,不能认定其违反了《合资协议》的约定,某光电股份有限公司、袁某、黄某某依据《合资协议》,要求某科技公司承担《合资协议》第 12 条项下的违约责任,缺乏事实依据,本院不予支持。某光电股份有限公司、袁某、黄某某要求王某某对某科技公司承担连带责任的请求亦不能成立,本院不予支持。

　　本案是依据"发起人应当认足公司章程规定的公司设立时应发行的股份"这一规定予以判决,强调了发起人缴足出资的责任。案件裁判当时所依据的是 2018 年《公司法》第 83 条,新修订的《公司法》第 97 条删除了多余条款,保留核心部分即发起人缴纳出资的责任,按照新修订的《公司法》也可以作出相同判决,体现了立法技术的进步,立法的精简化和体系化。

## 第九十八条　【发起人出资方式与时间】

| 修订前 | 修订后 |
| --- | --- |
| 　　第八十二条　发起人的出资方式,适用本法第二十七条的规定。 | 　　第九十八条　发起人应当在公司成立前按照其认购的股份全额缴纳股款。<br>　　发起人的出资,适用本法第四十八条、第四十九条第二款关于有限责任公司股东出资的规定。 |

## 【法条注解】

本条增加了发起人应当在公司成立前按照认购股份缴纳全部股款的规定，与本次公司法修订中增加的"已发行股份"概念相对应，为与法定资本制向授权资本制转型的重大变化相衔接。出资形式有所变化，增加和股权和债权可以用于出资的规定，可能出于两点考虑：第一，股权、债权皆能够以货币估价并可依法转让，符合非货币财产用于出资之相应法理；第二，针对司法解释、行政法规、部门规章中有关股东是否能够以股权、债权方式出资问题的相关规定作出回应。

### 案 例 指 引

袁某等保证合同纠纷案 ［湖南省湘潭市中级人民法院（2021）湘 03 民再 8 号］

法院生效裁判认为，依据《公司法》第 82 条 "发起人的出资方式，适用本法第二十七条" 的规定和第 27 条 "股东可以用货币出资，也可以用实物、知识产权、土地使用权等可以用货币估价并可以依法转让的非货币财产作价出资；但是，法律、行政法规规定不得作为出资的财产除外" 之规定，股份有限公司的出资方式有货币出资和非货币财产出资，并未规定债权出资方式。某小额贷款有限公司对高某 2013 年 7 月 24 日 200 万元的借款债权亦不属于《公司注册资本登记管理规定》第 7 条规定的可以转为公司股权的债权。因此，高某与某小额贷款有限公司的该债权债务关系并不因《债转股协议书》而消灭，高某仍是该债务的主债务人，机电公司仍是该债务的连带债务人。

本案中，再审法院认为股份有限公司的出资方式有货币出资和非货币出资，但是法律并未规定股权出资方式，法院认定某小额贷款有限公司对高某的债权不可以转为股权。这个部分正好是新《公司法》修订的部分，股权和债权是否可以作为出资形式一直是实务中存在争议的问题，新修订的《公司法》增加了股权、债权可以作为出资形式的规定。

## 第九十九条　【出资不足发起人连带责任】

| 修订前 | 修订后 |
|---|---|
| **第九十三条**　股份有限公司成立后，发起人未按照公司章程的规定缴足出资的，~~应当补缴；~~其他发起人承担连带责任。<br><br>股份有限公司成立后，~~发现作为设立公司出资的非货币财产的实际价额显著低于公司章程所定价额的，应当由交付该出资的发起人补足其差额；其他发起人承担连带责任。~~ | **第九十九条**　发起人不按照**其认购的股份缴纳股款，或者作为出资的非货币财产的实际价额显著低于所认购的股份的**，其他发起人与**该发起人在出资不足的范围内承担连带责任。** |

## 【法条注解】

新《公司法》第 99 条规定了其他发起人的连带责任。2018 年《公司法》第 93 条规定了发起人应当按照公司章程的规定缴纳出资，新《公司法》将相关条款进行了整合，将发起人按照公司章程缴纳出资责任的规定整合到了新《公司法》第 97 条，新《公司法》第 99 条规定了在出资不足的情况下其他发起人的连带责任。

## 第一百条　【招股说明书】

| 修订前 | 修订后 |
|---|---|
| **第八十五条**　发起人向社会公开募集股份，必须公告招股说明书，并制作认股书。认股书应当载明本法第八十六条所列事项，由认股人填写认购股数、金额、住所，并签名、盖章。认股人按照所认购股数缴纳股款。 | **第一百条**　发起人向社会公开募集股份，**应当**公告招股说明书，并制作认股书。认股书应当载明本法**第一百五十四条第二款、第三款**所列事项，由认股人填写认购的**股份数**、金额、住所，并签名**或者**盖章。认股人**应当**按照所认购股**份足额**缴纳股款。 |

## 【法条注解】

新《公司法》第100条规定了发起人向社会公开募集股份制作公告招股说明书和认股书的要求,本条变化仅仅是把"必须"改为了"应当",用词的改变并未造成实质意思的改变。本条规定了发起人向社会公开募集股份,应当公告招标说明书,并制作认股书,认股书应当载明的事项。

### 案例指引

**田某某与某智能自动化工程股份有限公司股东出资纠纷案** [江苏省无锡市中级人民法院(2019)苏02民终2376号]

一审法院认为,田某某原系某智能自动化工程股份有限公司子公司某公司的员工,其与某智能自动化工程股份有限公司签订的《认购合同》系双方真实意思的表示,且不违反法律、行政法规的强制性规定,应确认有效。根据上述认购合同的约定,田某某负有支付股份款的义务,某智能自动化工程股份有限公司则负有向田某某发行相应股份的义务,现双方已经履行了各自所负合同义务,某智能自动化工程股份有限公司也不存在违约行为,合同目的已经实现。田某某以其已经离职为由,要求解除合同,但认购合同并没有约定田某某持有某智能自动化工程股份有限公司股份必须始终具备某智能自动化工程股份有限公司或其子公司员工的身份,其离职行为并不影响其继续持有某智能自动化工程股份有限公司的股份,也不影响认购合同的效力,田某某不具有合同解除权。关于某智能自动化工程股份有限公司是否应回购田某某认购的股份,根据上述认购合同的约定,若田某某自行辞职,某智能自动化工程股份有限公司有权将其本次认购的未出售股份(包括已解限售但尚未出售和尚未解限售的股份),由某智能自动化工程股份有限公司按照初始认购价格回购注销,从该合同条款的内容而言,系赋予某智能自动化工程股份有限公司在特定情形下回购股份的权利,而非义务,即某智能自动化工程股份有限公司可以选择回购股份,也可以不回购股份。

本案中,根据2018年《公司法》第85条的规定,发起人向社会公开募集股份,必须公告招股说明书,并按照要求制作认股书。本案中,一审法院认为双方签订的《认购合同》并未违反法律的强制性规定,符合意思自治,应当认定为有效。

## 第一百零一条　【验资程序】

| 修订前 | 修订后 |
|---|---|
| 　　**第八十九条第一款**　发行股份的股款缴足后，必须经依法设立的验资机构验资并出具证明。~~发起人应当自股款缴足之日起三十日内主持召开公司创立大会。创立大会由发起人、认股人组成。~~ | 　　**第一百零一条**　向社会公开募集股份的股款缴足后，应当经依法设立的验资机构验资并出具证明。 |

## 【法条注解】

　　新《公司法》修订维持了募集设立的股份有限公司的验资规定。将2018年《公司法》第89条关于召开创立大会时间的规定整合到了新《公司法》第103条，具体内容未作改变。

## 【相关规定】

　　《公司法》

　　第103条　募集设立股份有限公司的发起人应当自公司设立时应发行股份的股款缴足之日起三十日内召开公司成立大会。发起人应当在成立大会召开十五日前将会议日期通知各认股人或者予以公告。成立大会应当有持有表决权过半数的认股人出席，方可举行。

　　以发起设立方式设立股份有限公司成立大会的召开和表决程序由公司章程或者发起人协议规定。

### 案例指引

　　徐某某、某动力集团股份有限公司（以下简称某动力集团公司）新增资本认购纠纷、买卖合同纠纷案［长沙市中级人民法院（2019）湘01民终14084号］

　　本案中，争议焦点为某动力集团公司是否应退还徐某某投资款2000000元的问题。一审法院认为，徐某某多次向某动力集团公司转账并提交新增股份申请表，故徐某某的义务已经履行完成，办理增资程序进行确权系某动力集团公司义务。根据《公司法》第 43 条第 2 款 "股东会会议作出修改公司章程、增加或者减少注册资本的决议，以及公司合并、分立、解散或者变更公司形式的决议，必须经代表 2/3 以上表决权的股东通过"；第 89 条第 1 款 "发行股份的股款缴足后，必须经依法设立的验资机构验资并出具证明"；第 136 条 "公司发行新股募足股款后，必须向公司登记机关办理变更登记，并公告"；第 178 条第 2 款 "股份有限公司为增加注册资本发行新股时，股东认购新股，依照本法设立股份有限公司缴纳股款的有关规定执行"；《证券法》第 10 条 "公开发行证券，必须符合法律、行政法规规定的条件，并依法报经国务院证券监督管理机构或者国务院授权的部门注册。未经依法注册，任何单位和个人不得公开发行证券。证券发行注册制的具体范围、实施步骤，由国务院规定。"现某动力集团公司未提供证据证明其发行新股已经向相关部门核准或审批，也未提供证据证明其发行新股经代表 2/3 以上表决权的股东表决通过，其在庭审中称发行新股无须事前审批只需事后备案，但并未向一审法院提供其公司可以直接发行新股无须审批的相关法律依据，亦未提供证据证明其已事后备案；根据庭审查明情况及双方提供的证据来看，某动力集团公司并未办理验资手续并由具有证券从业资格的会计师事务所出具验资报告，也未向工商行政管理部门提交增资变更事项，且庭审中自认募集的资金未存放在专用账户内，所募集的资金已全部提前使用，即便在 2018 年 2 月，含徐某某在内的 13 名股东签字同意以债转股的形式确权，但某动力集团公司仍未在承诺的 2018 年 3 月 29 日前将手续办理完毕，亦未在公司登记机关办理变更登记并公告，未取得全国中小企业股份转让系统出具的股份登记函，徐某某未经法定程序成为某动力集团公司的股东，从未享受过某动力集团公司的任何股东待遇，虽某动力集团公司在增资入股证明函中并未明确确权日期，但从徐某某向某动力集团公司汇入投资款至今已有两年多的时间，仍未办理完股转系统手续，徐某某所购买的 2000000 元股份并未划转至其个人证券账户；综上，徐某某与某动力集团公司之间的增资行为违反法律法规强制性规定，属于无效行为，故徐某某要求某动力集团公司返还投资款 2000000 元理由正当，该院予以支持。

本案中，一审法院认定某动力集团股份有限公司未办理验资手续并由具有证券从业资格的会计师事务所出具验资报告，也未向工商行政管理部门提交增资事宜，因此最终法院认为其增资行为违反法律法规强制性规定而无效。由此可知，向社会公开募集股份的股款缴足后，应当经依法设立的验资机构验资并出具证明。经过验资机构验资是必经程序，属于法律强制性规定，不按照规定进行可能导致无效。

## 第一百零二条　【置备股东名册】

| 修订前 | 修订后 |
| --- | --- |
| 第一百三十条　公司发行记名股票的，应当置备股东名册，记载下列事项：<br>（一）股东的姓名或者名称及住所；<br>（二）各股东所持股份数；<br>（三）各股东所持股票的编号；<br>（四）各股东取得股份的日期。<br>~~发行无记名股票的，公司应当记载其股票数量、编号及发行日期。~~ | 第一百零二条　股份有限公司应当**制作**股东名册并**置备于公司**。**股东名册**应当记载下列事项：<br>（一）股东的姓名或者名称及住所；<br>（二）各股东所**认购的股份种类及**股份数；<br>（三）**发行纸面形式的股票的，**股票的编号；<br>（四）各股东取得股份的日期。 |

## 【法条注解】

本条是股份有限公司发行股票应当置备股东名册的要求，取消了记名股票和不记名股票的区分，该条规定了股份有限公司应当制作股东名册以及股东名册应当记载的事项，以确保公司内部的透明度和组织性。

## 【相关规定】

**2018 年《公司法》**

第 139 条　记名股票，由股东以背书方式或者法律、行政法规规定的其他方式转让；转让后由公司将受让人的姓名或者名称及住所记载于股东名册。

股东大会召开前二十日内或者公司决定分配股利的基准日前五日内，不得进行前款规定的股东名册的变更登记。但是，法律对上市公司股东名册变更登记另有规定的，从其规定。

**案例指引**

某实业股份有限公司、黄某股东知情权纠纷案 [湖南省长沙市中级人民法院 (2021) 湘01民终14662号]

法院生效裁判认为,根据《某实业股份有限公司章程》第13条和第15条的规定,股票是某实业股份有限公司签发的证明股东所持股份的唯一凭证,且某实业股份有限公司的股票为记名式股票。《公司法》第130条规定,公司发行记名股票的,应当置备股东名册,记载下列事项:股东的姓名或者名称及住所、各股东所持股份数、各股东所持股票的编号、各股东取得股份的日期。第164条规定,公司应当在每一会计年度终了时编制财务会计报告,并依法经会计师事务所审计。《会计法》第20条规定,财务会计报告由会计报表、会计报表附注和财务情况说明书组成。《企业财务会计报告条例》第7条规定,会计报表应当包括资产负债表、利润表、现金流表及相关附表。故对于黄某要求查阅自某实业股份有限公司成立起至今(1992年7月24日至2021年4月30日)制定的全部公司章程,以及章程修正案与自某实业股份有限公司成立起至今(1992年7月24日至2021年4月30日)置备的全部股东名册,含股东姓名、住所、各股东所持股份数、各股东取得股份的日期的诉讼请求,法院依法予以支持。

股份有限公司发行记名股票置备股东名册和记载相关事项是股份公司发行记名股票的义务,且在股东有合法理由需要查阅时提供给股东进行查阅。

## 第一百零三条 【成立大会的召开】

| 修订前 | 修订后 |
| --- | --- |
| 第八十九条第一款 ~~发行股份的股款缴足后,必须经依法设立的验资机构验资并出具证明。~~发起人应当自股款缴足之日起三十日内主持召开公司创立大会。~~创立大会由发起人、认股人组成。~~ | 第一百零三条 募集设立股份有限公司的发起人应当自公司设立时应发行股份的股款缴足之日起三十日内召开公司**成立**大会。发起人应当在**成立**大会召开十五日前将会议日期通知各认股人或者予以公告。**成立**大会应当有**持有表决权**过半数的认股人出席,方可举行。 |
| 第九十条第一款 发起人应当在创立大会召开十五日前将会议日 | |

续表

| 修订前 | 修订后 |
|---|---|
| 期通知各认股人或者予以公告。创立大会应有代表股份总数过半数的发起人、认股人出席，方可举行。 | 以发起设立方式设立股份有限公司成立大会的召开和表决程序由公司章程或者发起人协议规定。 |

## 【法条注解】

新《公司法》第 103 条规定了股份有限公司成立大会召开。本条在原来的基础上赋予以发起设立方式设立的股份有限公司更大的自主权，以发起设立方式设立的股份有限公司可以通过公司章程或者发起人协议规定成立大会的召开和表决程序。而 2018 年《公司法》第 89 条第 1 款和第 90 条第 1 款明确适用于以募集设立方式设立的股份有限公司。该条意义在于确保股份有限公司能够依法合规地召开成立大会，并通过合法的表决程序完成股份有限公司的成立。

## 第一百零四条　【成立大会的职权】

| 修订前 | 修订后 |
|---|---|
| **第九十条第二款、第三款**　创立大会行使下列职权：<br>（一）审议发起人关于公司筹办情况的报告；<br>（二）通过公司章程；<br>（三）选举董事会成员；<br>（四）选举监事会成员；<br>（五）对公司的设立费用进行审核；<br>（六）对发起人用于抵作股款的财产的作价进行审核；<br>（七）发生不可抗力或者经营条件发生重大变化直接影响公司设立的，可以作出不设立公司的决议。 | **第一百零四条**　公司成立大会行使下列职权：<br>（一）审议发起人关于公司筹办情况的报告；<br>（二）通过公司章程；<br>（三）选举董事、监事；<br>（四）对公司的设立费用进行审核；<br>（五）对发起人非货币财产出资的作价进行审核；<br>（六）发生不可抗力或者经营条件发生重大变化直接影响公司设立的，可以作出不设立公司的决议。 |

续表

| 修订前 | 修订后 |
| --- | --- |
| 创立大会对前款所列事项作出决议，必须经出席会议的认股人所持表决权过半数通过。 | 成立大会对前款所列事项作出决议，应当经出席会议的认股人所持表决权过半数通过。 |

## 【法条注解】

新《公司法》第 104 条规定了公司成立大会的职权。成立大会是股份有限公司设立过程中的决议机关。本条在原来的基础上进行了表述性修改，并无实质性变化。该条赋予了成立大会的一系列职权，同时又要求成立大会就所涉职权事项的决议应经出席会议的认股人所持表决权过半数通过，以确保所作决议的合法性和民主性。其意义在于有利于保护股东权益，确保公司决策程序的公正与合法。

## 案例指引

某甲公司、李某损害公司利益责任纠纷案 ［云南省石屏县人民法院（2021）云 2525 民初 104 号］

法院生效裁判认为，依照《公司法》第 90 条的规定，发起人应当召开创立大会，创立大会应当对公司设立费用进行审查。《最高人民法院关于适用〈中华人民共和国公司法〉若干问题的规定（三）》第 1 条规定："为设立公司而签署公司章程、向公司认购出资或者股份并履行公司设立职责的人，应当认定为公司的发起人，包括有限责任公司设立时的股东。"本案中，原告某甲公司登记成立后，始终未对公司设立费用进行结算，作为公司法定代表人的黄某并没有实际履行法定代表人职责，既没有建立公司会计账簿，也没有履行其他管理职责，公司始终处于被告李某的垫资运营状态，在公司股东之间发生矛盾之后不积极、及时处理矛盾，致使相关财务单据灭失，无法查明相关事实。从现有被告李某提供的垫付资金单据来看，垫付资金已经超过其从公司收到的款项，虽然各股东未对设立费用进行结算，但从公司的收益应当首先冲抵运营费用的一般观念考虑，原告某甲公司要求被告李某返还 30 万元款项的请求，本院不予支持。

## 第一百零五条　【认股人股款返还与不得任意抽回股本】

| 修订前 | 修订后 |
| --- | --- |
| **第八十九条第二款**　发行的股份超过招股说明书规定的截止期限尚未募足的，或者发行股份的股款缴足后，发起人在三十日内未召开创立大会的，认股人可以按照所缴股款并加算银行同期存款利息，要求发起人返还。<br><br>**第九十一条**　发起人、认股人缴纳股款或者交付抵作股款的出资后，除未按期募足股份、发起人未按期召开创立大会或者创立大会决议不设立公司的情形外，不得抽回其股本。 | **第一百零五条**　公司设立时应发行的股份未募足，或者发行股份的股款缴足后，发起人在三十日内未召开成立大会的，认股人可以按照所缴股款并加算银行同期存款利息，要求发起人返还。<br><br>发起人、认股人缴纳股款或者交付非货币财产出资后，除未按期募足股份、发起人未按期召开成立大会或者成立大会决议不设立公司的情形外，不得抽回其股本。 |

## 【法条注解】

新《公司法》第105条规定了认股人股款返还情形和不得任意抽回股本。新《公司法》第105条仅对2018年《公司法》第89条第2款和第91条进行了表述性修改，并无实质性变化。新《公司法》第105条一方面保护了认股人的利益，使认股人在特定情形下可以取回自己的股款，以避免自身利益的受损；另一方面保护了债权人利益，防止股东虚假出资使得公司实际资本少于注册资本，导致债权人的利益可能受到损害。

## 案例指引

何某、某甲责任公司等合同纠纷案［湖北省鄂州市中级人民法院(2022) 鄂07民终117号］

法院生效裁判认为，根据《公司法》第91条的规定："发起人、认股人缴纳股款或者交付抵作股款的出资后，除未按期募足股份、发起人未按期召开创立大会或者创立大会决议不设立公司的情形外，不得抽回其股本。"本案中，何某实际缴纳股权出资款后，通过由李某、唐某代持股份的方式，成为某甲公司的隐名股东。根据资本维持原则，何某无权要求某甲公司返还其股权出资款。同时，何某于2012年8月6日实际获取了2011年某甲公司的股份红利。可见何某已获得了作为某甲公司隐名股东的利益，即李某、唐某已履行了其作为何某的股权代持人对何某的义务。故何某在已实际享受股份红利，且公司股权现有价值未进行清算的情况下，主张其并非某甲公司股东，某甲公司与唐某应退还其股权认购款并支付利息的诉讼请求，无事实与法律依据，本院依法不予支持。

## 第一百零六条 【申请设立登记】

| 修订前 | 修订后 |
| --- | --- |
| 第九十二条 董事会应于创立大会结束后三十日内，向公司登记机关报送下列文件，申请设立登记：<br>（一）公司登记申请书；<br>（二）创立大会的会议记录；<br>（三）公司章程；<br>（四）验资证明；<br>（五）法定代表人、董事、监事的任职文件及其身份证明；<br>（六）发起人的法人资格证明或者自然人身份证明；<br>（七）公司住所证明。<br>以募集方式设立股份有限公司公开发行股票的，还应当向公司登记机关报送国务院证券监督管理机构的核准文件。 | 第一百零六条 董事会应当授权代表，于公司成立大会结束后三十日内向公司登记机关申请设立登记。 |

## 【法条注解】

新《公司法》第106条是关于公司申请设立并合理化了公司设立主体登记的规定。本条在原来的基础上删去公司申请设立登记所需的登记文件，规定董事会应授权代表申请设立登记。该条的意义在于督促公司在成立大会后能够及时向公司登记机关申请设立登记。

## 案例指引

某贸易有限公司、某资产管理股份有限公司河南省分公司执行异议之诉［河南省许昌市中级人民法院（2020）豫 10 民终 1297 号］

法院生效裁判认为，对于股份有限公司的股权转让，根据 2018 年《公司法》第 81 条和第 92 条的规定，公司应当将发起人向工商行政管理机关办理股东登记，将持有记名股票的非发起人股东按照 2018 年《公司法》第 130 条的规定，记载于股东名册。发起人和股东转让其股份的，除无记名股票交付给受让人后，即发生转让的效力外，记名股票的转让亦应当准用有限责任公司股权转让的相关规定，即发起人转让其股票的，以办理股东名册变更登记为生效要件，以向工商行政管理机关办理变更登记为对抗要件；股东转让其股票的，以办理股东名册变更记载为生效和对抗要件。综上，作为无形财产的股权，由于缺乏有体财产，如动产和不动产所有权归属的法定公示方法，故应以权利外观作为判断标准，当事人转让股权的，应采取"生效要件"和"对抗要件"相结合的判断方法，受让人受让股权在股东名册进行变更记载的，受让人即取得该股权；但转让股权没有在公司行政管理机关进行变更登记，不得对抗第三人。股权尚未向工商行政管理机关或公司进行变更登记人民法院不予支持。股权转让合同实质上是一种买卖合同，受让人享有的"物之交付请求权"仍然是一种债权，根据债权一律平等的原则，受让人的该债权，并不优先于申请执行人的金钱债权。另外由于股权是一种无形财产，无形财产采取有形财产物权变动的公示方法，《公司法》对股权转让采取了登记对抗的原则，被执行人转让股权尚未进行变更登记的，不得对抗第三人，申请执行人亦属于公司法所规范的第三人的范围。

## 第一百零七条　【股份有限公司股东资本充实责任】

| 新增条款 | |
| --- | --- |
| | **第一百零七条**　本法第四十四条、第四十九条第三款、第五十一条、第五十二条、第五十三条的规定，适用于股份有限公司。 |

## 【法条注解】

新《公司法》第 107 条属于新增的引致条款，规定了股份有限公司股东的资本充实责任，股份有限公司可以直接适用有限责任公司股东资本充实责任的规定，具体来说包括公司设立时的民事责任承担（新《公司法》第 44 条）、股东出资的差额填补责任（新《公司法》第 49 条第 3 款）、董事会对股东出资情况的核查责任（新《公司法》第 51 条）、催缴失权制度（新《公司法》第 52 条）、抽逃出资的股东责任及董监高的连带赔偿责任（新《公司法》第 53 条）。该条的意义在于强化董事、监事、高级管理人员维护公司资本充实的责任，有利于更好地保护公司及公司债权人的利益。

## 【相关规定】

《公司法》

第 44 条　有限责任公司设立时的股东为设立公司从事的民事活动，其法律后果由公司承受。

公司未成立的，其法律后果由公司设立时的股东承受；设立时的股东为二人以上的，享有连带债权，承担连带债务。

设立时的股东为设立公司以自己的名义从事民事活动产生的民事责任，第三人有权选择请求公司或者公司设立时的股东承担。

设立时的股东因履行公司设立职责造成他人损害的，公司或者无过错的股东承担赔偿责任后，可以向有过错的股东追偿。

第 49 条　股东应当按期足额缴纳公司章程规定的各自所认缴的出资额。

股东以货币出资的，应当将货币出资足额存入有限责任公司在银行开设的账户；以非货币财产出资的，应当依法办理其财产权的转移手续。

股东未按期足额缴纳出资的，除应当向公司足额缴纳外，还应当对给公司造成的损失承担赔偿责任。

第 51 条　有限责任公司成立后，董事会应当对股东的出资情况进行核查，发现股东未按期足额缴纳公司章程规定的出资的，应当由公司向该股东发出书面催缴书，催缴出资。

未及时履行前款规定的义务，给公司造成损失的，负有责任的董事应当承担赔偿责任。

第 52 条　股东未按照公司章程规定的出资日期缴纳出资，公司依照前条第一款规定发出书面催缴书催缴出资的，可以载明缴纳出资的宽限期；宽限期自公司发出催缴书之日起，不得少于六十日。宽限期届满，股东仍未履行出资义务的，公司经董事会决议可以向该股东发出失权通知，通知应当以书面形式发出。自通知发出之日起，该股东丧失其未缴纳出资的股权。

依照前款规定丧失的股权应当依法转让，或者相应减少注册资本并注销该股权；六个月内未转让或者注销的，由公司其他股东按照其出资比例足额缴纳相应出资。

股东对失权有异议的，应当自接到失权通知之日起三十日内，向人民法院提起诉讼。

第53条　公司成立后，股东不得抽逃出资。

违反前款规定的，股东应当返还抽逃的出资；给公司造成损失的，负有责任的董事、监事、高级管理人员应当与该股东承担连带赔偿责任。

## 第一百零八条　【公司形式的变更】

| 修订前 | 修订后 |
|---|---|
| **第九十五条**　有限责任公司变更为股份有限公司时，折合的实收股本总额不得高于公司净资产额。有限责任公司变更为股份有限公司，为增加资本公开发行股份时，应当依法办理。 | **第一百零八条**　有限责任公司变更为股份有限公司时，折合的实收股本总额不得高于公司净资产额。有限责任公司变更为股份有限公司，为增加**注册**资本公开发行股份时，应当依法办理。 |

## 【法条注解】

新《公司法》第108条是关于有限责任公司变更为股份有限公司时相关问题的规定。本条在原来的基础上完善了相关表述，将原文修改为"为增加注册资本公开发行股份时"，使条文表述更为严谨。有限责任公司变更为股份有限公司关系着债权人、股东和广大社会公众的利益，故需要法律对有限责任公司变更为股份有限公司的行为加以规制。[①]

---

[①]　宋燕妮、赵旭东主编：《中华人民共和国公司法释义》，法律出版社2018年版，第196~198页。

## 第一百零九条 【重要资料的置备】

| 修订前 | 修订后 |
| --- | --- |
| **第九十六条** 股份有限公司应当将公司章程、股东名册、公司债券存根、股东大会会议记录、董事会会议记录、监事会会议记录、财务会计报告置备于本公司。 | **第一百零九条** 股份有限公司应当将公司章程、股东名册、股东会会议记录、董事会会议记录、监事会会议记录、财务会计报告、**债券持有人名册**置备于本公司。 |

**【法条注解】**

新《公司法》第 109 条规定了股份有限公司应当置备于本公司的重要资料。本条以"债券持有人名册"的表述取代了"公司债券存根"的表述，适应了债券市场发展实践需要。该条的意义在于股份有限公司重要资料的置备与公司运作的透明度、规范性和合法性息息相关。股份有限公司应当将公司章程、股东名册、股东会会议记录、董事会会议记录、监事会会议记录、财务会计报告、债券持有人名册置备于本公司，有利于保护公司和股东的利益，便于股东在需要时可以查阅，并确保股东能够准确了解公司有关情况。[①]

## 第一百一十条 【股东的查阅、复制、建议和质询】

| 修订前 | 修订后 |
| --- | --- |
| **第九十七条** 股东有权查阅公司章程、股东名册、公司债券存根、股东大会会议记录、董事会会议决议、监事会会议决议、财务会计报告，对公司的经营提出建议或者质询。 | **第一百一十条** 股东有权查阅、**复制**公司章程、股东名册、股东会会议记录、董事会会议决议、监事会会议决议、财务会计报告，对公司的经营提出建议或者质询。<br>**连续一百八十日以上单独或者合计持有公司百分之三以上股份的** |

---

[①] 宋燕妮、赵旭东主编：《中华人民共和国公司法释义》，法律出版社 2018 年版，第 198~202 页。

续表

| 修订前 | 修订后 |
|---|---|
| | 股东要求查阅公司的会计账簿、会计凭证的，适用本法第五十七条第二款、第三款、第四款的规定。公司章程对持股比例有较低规定的，从其规定。<br><br>股东要求查阅、复制公司全资子公司相关材料的，适用前两款的规定。<br><br>上市公司股东查阅、复制相关材料的，应当遵守《中华人民共和国证券法》等法律、行政法规的规定。 |

## 【法条注解】

新《公司法》第 110 条规定了股东享有法定知情权。股东法定知情权是《公司法》赋予股东的固有权，是股东的基础性权利。[①] 本条在原来的基础上强化了股东知情权，股东在有权查阅相关文件的同时还享有复制的权利，并允许股份有限公司符合条件的股东查阅会计账簿和会计凭证，允许股东查阅、复制全资子公司的相关材料。此外该条还对股份有限公司股东查阅公司的会计账簿、会计凭证的权利进行了限制，以防止股份有限公司股东滥用权利。

## 【相关规定】

### 《公司法》

第 57 条　股东有权查阅、复制公司章程、股东名册、股东会会议记录、董事会会议决议、监事会会议决议和财务会计报告。

股东可以要求查阅公司会计账簿、会计凭证。股东要求查阅公司会计账簿、会计凭证的，应当向公司提出书面请求，说明目的。公司有合理根据认为股东查阅会计账簿、会计凭证有不正当目的，可能损害公司合法利益

---

① 杜万华主编：《最高人民法院公司法解释（四）理解与适用》，人民法院出版社2017 年版，第 15 页。

的，可以拒绝提供查阅，并应当自股东提出书面请求之日起十五日内书面答复股东并说明理由。公司拒绝提供查阅的，股东可以向人民法院提起诉讼。

股东查阅前款规定的材料，可以委托会计师事务所、律师事务所等中介机构进行。

股东及其委托的会计师事务所、律师事务所等中介机构查阅、复制有关材料，应当遵守有关保护国家秘密、商业秘密、个人隐私、个人信息等法律、行政法规的规定。

股东要求查阅、复制公司全资子公司相关材料的，适用前四款的规定。

## 案例指引

王某与某互联网科技股份有限公司股东知情权纠纷案 [北京市第三中级人民法院 (2018) 京 03 民终 10990 号]

法院生效裁判认为，由于有限责任公司与股份有限公司在人合性和公众性上的不同，我国公司法对有限责任公司与股份有限公司的股东知情权的权利范围作出了不同规定。具体而言，依据 2018 年《公司法》第 33 条的规定，有限责任公司的股东有权查阅、复制公司章程、股东会会议记录、董事会会议决议、监事会会议决议和财务会计报告。在股东向公司提出书面请求，说明目的的情况下，股东可以要求查阅公司的会计账簿。而2018 年《公司法》第 97 条规定，股份有限公司的股东有权查阅公司章程、股东名册、公司债券存根、股东大会会议记录、董事会会议决议、监事会会议决议、财务会计报告。会计账簿、会计凭证不在股份有限公司股东知情权的法定的范围之内。

# 第二节　股　东　会

## 第一百一十一条　【股东会的地位与组成】

| 修订前 | 修订后 |
| --- | --- |
| 　　**第九十八条**　股份有限公司股东大会由全体股东组成。股东大会是公司的权力机构，依照本法行使职权。 | 　　**第一百一十一条**　股份有限公司股东会由全体股东组成。股东会是公司的权力机构，依照本法行使职权。 |

### 【法条注解】

　　新《公司法》第 111 条规定了股份有限公司股东会的地位与组成。"股东会"是股份有限公司的最高机构，由全体股东组成。本条以"股东会"的表述替代原有"股东大会"的表述，不再区分"股东会"与"股东大会"。其意义在于将股份有限公司与有限责任公司最高权力机构的表述统一为"股东会"，优化了公司组织机构。

## 第一百一十二条　【股东会职权】

| 修订前 | 修订后 |
| --- | --- |
| 　　**第九十九条**　本法第三十七条第一款关于有限责任公司股东会职权的规定，适用于股份有限公司股东大会。 | 　　**第一百一十二条**　本法第五十九条第一款、**第二款**关于有限责任公司股东会职权的规定，适用于股份有限公司股东会。<br>　　本法第六十条关于只有一个股东的有限责任公司不设股东会的规定，适用于只有一个股东的股份有限公司。 |

### 【法条注解】

　　新《公司法》第 112 条规定了股份有限公司股东会的职权，以及只有一个股东的股份有限公司的股东义务。股东会是股份有限公司的非常设权力机构，只有股份有限公司的重大事项需要由股东会决定。只有一个股东的股份有限公司不设股东会，股东作出本法第59条第1款所列事项的决定时，应当采用书面形式，并由股东签名或者盖章后置备于公司。对股份有限公司股东会享有的职权已在第59条的注解中进行了解释。此外，值得注意的是，新《公司法》未将"决定公司的经营方针和投资计划"和"审议批准公司的年度财务预算方案、决算方案"两项有关公司实际经营的职权划分至股东会，而是选择转移至董事会，进一步保障了董事会在公司经营中的独立地位，强化了董事会的主观能动性与决策能力。

## 第一百一十三条 【股东会会议】

| 修订前 | 修订后 |
| --- | --- |
| **第一百条** 股东大会应当每年召开一次年会。有下列情形之一的，应当在两个月内召开临时股东大会：<br><br>（一）董事人数不足本法规定人数或者公司章程所定人数的三分之二时；<br><br>（二）公司未弥补的亏损达实收股本总额三分之一时；<br><br>（三）单独或者合计持有公司百分之十以上股份的股东请求时；<br><br>（四）董事会认为必要时；<br><br>（五）监事会提议召开时；<br><br>（六）公司章程规定的其他情形。 | **第一百一十三条** 股东会应当每年召开一次年会。有下列情形之一的，应当在两个月内召开临时股东会会议：<br><br>（一）董事人数不足本法规定人数或者公司章程所定人数的三分之二时；<br><br>（二）公司未弥补的亏损达股本总额三分之一时；<br><br>（三）单独或者合计持有公司百分之十以上股份的股东请求时；<br><br>（四）董事会认为必要时；<br><br>（五）监事会提议召开时；<br><br>（六）公司章程规定的其他情形。 |

## 【法条注解】

新《公司法》第113条规定了股份有限公司召开股东会会议的情形，包括每年应当召开一次年会，以及临时股东会会议。出现以下情形时，应当在两个月内召开临时股东会会议：

（1）董事人数不足公司法规定人数或公司章程规定人数的2/3，包含两种情形。第一种情形是，董事人数未达到公司法规定的最低人数，根据新《公司法》第 68 条和第 120 条的规定，股份有限公司董事会的人数范围为 3 人以上，即董事人数不足 3 人。第二种情形是，董事人数不足公司章程规定人数的 2/3。

（2）公司未弥补的亏损达到实收股本总额的 1/3。当公司未弥补的亏损达到实收股本总额的 1/3 时，应认为此时公司已陷入严重亏损状态，偿付能力严重不足，股东权益难以保障，因此需要召开临时股东大会来寻求解决方案。

（3）单独或合计持有公司 10% 以上股份的股东提出请求。这些股东可以是单一股东，也可以是多个股东。该股东或多个股东持股比例达到 10% 表明其在公司中具有相当的权益份额，因此当其认为有必要召开临时股东大会时，应尊重其请求。

（4）董事会认为有必要时。作为公司经营决策机构，董事会最了解公司经营状况，因此是最适合召集临时股东大会的机构。当董事会认为有必要时，应当召开临时股东会会议。

（5）监事会提议召开。监事会作为公司监督机构，当其认为有必要召开临时股东大会时，应当召开临时股东会会议。

（6）公司章程规定的其他情形。新《公司法》允许公司章程规定应当召开临时股东大会的其他情形，体现了股东的自治权，以满足不同公司的个性需求。

## 第一百一十四条　【召集股东会会议】

| 修订前 | 修订后 |
| --- | --- |
| **第一百零一条**　股东大会会议由董事会召集，董事长主持；董事长不能履行职务或者不履行职务的，由副董事长主持；副董事长不能履行职务或者不履行职务的，由半数以上董事共同推举一名董事主持。<br><br>董事会不能履行或者不履行召集股东大会会议职责的，监事会应当及时召集和主持；监事会不召集和主持的，连续九十日以上单独或者合计持有公司百分之十以上股份的股东可以自行召集和主持。 | **第一百一十四条**　股东会会议由董事会召集，董事长主持；董事长不能履行职务或者不履行职务的，由副董事长主持；副董事长不能履行职务或者不履行职务的，由**过半数的**董事共同推举一名董事主持。<br><br>董事会不能履行或者不履行召集股东会会议职责的，监事会应当及时召集和主持；监事会不召集和主持的，连续九十日以上单独或者合计持有公司百分之十以上股份的股东可以自行召集和主持。 |

| 修订前 | 修订后 |
| --- | --- |
|  | 单独或者合计持有公司百分之十以上股份的股东请求召开临时股东会会议的，董事会、监事会应当在收到请求之日起十日内作出是否召开临时股东会会议的决定，并书面答复股东。 |

## 【法条注解】

新《公司法》第 114 条是有关股东会会议的召集和主持的规定。股东会会议是股东会职权的实现方式，也是股东表决权的行使方式。为了保证股东会会议的顺利进行，《公司法》规定了董事会、监事会以及符合特定条件的股东均能够召集和主持股东会会议，但是在顺序和要求上有严格的限制，召集程序有瑕疵可能会导致股东会决议被撤销。

董事会是公司的经营管理机构，负责具体的日常经营和决策，原则上股东会会议应当由董事会依法召集并由董事长主持。但是在公司经营实践活动中，难免会出现董事会不能履行职责或不履行职责、董事长不能履行职责或不履行职责的情形，此时为了保障公司的正常运作和股东权益，新《公司法》对股东会会议的召集作出了具体规定：

1. 首先应当由董事会召开股东会会议并由董事长主持，董事长不能履行职务或者不履行职务的，由副董事长主持；副董事长不能履行职务或者不履行职务的，由过半数的董事共同推举一名董事主持。

2. 董事会未召集股东会会议，由监事会召集和主持股东会会议。

3. 董事会和监事会均未履行召集股东会会议职责的，符合条件的股东可以自行召集和主持股东会会议。股东行使股东会会议的召集权必须同时符合以下条件：第一，公司应当召开股东会会议，但是董事会以及监事会均未履行股东会会议召集义务；第二，召集股东会会议的股东必须单独或者合计持有公司百分之十以上股份；第三，必须连续持有上述要求股份九十日以上。

值得注意的是，本条第 3 款明确规定了股东请求召开临时股东会会议的具体程序，即符合条件的股东应当向董事会、监事会请求召开临时股东会会议，董事会、监事会应当在收到请求之日起十日内作出是否召开临时股东会会议的决定，并书面答复股东。此条规定旨在完善股东请求召集临时股东会会议的程序，加强股东权利保护。

## 案例指引

某股份有限公司与某银行股份有限公司公司决议纠纷案 [辽宁省高级人民法院（2019）辽民申 4986 号]

法院生效裁判认为，首先，2018 年《公司法》第 101 条规定："股东大会会议由董事会召集，董事长主持；董事长不能履行职务或者不履行职务的，由副董事长主持；副董事长不能履行职务或者不履行职务的，由半数以上董事共同推举一名董事主持。董事会不能履行或者不履行召集股东大会会议职责的，监事会应当及时召集和主持；监事会不召集和主持的，连续九十日以上单独或者合计持有公司百分之十以上股份的股东可以自行召集和主持。"某银行股份有限公司公司章程第 53 条规定："有下列情形之一的，本行在事实发生之日起两个月以内召开临时股东大会：（一）董事人数不足公司法规定的最低人数五人时，或不足本章程规定人数三分之二时……"本案中，截至 2015 年 12 月某银行股份有限公司董事会、监事会成员任期均已经届满，并且董事人数已不足公司章程规定人数的三分之二，某银行股份有限公司的董事会和监事会并未在法定期限内召集召开股东大会或临时股东大会。据此，原银监会某地区监管分局于 2017 年 2 月 24 日向某银行股份有限公司下发监管分局监管意见书，明确要求某银行股份有限公司于 2017 年 3 月末前召开股东大会落实解决相关问题。而此后，某银行的董事会和监事会仍然未能在规定的期限内召集召开临时股东大会，以上事实足以表明某银行的董事会和监事会不能正常履行职责及不按规定召开临时股东大会，严重影响了某银行的正常运行。在此情况下，股东有权自行提议召开临时股东大会符合法律和公司章程的规定。副董事长孙某在董事长郝某被双规后行使董事长的权利和义务主持此次会议也符合相关规定。

## 第一百一十五条 【股东会会议召开程序】

| 修订前 | 修订后 |
| --- | --- |
| **第一百零二条** 召开股东大会会议，应当将会议召开的时间、地点和审议的事项于会议召开二十日前通知各股东；临时股东大会应当于会议召开十五日前通知各股东；发行无记名股票的，应当于会议召开三十日前公告会议召开的时间、地点和审议事项。<br><br>单独或者合计持有公司百分之三以上股份的股东，可以在股东大会召开十日前提出临时提案并书面提交董事会；董事会应当在收到提案后二日内通知其他股东，并将该临时提案提交股东大会审议。临时提案的内容应当属于股东大会职权范围，并有明确议题和具体决议事项。<br><br>股东大会不得对前两款通知中未列明的事项作出决议。<br><br>无记名股票持有人出席股东大会会议的，应当于会议召开五日前至股东大会闭会时将股票交存于公司。 | **第一百一十五条** 召开股东会会议，应当将会议召开的时间、地点和审议的事项于会议召开二十日前通知各股东；临时股东会**会议**应当于会议召开十五日前通知各股东。<br><br>单独或者合计持有公司百分之一以上股份的股东，可以在股东会**会议**召开十日前提出临时提案并书面提交董事会。**临时提案应当有明确议题和具体决议事项。**董事会应当在收到提案后二日内通知其他股东，并将该临时提案提交股东会审议；**但临时提案违反法律、行政法规或者公司章程的规定，或者不属于股东会职权范围的除外。公司不得提高提出临时提案股东的持股比例。**<br><br>**公开发行股份的公司，应当以公告方式作出前两款规定的通知。**<br><br>股东会不得对通知中未列明的事项作出决议。 |

## 【法条注解】

新《公司法》第 115 条具体规定了股东召开临时股东会会议的程序。股东会会议的召开程序，涉及股东权利的保护，为防止内部人员控制和控股股东侵害中小股东权益，本条就股东会会议召开需要通知的内容和时间作出了明确规定，并规定了股东会会议不得就未通知的事项进行表决，旨在防止内部人员或者控股股东实施"突袭行为"，符合程序正义的要求，具有重要的现实意义。

本条第 2 款完善了股东提案权的行使程序，保障了中小股东的权益，一方面，将对股东持股比例的份额要求降低到单独或合计持有公司1%以上股份；另一方面，明确规定公司不得提高提出临时提案股东的持股比例，也就是说1%以上的股东持股比例为法定持股比例，公司不得通过修订公司章程等方式提高该持股比例从而对股东提案权加以限制。同时，为了平衡股东权益与公司利益，防止股东滥用提案权，提高公司治理效率，本条第2款要求股东的提案议题明确、决议事项具体且属于股东会职权范围，此外还吸收了证监会规范性文件《上市公司股东大会规则》第13条的内容，即临时提案不得违反法律、行政法规或者公司章程的规定。

董事会享有一定的临时提案审查权，对于符合要求的提案，董事会有义务在收到提案后二日内通知其他股东并将该临时提案提交股东会审议；对于不符合上述要求的临时提案，董事会则无须再履行通知、提交义务。但是董事会享有的是有限审查权，董事会不应当为股东行使权利设置额外的障碍，如果股东和董事会对于临时提案是否具体明确，是否属于股东会的职权范围，是否违反法律、行政法规或者公司章程的规定存在争议，董事会不享有最终决定权，而是应当将其交与股东会会议决定。

本条第3款新增了对公开发行股份的公司的信息公示义务，要求该类公司以公告的方式公示本公司股东会会议召开的时间、地点、审议事项、提案内容等相关信息，进一步保障了股东的知情权，有利于股东了解公司经营运作情况和及时、高效地参与股东会会议。

## 第一百一十六条　【股东表决权】

| 修订前 | 修订后 |
| --- | --- |
| **第一百零三条**　股东出席股东大会会议，所持每一股份有一表决权。~~但是，~~公司持有的本公司股份没有表决权。<br><br>　　股东大会作出决议，~~必须~~经出席会议的股东所持表决权过半数通过。~~但是，股东大~~会作出修改公司章程、增加或者减少注册资本的决议，以及公司合并、分立、解散或者变更公司形式的决议，~~必须~~经出席会议的股东所持表决权的三分之二以上通过。 | **第一百一十六条**　股东出席股东会会议，所持每一股份有一表决权，**类别股股东除外**。公司持有的本公司股份没有表决权。<br><br>　　股东会作出决议，**应当**经出席会议的股东所持表决权过半数通过。<br><br>　　**股东会**作出修改公司章程、增加或者减少注册资本的决议，以及公司合并、分立、解散或者变更公司形式的决议，**应当**经出席会议的股东所持表决权的三分之二以上通过。 |

## 【法条注解】

新《公司法》第116条规定了股份有限公司股东的表决权和股东会决议通过比例。在股份有限公司中，股东表决权是股东按其持有的股份对公司事务进行表决的权利。股东表决权的大小，取决于股东所掌握的股权份额，股份公司的全部资本分为数额较小、每一股金额相等的股份，股东的表决权按认缴的出资额计算，每股有一票表决权，即股东出席股东会会议所持每一股份有一表决权。类别股是指将股权各项子权利分离重组而创设的权利内容各异的股份，新《公司法》坚守"一股一权原则"，并未将类别股纳入规范体系。

在新《公司法》规定中，股份有限公司以"一股一权"为原则，尤其是股东表决权，新《公司法》第143条第1款规定"股份的发行，实行公平、公正的原则，同类别的每一股份应当具有同等权利"。由此可见，与有限责任公司不同的是，股份有限公司的股东表决权原则上只能按照一股一权进行分配，不允许公司章程或全体股东对此作出特别的规定或约定。

此外，公司持有的本公司股份不享有表决权。表决权是股权的一种体现，而股权是出资的对价，股东放弃了出资财产的所有权，而换取了公司的股权，所以有出资有股权才有表决权。但是公司持有的本公司股份是没有发行出去的股份，即没有财产所有权（没有出资）作为对价，是"空股"，所以其没有表决权。在公司持有本公司股份上，大陆法系历来坚持"原则禁止，例外允许"的原则。该原则的合理性来源于多方面的要求，但仅就公司资本与公司资产而言，它所关注的是动用公司具体财产购买本公司的股份。在此种交易中，公司取得了自己的股份，但公司相应的具体财产则流向了股份转让人。

股东会会议所作出的决议分为特殊决议和普通决议。股东会会议作出的特殊决议对公司的经营运作具有重大影响，因此适用绝对多数表决权通过的表决方式，其适用的事项限于法定情形，即修改公司章程，增加或者减少注册资本的决议，以及公司合并、分立、解散或者变更公司形式的决议。普通决议则是除法定特殊决议事项外的其他公司事项，采取简单多数表决权的方式。值得注意的是，无论是特殊决议还是普通决议，其最终投票的表决权比例的参照是出席会议的股东所持有的总表决权，而与参与股东会会议的股东人数无关。

## 案 例 指 引

姚某与某投资管理有限公司、章某等公司决议纠纷案（《最高人民法院公报》2021 年第 3 期)

根据《公司法》的相关规定，修改公司章程须经代表全体股东 2/3 以上表决权的股东通过。本案临时股东会决议第二项系通过修改公司章程将股东出资时间从 2037 年 7 月 1 日修改为 2018 年 12 月 1 日，其实质系将公司股东的出资期限提前。而修改股东出资期限，涉及公司各股东的出资期限利益，并非一般的修改公司章程事项，不能适用资本多数决规则。理由如下：

首先，我国实行公司资本认缴制，除法律另有规定外，2018 年《公司法》第 28 条规定："股东应当按期足额缴纳公司章程中规定的各自所认缴的出资额"，即法律赋予公司股东出资期限利益，允许公司各股东按照章程规定的出资期限缴纳出资。股东的出资期限利益，是公司资本认缴制的核心要义，系公司各股东的法定权利，如允许公司股东会以多数决的方式决议修改出资期限，则占资本多数的股东可随时随意修改出资期限，从而剥夺其他中小股东的合法权益。

其次，修改股东出资期限直接影响各股东的根本权利，其性质不同于公司增资、减资、解散等事项。后者决议事项一般与公司直接相关，但并不直接影响公司股东之固有权利。例如，增资过程中，不同意增资的股东，其已认缴或已实缴部分的权益并未改变，仅可能因增资而被稀释股份比例。而修改股东出资期限直接关系到公司各股东的切身利益。如允许适用资本多数决，不同意提前出资的股东将可能因未提前出资而被剥夺或限制股东权利，直接影响股东的根本利益。因此，修改股东出资期限不能简单地等同于公司增资、减资、解散等事项，亦不能简单地适用资本多数决规则。

最后，股东出资期限系公司设立或股东加入公司成为股东时，公司各股东之间形成的一致合意，股东按期出资虽系各股东对公司的义务，但本质上属于各股东之间的一致约定，而非公司经营管理事项。法律允许公司自治，但需以不侵犯他人合法权益为前提。公司经营过程中，如有法律规定的情形需要各股东提前出资或加速到期，系源于法律规定，而不能以资本多数决的方式，以多数股东意志变更各股东之间形成的一致意思表示。故此，本案修改股东出资期限不应适用资本多数决规则。

## 第一百一十七条 【累积投票制】

| 修订前 | 修订后 |
|---|---|
| **第一百零五条** 股东大会选举董事、监事，可以依照公司章程的规定或者股东大会的决议，实行累积投票制。<br><br>本法所称累积投票制，是指股东大会选举董事或者监事时，每一股份拥有与应选董事或者监事人数相同的表决权，股东拥有的表决权可以集中使用。 | **第一百一十七条** 股东会选举董事、监事，可以按照公司章程的规定或者股东会的决议，实行累积投票制。<br><br>本法所称累积投票制，是指股东会选举董事或者监事时，每一股份拥有与应选董事或者监事人数相同的表决权，股东拥有的表决权可以集中使用。 |

## 【法条注解】

新《公司法》第 117 条是有关累积投票制适用的规定。股份有限公司的股东一般按照其所持股份行使表决权，但是根据公司章程的规定或者股东会的决议，股份有限公司股东会选举董事、监事时还可以实行累积投票制。累积投票制是一种股东在选举公司董事会和监事会成员时可以集中投票支持某一候选人的制度。在普通投票制度下，持有较少数量股份的股东可能很难在董事会和监事会选举中获得代表席位，因其表决权相对有限，累积投票制使得小股东有更大的能力来集中投票支持某一或几位候选人，增加了他们在董事会和监事会选举中的影响力，有助于保护小股东的权益。

累积投票制的具体运用方式如下：股东会会议选举董事或者监事时，每一股份拥有与应选董事或者监事人数相同的表决权，股东拥有的表决权可以集中使用。假设某公司要选 5 名董事，公司股份共 1000 股，股东共 10 人，其中 1 名大股东持有 510 股，即拥有公司 51% 股份；其他 9 名股东共计持有 490 股，合计拥有公司 49% 的股份。若采取累积投票制，表决权的总数就成为 1000×5 = 5000 票，控股股东总计拥有的票数为 2550 票，其他 9 名股东合计拥有 2450 票。此时如果其他 9 名股东将该 2450 份表决权集中使用，从理论上来说，至少可以保证代表己方利益的 2 名董事当选。假设至少持有股份比例为 a，累积投票制下保证一个席位当选至少应拥有公司股份数的一般公式：

"股份比例 a×总股份数 S×（席位数 N+1）／（总股份数 S+1/席位数 N+1）＝1"。

## 【相关规定】

### 1.《上市公司治理准则》

第 17 条　董事、监事的选举，应当充分反映中小股东意见。股东大会在董事、监事选举中应当积极推行累积投票制。单一股东及其一致行动人拥有权益的股份比例在 30% 及以上的上市公司，应当采用累积投票制。采用累积投票制的上市公司应当在公司章程中规定实施细则。

### 2.《上海证券交易所上市公司自律监管指引第 1 号——规范运作（2023 年 12 月修订）》

董事、监事的选举应当充分反映中小股东的意见。股东大会在董事、监事的选举中应当积极推行累积投票制度。涉及下列情形的，股东大会在董事、监事的选举中应当采用累积投票制：（一）上市公司选举 2 名以上独立董事的；（二）上市公司单一股东及其一致行动人拥有权益的股份比例在 30% 以上。

股东大会以累积投票方式选举董事的，独立董事和非独立董事的表决应当分别进行，并根据应选董事、监事人数，按照获得的选举票数由多到少的顺序确定当选董事、监事。不采取累积投票方式选举董事、监事的，每位董事、监事候选人应当以单项提案提出。采用累积投票制的公司应当在公司章程里规定实施细则，本所鼓励上市公司通过差额选举的方式选举独立董事。

出席股东大会的股东，对于采用累积投票制的议案，每持有一股即拥有与每个议案组下应选董事或者监事人数相同的选举票数。股东拥有的选举票数，可以集中投给一名候选人，也可以投给数名候选人。股东应当以每个议案组的选举票数为限进行投票。股东所投选举票数超过其拥有的选举票数的，或者在差额选举中投票超过应选人数的，其对该项议案所投的选举票视为无效投票。

持有多个股东账户的股东，可以通过其任一股东账户参加网络投票，其所拥有的选举票数，按照其全部股东账户下的相同类别股份总数为基准计算。除采用累积投票制以外，股东大会对所有提案应当逐项表决。股东或者其代理人在股东大会上不得对互斥提案同时投同意票。公司股东或者其委托代理人在股东大会上投票的，应当对提交表决的议案明确发表同意、反对或者弃权意见。股票名义持有人根据相关规则规定，应当按照所征集的实际持有人对同一议案的不同投票意见行使表决权的除外。

同一表决权通过现场、本所网络投票平台或者其他方式重复进行表决的，以第一次投票结果为准。

## 第一百一十八条 【股东委托代理人】

| 修订前 | 修订后 |
|---|---|
| 第一百零六条　股东可以委托代理人出席股东夫会会议，代理人应当向公司提交股东授权委托书，并在授权范围内行使表决权。 | 第一百一十八条　股东委托代理人出席股东会会议的，**应当明确代理人代理的事项、权限和期限**；代理人应当向公司提交股东授权委托书，并在授权范围内行使表决权。 |

## 【法条注解】

新《公司法》第 118 条规定了股东委托代理人出席股东会会议的权利。股东委托代理人出席股东会会议，是股东行使参与公司治理的权利的一种方式，也是股东的固有权利，即便股东不能亲自到场，通过委托代理人，仍能保持对公司事务的关注和参与。通过委托代理人参与股东会会议，一方面可以解决地理和时间上对股东权利行使的限制；另一方面也有助于提高公司治理的效率，让股东会会议的表决过程更为灵活和便捷。股东在行使委托代理权时，应当提交一份明确的股东授权委托书，包括受托人的姓名、身份证明、被授权的事项、期限和权限范围等关键信息，确保代理人在授权范围内合法有效地进行表决。

## 案 例 指 引

刘某某、某有限公司（以下简称某公司）公司决议撤销纠纷案①

自称陈某 A 代理人的陈某 B，没有依照《公司法》的规定，向股东大会提交出示陈某 A 的授权委托书，向股东大会提交出示另外 23 人的授权委托书。事后也没有补交授权委托书。当日股东大会主持人刘某某，直至

① 本案例为作者根据研究、工作经验，为具体说明相关法律问题，编辑加工而得，为说明相关法条内容的变化，本案设定的案件裁判时间为《民法典》生效之前。

2018 年 8 月另一案开庭时，才第一次看见某公司代理人出示的陈某 A 承认倒签时间的 2012 年 11 月 13 日《特别授权委托书》和另外 23 人的授权委托书。刘某某主张：陈某 A 代表陈某 B 选举投票无效，《民法通则》第 66 条的追认权，不能对抗《公司法》第 106 条对股东大会的专门性规定。陈某 B 代表陈某 A 参加补选董事的选举投票违法，代表另外 23 人参加选举投票违法，违反《公司法》第 106 条的专门性规定，投票选举无效。一审法院适用《民法通则》第 66 条是错误的。《民法通则》不可以对抗《公司法》股东大会的专门性的特别规定。本案不应存在"追认"问题，因为，公司法对股东会有特别规定，召开股东会及内容议程要提前通知到股东，代理行使股东权利的授权委托书要在股东会上提交，选举才有法律效力，不存在事后追认的法定情形。

本案中，股东陈某 A 虽在一审期间到庭称其确实曾于 2012 年 11 月 13 日出具通知不再委托陈某 B 代为管理和行使股东权利并终止陈某 A 的代理权，但其亦明确表示在此后的几个月内就与陈某 B 达成谅解，授权陈某 A 继续代为行使其在某公司的股东权利，但未重新出具书面的授权委托书，其还表示本案中某公司提供的其授权陈某 B 行使股东权利的《特别授权委托书》是其在庭前补签的，并将日期倒签为 2012 年 11 月 13 日，但陈某 A 亦已明确表示，虽然其本人并未参与 2013 年 4 月 26 日召开的股东代表大会，也没有对增补董事事项进行表决，亦不知悉陈某 B 代为行使了投票权，但其对陈某 B 行使表决权的行为予以追认，并表示其意见以陈某 B 的意见为准。对此，《民法通则》第 66 条第 1 款规定："没有代理权、超越代理权或者代理权终止后的行为，只有经过被代理人的追认，被代理人才承担民事责任。未经追认的行为，由行为人承担民事责任。本人知道他人以本人名义实施民事行为而不作否认表示的，视为同意。"此处追认权为形成权，一经追认，即自始有效。现陈某 A 已对陈某 B 代其在 2013 年 4 月 26 日股东代表大会上代为行使投票权予以追认，则陈某 B 的代理行为自始有效。关于陈某 B 代表 23 名股东行使表决权的问题，某公司已提交了 23 名股东的授权委托书予以证实，故陈某 B 亦有权代表 23 名股东行使表决权。

## 【相关规定】

### 《民法典》

第 171 条　行为人没有代理权、超越代理权或者代理权终止后，仍然实施代理行为，未经被代理人追认的，对被代理人不发生效力。

相对人可以催告被代理人自收到通知之日起三十日内予以追认。被代理人未作表示的，视为拒绝追认。行为人实施的行为被追认前，善意相对人有撤销的权利。撤销应当以通知的方式作出。

行为人实施的行为未被追认的，善意相对人有权请求行为人履行债务或者就其受到的损害请求行为人赔偿。但是，赔偿的范围不得超过被代理人追认时相对人所能获得的利益。

相对人知道或者应当知道行为人无权代理的，相对人和行为人按照各自的过错承担责任。

## 第一百一十九条 【会议记录】

| 修订前 | 修订后 |
| --- | --- |
| 第一百零七条 股东大会应当对所议事项的决定作成会议记录，主持人、出席会议的董事应当在会议记录上签名。会议记录应当与出席股东的签名册及代理出席的委托书一并保存。 | 第一百一十九条 股东会应当对所议事项的决定作成会议记录，主持人、出席会议的董事应当在会议记录上签名。会议记录应当与出席股东的签名册及代理出席的委托书一并保存。 |

【法条注解】

新《公司法》第 119 条规定了股东会制定会议记录的义务，旨在确保股东会的决策过程透明、规范，以及具备法律效力和可追溯性。股东会对所讨论事项的决定必须以书面形式作成会议记录，表明股东会会议的所有重要决策、讨论和投票结果等都需要详细记录。会议记录作为重要的法律文件，应当清晰、准确地反映会议的实际情况。会议记录必须由主持人和出席会议的董事签名，这一要求确保了会议记录的真实性和有效性。此外，会议记录应当与出席股东的签名册及代理出席的委托书一并保存，这一规定的目的是保障会议决策的透明度和可追溯性，保存这些文件可以在将来对会议内容进行核实，确保公司治理的合法性和合规性。若股东会未能依照该法条要求作成或保存会议记录，可能会导致会议决定的合法性受到质疑，甚至会导致相关决定无效或被撤销。

# 第三节　董事会、经理

## 第一百二十条　【董事会】

| 修订前 | 修订后 |
| --- | --- |
| ~~第一百零八条~~ 股份有限公司设董事会，~~其成员为五人至十九人。~~<br><br>~~董事会成员中可以有公司职工代表。董事会中的职工代表由公司职工通过职工代表大会、职工大会或者其他形式民主选举产生。~~<br><br>本法第四十五条关于有限责任公司董事任期的规定，适用于股份有限公司董事。<br><br>本法第四十六条关于有限责任公司董事会职权的规定，~~适用于股份有限公司董事会。~~ | 第一百二十条　股份有限公司设董事会，**本法第一百二十八条另有规定的除外。**<br><br>**本法第六十七条、第六十八条第一款、第七十条、第七十一条的**规定，适用于股份有限公司。 |

## 【法条注解】

新《公司法》第 120 条规定了股份有限公司董事会的职权、组成、任期以及解任等事项适用有关有限责任公司董事会的规定。新《公司法》取消了股份有限公司董事会最多 19 人的人数限制，同时将最低 5 人的人数标准降低至 3 人，且其中成员可以有公司职工代表。对于职工人数 300 人以上的股份有限公司，其董事会必须含有公司职工代表，体现了新《公司法》对职工代表地位的强化。董事任期承继了 2018 年《公司法》的规定，但对于董事辞任作出了新的要求，即董事辞任的，应当以书面形式通知公司，公司收到通知之日辞任生效，以防止出现已卸任董事以该公司法定代表人身份对外为表见代表行为，损害公司利益。无因解除董事同样适用于股份有限公司，股东会有权决议解任董事，决议作出之日解任生效，若股东会无正当理由且在该董事任期届满前解任该董事的，该董事可以要求公司予以赔偿，但不能主张解任不发生法律效力。

## 第一百二十一条 【审计委员会】

| 新增条款 | |
| --- | --- |
| | **第一百二十一条** 股份有限公司可以按照公司章程的规定在董事会中设置由董事组成的审计委员会，行使本法规定的监事会的职权，不设监事会或者监事。 审计委员会成员为三名以上，过半数成员不得在公司担任除董事以外的其他职务，且不得与公司存在任何可能影响其独立客观判断的关系。公司董事会成员中的职工代表可以成为审计委员会成员。 审计委员会作出决议，应当经审计委员会成员的过半数通过。 审计委员会决议的表决，应当一人一票。 审计委员会的议事方式和表决程序，除本法有规定的外，由公司章程规定。 公司可以按照公司章程的规定在董事会中设置其他委员会。 |

## 【法条注解】

新《公司法》第 121 条为新增条款，将审计委员会的职权扩大至"监事会的职权"，主要是基于加强公司内部监督的考虑。新《公司法》引入只设董事会的单层治理结构做法，供公司选择。单层治理结构其实就是把部门制衡转换为人对人的制衡。

监事会是股份公司的内部监督机构，最主要的作用就是监督，如检查公司的财务会计活动、检查公司管理人员执行职务时有无违法行为，还可以要求公司董事和经理纠正其损害公司利益的行为。

目前许多公司的监事会制度形同虚设、有名无实，所以新《公司法》

增设的第121条将审计委员会的职权扩大至"监事会的职权"。这意味着董事会中的审计委员会可以担任公司内部的监督工作。出于监督工作的公正性和客观性考虑，审计委员会过半数成员需同时满足两个条件：（1）不得在公司担任除董事外的其他职务；（2）不得与公司存在任何可能影响其独立客观判断的关系。这两个条件的设置是为了保证审计委员会成员行使内部监督职权时能够独立、客观，不受利益因素的影响。而职工代表可以成为审计委员会成员，也是因为职工代表本身就有监督公司工作的职责，成为审计委员会成员可以更好地进行公司内部监督。

新增的第121条除却规定审计委员会职权和相关决议程序，还规定了股份有限公司可以设置董事会的其他特别委员会。专委会的设立和运行，主要是为董事会决策提供专业支持。对于董事会成员较多的企业而言，成立专委会可以提高专业化效率，进而提高董事会决策的科学性。从国内实践来看，设立专委会的国有企业，一般都采取了相对标准化的配置，如设立提名委员会、绩效薪酬委员会、战略与投资委员会等。这一规定充分考虑了不同公司在不同发展阶段的自治需要，是完善中国特色现代企业制度这一精神的延展体现。

## 【相关规定】

### 1.《上市公司治理准则》

第52条　上市公司应当和高级管理人员签订聘任合同，明确双方的权利义务关系。

高级管理人员的聘任和解聘应当履行法定程序，并及时披露。

### 2.《上市公司独立董事管理办法》

第5条　上市公司独立董事占董事会成员的比例不得低于三分之一，且至少包括一名会计专业人士。

上市公司应当在董事会中设置审计委员会。审计委员会成员应当为不在上市公司担任高级管理人员的董事，其中独立董事应当过半数，并由独立董事中会计专业人士担任召集人。

上市公司可以根据需要在董事会中设置提名、薪酬与考核、战略等专门委员会。提名委员会、薪酬与考核委员会中独立董事应当过半数并担任召集人。

**第一百二十二条　【董事会的组成】**

| 修订前 | 修订后 |
|---|---|
| 　　**第一百零九条**　董事会设董事长一人，可以设副董事长。董事长和副董事长由董事会以全体董事的过半数选举产生。<br><br>　　董事长召集和主持董事会会议，检查董事会决议的实施情况。副董事长协助董事长工作，董事长不能履行职务或者不履行职务的，由副董事长履行职务；副董事长不能履行职务或者不履行职务的，由半数以上董事共同推举一名董事履行职务。 | 　　**第一百二十二条**　董事会设董事长一人，可以设副董事长。董事长和副董事长由董事会以全体董事的过半数选举产生。<br><br>　　董事长召集和主持董事会会议，检查董事会决议的实施情况。副董事长协助董事长工作，董事长不能履行职务或者不履行职务的，由副董事长履行职务；副董事长不能履行职务或者不履行职务的，由**过半数的**董事共同推举一名董事履行职务。 |

## 【法条注解】

　　新《公司法》第 122 条规定了董事会的组成。相较于原条文，董事长与副董事长的设立和职务没有变动，但对董事长和副董事长都不履行职务时推举董事履行职务的选举条件进行了修改，弥补了 2018 年《公司法》第 109 条的缺陷。

　　股份有限公司董事会成员为 5 人至 19 人，2018 年《公司法》第 109 条规定在副董事长不能履行职务或不履行职务的情况下，由半数以上董事共同推举一名董事履行职务，其中"半数以上"的表述包含本数。依照原规定，假如董事会成员一共 10 人，只要有 5 位董事共同推举甲，那么就由甲履行职务。但在实践中，出现 5 位董事共同推举甲、另 5 位董事共同推举乙的情况时，2018 年《公司法》第 109 条的适用就有了障碍。

　　新《公司法》第 122 条将"半数以上"修改为"过半数"，解决了上述问题，即只有超过半数的董事共同支持一名董事履行职务，才能确定最终履行董事长职务的人选。公司在比照新《公司法》进行日常三会治理时，应当注意区分"半数以上""过半数"两种表述的区别，避免因对数量理解的偏差导致发生决议不成立等瑕疵情况。

## 【相关规定】

### 1.《民法典》

第 1259 条　民法所称的"以上"、"以下"、"以内"、"届满"，包括本数；所称的"不满"、"超过"、"以外"，不包括本数。

### 2.《立法技术规范（试行）（一）》

第 24 条　规范年龄、期限、尺度、重量等数量关系，涉及以上、以下、以内、不满、超过的规定时，"以上、以下、以内"均含本数，"不满、超过"均不含本数。

## 案例指引

**某能源集团有限公司、物资储备公司确认合同无效纠纷案**[①]

法院生效裁判认为，董事长作为董事会的负责人，对于公司的总体发展、生产经营等承担着重要的职责，因此，参照《公司法》的规定，董事长因故不能履职时，理应通过法定程序让渡权力或者进行改选，而不能通过个人总体概括授权的方式让渡董事长职权。本案中，袁某因被采取监视居住而不能正常履行其董事长及法定代表人职务时，其在未经公司股东会或董事会决议的情况下，向丁某出具《授权委托书》，委托其"代为行使物资储备公司董事长和法定代表人职权、保管公司公章印鉴并依法开展公司经营活动"，系将其公司董事长、法定代表人的职权概括授权给丁某，违反了 2018 年《公司法》上述条文规定，丁某不能因此获得物资储备公司法定代表人及董事长的权限，其代表物资储备公司与某能源集团有限公司签订《债权转让合同》的行为属无权代表，而非物资储备公司的真实意思表示。

---

① 本案例为作者根据研究、工作经验，为具体说明相关法律问题，编辑加工而得。

## 第一百二十三条 【董事会的召开】

| 修订前 | 修订后 |
| --- | --- |
| 第一百一十条 董事会每年度至少召开两次会议，每次会议应当于会议召开十日前通知全体董事和监事。<br><br>代表十分之一以上表决权的股东、三分之一以上董事或者监事会，可以提议召开董事会临时会议。董事长应当自接到提议后十日内，召集和主持董事会会议。<br><br>董事会召开临时会议，可以另定召集董事会的通知方式和通知时限。 | 第一百二十三条 董事会每年度至少召开两次会议，每次会议应当于会议召开十日前通知全体董事和监事。<br><br>代表十分之一以上表决权的股东、三分之一以上董事或者监事会，可以提议召开临时董事会会议。董事长应当自接到提议后十日内，召集和主持董事会会议。<br><br>董事会召开临时会议，可以另定召集董事会的通知方式和通知时限。 |

## 【法条注解】

新《公司法》第 123 条规定了董事会的召开。董事会管理公司的重要经营事务，法律规定每年度至少召开两次董事会以保证公司的正常经营。为保障每一位董事平等的参会权利，董事会的召开必须十日内通知全体董事和监事，给每一位有条件参会的董事预留出合理的时间来准备。

## 案例指引

某股份有限公司、卢某、王某等与公司、证券、保险、票据等有关的民事纠纷案①

根据《公司法》的规定，董事会会议的召集程序存在瑕疵的情况，会导致决议不成立。就本案中董事会会议的召集程序来看，某股份有限公司未能提供董事共同推举文件，没有证据证明履行了上述程序，故不能认定原审第三人王某经推举履行董事长职务并作为合法召集人有权召集董事会。本案中，董事会会议的召开并未通知监事列席会议，亦不符合《公司法》和公司章程的规定。据此，可以说明本案中董事会会议的召集程序存在瑕疵，足以影响本次会议被认定为董事会决议，属于《最高人民法院关

---

① 本案例为作者根据研究、工作经验，为具体说明相关法律问题，编辑加工而得。

于适用〈中华人民共和国公司法〉若干问题的规定（四）》第 5 条第 5 项
规定的"导致决议不成立的其他情形"。

## 第一百二十四条　【董事会的议事规则与会议记录】

| 修订前 | 修订后 |
| --- | --- |
| 　　**第一百一十一条**　董事会会议应有过半数的董事出席方可举行。董事会作出决议，必须经全体董事的过半数通过。<br><br>　　董事会决议的表决，实行一人一票。<br><br>　　**第一百一十二条第二款**　董事会应当对会议所议事项的决定作成会议记录，出席会议的董事应当在会议记录上签名。 | 　　**第一百二十四条**　董事会会议应当有过半数的董事出席方可举行。董事会作出决议，应当经全体董事的过半数通过。<br><br>　　董事会决议的表决，应当一人一票。<br><br>　　董事会应当对所议事项的决定作成会议记录，出席会议的董事应当在会议记录上签名。 |

## 【法条注解】

新《公司法》第 124 条结合了 2018 年《公司法》第 111 条和第 112
条第 2 款，规定了董事会的议事规则和会议记录。

该条前两款规定了董事会会议的举行条件和决议表决，属议事规则。
为保证会议最终体现出大多数董事的意志，董事会会议的举行和决议，均
有全体董事过半数的数量要求。与股东会表决方式不同，董事会全体成员
地位平等，实行"一人一票"。另外，出席会议的董事应当在会议记录上
签名，保证董事会会议记录及董事会决议情况的真实性和效力。

## 【相关规定】

**《最高人民法院关于适用〈中华人民共和国公司法〉若干问题的规定
（四）》**

第 5 条　股东会或者股东大会、董事会决议存在下列情形之一，当事
人主张决议不成立的，人民法院应当予以支持：

（一）公司未召开会议的，但依据公司法第三十七条第二款或者公司
章程规定可以不召开股东会或者股东大会而直接作出决定，并由全体股东
在决定文件上签名、盖章的除外；

（二）会议未对决议事项进行表决的；

（三）出席会议的人数或者股东所持表决权不符合公司法或者公司章程规定的；

（四）会议的表决结果未达到公司法或者公司章程规定的通过比例的；

（五）导致决议不成立的其他情形。

**案 例 指 引**

某农业发展股份有限公司、某股权投资管理合伙企业公司决议纠纷案 [浙江省杭州市中级人民法院（2020）浙01民终1597号]

一审法院认为，会议记录是反映是否成立董事会决议的重要文件，且董事会决议须经全体股东签名。根据公司章程约定的董事会表决程序，董事会由董事长召集，董事会应当对会议所议事项的决定作成会议记录，出席会议董事应当在会议记录上签名。但是，公司仅提交了董事会决议，未能提交会议记录。现有证据不足以证明公司召开了董事会。另外，公司的董事会决议未经全体股东签名，亦不符合董事会决议不成立的除外情形。综上，根据《最高人民法院关于适用〈中华人民共和国公司法〉若干问题的规定（四）》第5条第1项之规定，合伙企业和俞某主张本案董事会决议不成立，依据充分。公司的上诉请求依据不足。

二审法院认为，原审判决认定事实清楚，适用法律正确。

## 第一百二十五条　【董事会的出席与代理出席、责任承担】

| 修订前 | 修订后 |
| --- | --- |
| 第一百一十二条　董事会会议，应由董事本人出席；董事因故不能出席，可以书面委托其他董事代为出席，委托书中应载明授权范围。<br><br>董事会应当对会议所议事项的决定作成会议记录，出席会议的董事应当在会议记录上签名。<br><br>董事应当对董事会的决议承担责任。董事会的决议违反法律、行 | 第一百二十五条　董事会会议，应当由董事本人出席；董事因故不能出席，可以书面委托其他董事代为出席，委托书应当载明授权范围。<br><br>董事应当对董事会的决议承担责任。董事会的决议违反法律、行政法规或者公司章程、股东会决议，给公司造成严重损失的，参与决议的董事对公司负赔偿责任；经 |

续表

| 修订前 | 修订后 |
| --- | --- |
| 政法规或者公司章程、股东大会决议，致使公司遭受严重损失的，参与决议的董事对公司负赔偿责任。但经证明在表决时曾表明异议并记载于会议记录的，该董事可以免除责任。 | 证明在表决时曾表明异议并记载于会议记录的，该董事可以免除责任。 |

## 【法条注解】

新《公司法》第 125 条规定了董事会的出席与代理出席以及董事对董事会决议的责任。

董事会会议决定公司的重要经营管理事务，董事对董事会负责，所以原则上每一位董事都应当出席董事会。董事确有原因不能出席的，不能随意委托他人出席，而是委托董事会中其他董事代为出席，同时要以书面形式（委托书）明确其委托授权的范围。

董事会的决议源于参会董事的共同商定、表决，如果该决议因为违反法律、行政法规或公司章程、股东会决议，给公司造成严重损失，那么参与决议的董事须对公司负赔偿责任。但经证明在表决时曾表明异议并记载于会议记录的，由于已经尽到了勤勉、尽责义务，则可以免除责任。

## 案例指引

陈某诉某管理委员会某监管局、某管理委员会证券管理行政处罚及行政复议案［北京市第二中级人民法院（2017）京 02 行终 1461 号］

法院生效裁判认为，根据 2018 年《公司法》第 112 条第 3 款规定，参与决议的董事应当对董事会的决议承担责任。当董事会的决议违反法律、行政法规或者公司章程、股东大会决议，致使公司遭受严重损失时，参与决议的董事对公司负赔偿责任。但经证明在表决时曾表明异议并记载于会议记录的，该董事可以免除责任。陈某作为独立董事在未披露重大诉讼及担保事件的年度报告上签字，应当承担相应的法律责任。

## 第一百二十六条 【经理及其职权】

| 修订前 | 修订后 |
|---|---|
| 第一百一十三条 股份有限公司设经理，由董事会决定聘任或者解聘。<br>本法第四十九条关于有限责任公司经理职权的规定，适用于股份有限公司经理。 | 第一百二十六条 股份有限公司设经理，由董事会决定聘任或者解聘。<br>经理对董事会负责，根据公司章程的规定或者董事会的授权行使职权。经理列席董事会会议。 |

### 【法条注解】

新《公司法》第 126 条明确了股份有限公司中经理的设立及职权问题。本次修改删除了 2018 年《公司法》第 49 条关于经理的职权范围规定，改由公司根据实际情况自行在章程中约定，或者由董事（会）授权行使，职权更加灵活、自由，但为了组织有效运行，经理职权需要进一步明确细化。经理作为公司经营决策的执行者，直接由作出公司经营计划的董事会聘任或者解聘，直接对董事会负责，根据公司章程的规定或者董事会的授权行使职权，并列席董事会会议，便于公司决策执行。

## 第一百二十七条 【董事会成员兼任经理】

| 修订前 | 修订后 |
|---|---|
| 第一百一十四条 公司董事会可以决定由董事会成员兼任经理。 | 第一百二十七条 公司董事会可以决定由董事会成员兼任经理。 |

### 【法条注解】

《公司法》第 127 条规定了董事会成员兼任经理。董事会决定公司的经营事项，经理代表的管理层是公司实际经营管理的执行者，公司董事会可以决定董事会成员兼任经理，以更好地执行董事会决定的经营计划。

## 第一百二十八条 【不设董事会】

| 新增条款 | |
| --- | --- |
| | **第一百二十八条** 规模较小或者股东人数较少的股份有限公司，可以不设董事会，设一名董事，行使本法规定的董事会的职权。该董事可以兼任公司经理。 |

### 【法条注解】

新《公司法》第128条为新增条款，规定了股份有限公司不设立董事会的情形。目的在于使规模较小或股东人数较少的股份有限公司可以简化公司组织结构设置，从而节省公司设立和运营成本，提高决策效率，更好地实现公司自治。

新《公司法》将针对有限责任公司的规范扩大至股份有限公司，增加了"股东人数较少"的情况，取消了两名董事的规定，即规模较小或股东人数较少的股份有限公司可以只设一名董事行使董事会的职权，并且该董事可以兼任公司经理。

## 第一百二十九条 【定期披露高级职员报酬】

| 修订前 | 修订后 |
| --- | --- |
| **第一百一十六条** 公司应当定期向股东披露董事、监事、高级管理人员从公司获得报酬的情况。 | **第一百二十九条** 公司应当定期向股东披露董事、监事、高级管理人员从公司获得报酬的情况。 |

### 【法条注解】

新《公司法》第129条是关于保护股东知情权的细化规定。除《公司法》第110条规定的内容外，股份有限公司的股东还对董事、监事、高级管理人员从公司所获报酬享有知情权。

# 第四节   监 事 会

### 第一百三十条   【监事会的组成及任期】

| 修订前 | 修订后 |
| --- | --- |
| 　　第一百一十七条　股份有限公司设监事会，其成员不得少于三人。<br>　　监事会应当包括股东代表和适当比例的公司职工代表，其中职工代表的比例不得低于三分之一，具体比例由公司章程规定。监事会中的职工代表由公司职工通过职工代表大会、职工大会或者其他形式民主选举产生。<br>　　监事会设主席一人，可以设副主席。监事会主席和副主席由全体监事过半数选举产生。监事会主席召集和主持监事会会议；监事会主席不能履行职务或者不履行职务的，由监事会副主席召集和主持监事会会议；监事会副主席不能履行职务或者不履行职务的，由半数以上监事共同推举一名监事召集和主持监事会会议。<br>　　董事、高级管理人员不得兼任监事。<br>　　本法第五十二条关于有限责任公司监事任期的规定，适用于股份有限公司监事。 | 　　第一百三十条　股份有限公司设监事会，**本法第一百二十一条第一款、第一百三十三条另有规定的除外。**<br>　　**监事会成员为三人以上。监事会成员**应当包括股东代表和适当比例的公司职工代表，其中职工代表的比例不得低于三分之一，具体比例由公司章程规定。监事会中的职工代表由公司职工通过职工代表大会、职工大会或者其他形式民主选举产生。<br>　　监事会设主席一人，可以设副主席。监事会主席和副主席由全体监事过半数选举产生。监事会主席召集和主持监事会会议；监事会主席不能履行职务或者不履行职务的，由监事会副主席召集和主持监事会会议；监事会副主席不能履行职务或者不履行职务的，由**过半数的**监事共同推举一名监事召集和主持监事会会议。<br>　　董事、高级管理人员不得兼任监事。<br>　　本法**第七十七条**关于有限责任公司监事任期的规定，适用于股份有限公司监事。 |

## 【法条注解】

　　新《公司法》第 130 条是对股份有限公司的监事会构成以及任期的规定。监事会的构成与选举需满足一定条件，应当有股东代表和一定比例的职工代表，任期与有限责任公司规定一致。此次新《公司法》增加了"审计委员会"的规定，对公司内部监事会的设置更加灵活，若股份有限公司在公司章程中规定在董事会中设置由董事组成的审计委员会，则无须设立监事会或监事。另外将"半数以上"的表述改为"过半数"，不包含半数，应对监事会人数是偶数的情形，同时也是为了全文表述的统一。

## 【相关规定】

### 《上市公司治理准则》

　　第 45 条　监事会的人员和结构应当确保监事会能够独立有效地履行职责。监事应当具有相应的专业知识或者工作经验，具备有效履职能力。上市公司董事、高级管理人员不得兼任监事。

　　上市公司可以依照公司章程的规定设立外部监事。

## 第一百三十一条　【监事会职权】

| 修订前 | 修订后 |
| --- | --- |
| 　　**第一百一十八条**　本法第五十三条、第五十四条关于有限责任公司监事会职权的规定，适用于股份有限公司监事会。<br>　　监事会行使职权所必需的费用，由公司承担。 | 　　**第一百三十一条**　本法第七十八条至第八十条的规定，适用于股份有限公司监事会。<br>　　监事会行使职权所必需的费用，由公司承担。 |

## 【法条注解】

　　新《公司法》第 131 条是对股份有限公司的监事会职权的规定，与有限责任公司一致。监事会应当检查公司债务，发现公司经营情况异常时可以进行调查，同时需对董事、高管进行监督，必要时可以提起诉讼，向股东会提案等。

## 【相关规定】

《上市公司治理准则》

第46条　监事有权了解公司经营情况。上市公司应当采取措施保障监事的知情权，为监事正常履行职责提供必要的协助，任何人不得干预、阻挠。监事履行职责所需的有关费用由公司承担。

第47条　监事会依法检查公司财务，监督董事、高级管理人员履职的合法合规性，行使公司章程规定的其他职权，维护上市公司及股东的合法权益。监事会可以独立聘请中介机构提供专业意见。

## 第一百三十二条　【监事会议事规则】

| 修订前 | 修订后 |
| --- | --- |
| 第一百一十九条　监事会每六个月至少召开一次会议。监事可以提议召开临时监事会会议。<br><br>监事会的议事方式和表决程序，除本法有规定的外，由公司章程规定。<br><br>监事会决议应当经半数以上监事通过。<br><br>监事会应当对所议事项的决定作成会议记录，出席会议的监事应当在会议记录上签名。 | 第一百三十二条　监事会每六个月至少召开一次会议。监事可以提议召开临时监事会会议。<br><br>监事会的议事方式和表决程序，除本法有规定的外，由公司章程规定。<br><br>监事会决议应当经**全体监事的过半数通过**。<br><br>**监事会决议的表决，应当一人一票**。<br><br>监事会应当对所议事项的决定作成会议记录，出席会议的监事应当在会议记录上签名。 |

## 【法条注解】

新《公司法》第132条是对股份有限公司的监事会议事规则的规定。股份有限公司监事会应当每六个月召开一次会议，同时规定了监事会的议事方式和表决程序。本条在2018年《公司法》的基础上，将"半数以上"的表述改为"过半数"，不包含半数，应对监事会人数可能是偶数的情形，过半数的表述更加严谨。另外增加了决议应当以一人一票的方式表决，意义在于更好地落实监事会的民主管理。

## 【相关规定】

**《上市公司治理准则》**

第44条　监事选任程序、监事会议事规则制定、监事会会议参照本准则对董事、董事会的有关规定执行。职工监事依照法律法规选举产生。

## 案例指引

某制药集团股份有限公司与张某公司决议纠纷案［临沂市中级人民法院（2019）鲁13民终7107号］

生效裁判认为，根据2018年《公司法》第53条的规定，监事会行使下列职权……对董事、高级管理人员执行公司职务的行为进行监督，对违反法律、行政法规、公司章程或者股东会决议的董事、高级管理人员提出罢免建议……公司章程规定的其他职权。某制药集团股份有限公司的章程第47条、第59条、第70条均对董事会职权、经理职权、监事会职权作出了与2018年《公司法》相一致的规定。根据上述法律规定及章程规定，解聘公司的副经理、财务负责人应当由公司经理向董事会提出建议，由董事会作出决定；监事在行使监督权的过程中也可以提出罢免建议，由董事会决定。本案中，被告仅提交了监事会的罢免建议，但未经董事会研究就作出了《免职决定》，据此免去三原告及第三人张某的集团公司副总经理职务、王某兼任的总会计师职务，违反了公司法及公司章程的规定，该决定应属无效。综上，原告要求确认董事会决议不存在、免职决定无效，理由正当，应予支持。

## 第一百三十三条　【一人监事】

| 新增条款 | |
| --- | --- |
| | 第一百三十三条　规模较小或者股东人数较少的股份有限公司，可以不设监事会，设一名监事，行使本法规定的监事会的职权。 |

**【法条注解】**

新《公司法》第 133 条是对股份有限公司一人监事的规定，是本次修订的新增法条，明确了规模较小的股份有限公司或者股东人数较少的股份有限公司也可以不设监事会，直接由一名监事行使监事会职权。意义在于能够更好地兼顾实践中股份有限公司的经营实际。

**【相关规定】**

《公司法》

第 83 条　规模较小或者股东人数较少的有限责任公司，可以不设监事会，设一名监事，行使本法规定的监事会的职权；经全体股东一致同意，也可以不设监事。

## 第五节　上市公司组织机构的特别规定

### 第一百三十四条　【上市公司定义】

| 修订前 | 修订后 |
| --- | --- |
| 　　**第一百二十条**　本法所称上市公司，是指其股票在证券交易所上市交易的股份有限公司。 | 　　**第一百三十四条**　本法所称上市公司，是指其股票在证券交易所上市交易的股份有限公司。 |

**【法条注解】**

新《公司法》第 134 条规制了上市公司的定义。上市公司属于股份有限公司的一种特殊形式，股份有限公司股票公开发行并且股票上市依照有关法律法规及证券交易所的规定进行，即通过向证券交易所申请、批准同意并与证券交易所签订上市协议，股份有限公司的股票才能够上市交易。我们经常看到的 IPO（首次公开募股 Initial Public Offerings）即为狭义的上市，指企业通过证券交易所首次公开向投资者增发股票，以期募集用于企业发展资金的过程。

## 案例指引

曾某与某电池新技术股份有限公司与公司有关的纠纷案 [广州市高级人民法院（2019）粤民申 10840 号]

法院生效裁判认为，曾某辩称某电池新技术股份有限公司于 2016 年 5 月在全国中小企业股份转让系统（"新三板"）挂牌，属于各方当事人所理解的"上市"，且上述《股权激励管理规定》已经终止执行。对此，本院认为：第一，某电池新技术股份有限公司企业类型为非上市的股份有限公司，其性质为非上市公众公司，"新三板挂牌"显然并非我国《公司法》概念上的"上市"，一审法院对此论述正确，故本院无法直接确认《股权激励管理规定》因某电池新技术股份有限公司"上市"而自然终止执行。第二，在"新三板挂牌"与"上市"概念有别的情况下，则应考察某电池新技术股份有限公司在挂牌时是否因公司及股东将"新三板挂牌"理解为"上市"从而协议终止执行《股权激励管理规定》并无证据足以证实各方已经结束执行《股权激励管理规定》，公司不再对股份予以回购进行表决或达成协议，曾某辩称《股权激励管理规定》已经终止缺乏充分证据予以证明。再审法院认为二审法院认定事实清楚，法律适用正确，驳回曾某的再审申请。

## 第一百三十五条　【上市公司特别事项的通过】

| 修订前 | 修订后 |
| --- | --- |
| **第一百二十一条**　上市公司在一年内购买、出售重大资产或者担保金额超过公司资产总额百分之三十的，应当由股东夫会作出决议，并经出席会议的股东所持表决权的三分之二以上通过。 | **第一百三十五条**　上市公司在一年内购买、出售重大资产或者向**他人提供担保的**金额超过公司资产总额百分之三十的，应当由股东会作出决议，并经出席会议的股东所持表决权的三分之二以上通过。 |

## 【法条注解】

新《公司法》第 135 条是对上市公司特别事项通过的有关规定。上市公司除遵循股份有限公司三分之二决的事项（修改公司章程、增资、减资、公司合并/分立/解散和变更公司形式的决议）外，还应当遵循本条的特殊规定。另外，本条新增"向他人提供"的规定，目的是与"母公司向子公司或者关联公司提供担保"的情形相区别，此种情形下资产不应同向他人担保的资产以相同方法计算。

## 【相关规定】

1. 《上市公司监管指引第 8 号——上市公司资金往来、对外担保的监管要求》

第 9 条　应由股东大会审批的对外担保，必须经董事会审议通过后，方可提交股东大会审批。须经股东大会审批的对外担保，包括但不限于下列情形：

（一）上市公司及其控股子公司的对外担保总额，超过最近一期经审计净资产百分之五十以后提供的任何担保；

（二）为资产负债率超过百分之七十的担保对象提供的担保；

（三）单笔担保额超过最近一期经审计净资产百分之十的担保；

（四）对股东、实际控制人及其关联方提供的担保。

股东大会在审议为股东、实际控制人及其关联方提供的担保议案时，该股东或者受该实际控制人支配的股东，不得参与该项表决，该项表决由出席股东大会的其他股东所持表决权的半数以上通过。

2. 《上市公司章程指引》

第 78 条　下列事项由股东大会以特别决议通过：

（一）公司增加或者减少注册资本；

（二）公司的分立、分拆、合并、解散和清算；

（三）本章程的修改；

（四）公司在一年内购买、出售重大资产或者担保金额超过公司最近一期经审计总资产百分之三十的；

（五）股权激励计划；

（六）法律、行政法规或本章程规定的，以及股东大会以普通决议认定会对公司产生重大影响的、需要以特别决议通过的其他事项。

## 案例指引

某（深圳）商业保理有限公司诉南方某股份有限公司及北京某有限公司、北京某科技有限公司、杨某、麦某民间借贷纠纷案 [深圳市中级人民法院（2019）粤03民终29752号]

本案中，北京某有限公司章程规定的对外担保决议机构为股东大会，董事会在股东大会的授权范围内，决定对外担保事项。而某（深圳）商业保理有限公司提供的有关北京某有限公司的《股东大会决议》《董事会决议》存在以下几个问题：第一，两份决议均未载明会议召开的日期、参加会议的成员以及会议表决情况，也无落款日期。第二，涉案董事会决议中，落有"仇某"的名字，但在2018年2月，其并非北京某有限公司的董事，同时在涉案股东会决议中，落有"崔某、王某、常某、谢某、胡某"的名字，但2018年2月该五人并非北京某有限公司的股东。第三，北京某有限公司系上市公司，根据深交所和上交所的交易规则，上市公司所有为他人提供担保的事项，都必须公开披露。债权人根据上市公司公开披露的关于担保事项已经董事会或者股东大会决议通过的信息签订的担保合同，才会被认定有效。本案中，某（深圳）商业保理有限公司应当清楚北京某有限公司对外提供担保必须经过公司有权机构进行决议并作出规范的会议决议文件，同时对外披露相关担保决议事项。但某（深圳）商业保理有限公司并没有严格审查，具有过错，不属于善意相对人。而北京某有限公司法定代表人在签订《保证合同》时，没有经过相关机构决议授权，违规代表公司为他人提供担保，其行为系越权担保。根据以上的事实分析和法律认定，作为债权人的某（深圳）商业保理有限公司属于明知或者应当知道，且之后北京某有限公司对上述担保行为也不予追认，根据《公司法》第171条第1款的规定，涉案的担保行为对北京某有限公司不发生法律效力，北京某有限公司无须承担担保责任。原审法院对此认定正确，本院予以维持。

## 第一百三十六条 【独立董事】

| 修订前 | 修订后 |
| --- | --- |
| 第一百二十二条 上市公司设独立董事，具体办法由国务院规定。 | 第一百三十六条 上市公司设独立董事，具体管理办法由国务院证券监督管理机构规定。<br>上市公司的公司章程除载明本法第九十五条规定的事项外，还应当依照法律、行政法规的规定载明董事会专门委员会的组成、职权以及董事、监事、高级管理人员薪酬考核机制等事项。 |

**【法条注解】**

新《公司法》第136条是对上市公司独立董事的有关规定。独立董事是指不在上市公司担任除董事外的其他职务的董事，与其所受聘的上市公司及其主要股东、实际控制人不存在直接或者间接利害关系，或者其他可能影响其进行独立客观判断关系。本条将原本的由国务院规定具体办法改为由国务院证券监督管理机构规定，而证监会已于2023年7月28日审议通过《上市公司独立董事管理办法》，详细规范上市公司独立董事的有关制度。本条新增第2款，对上市公司章程中有关董监高的内容提出更加细致的要求，以符合上市公司治理要求，提高上市公司质量。

**【相关规定】**

**《上市公司独立董事管理办法》**

第4条 上市公司应当建立独立董事制度。独立董事制度应当符合法律、行政法规、中国证监会规定和证券交易所业务规则的规定，有利于上市公司的持续规范发展，不得损害上市公司利益。上市公司应当为独立董事依法履职提供必要保障。

第17条 独立董事履行下列职责：

（一）参与董事会决策并对所议事项发表明确意见；

（二）对本办法第二十三条、第二十六条、第二十七条和第二十八条所列上市公司与其控股股东、实际控制人、董事、高级管理人员之间的潜在重大利益冲突事项进行监督，促使董事会决策符合上市公司整体利益，保护中小股东合法权益；

（三）对上市公司经营发展提供专业、客观的建议，促进提升董事会决策水平；

（四）法律、行政法规、中国证监会规定和公司章程规定的其他职责。

**案例指引**

顾某、黄某等 55326 名投资者诉某药业股份有限公司证券虚假陈述责任纠纷案 [广州市中级人民法院（2020）粤 01 民初 2171 号]

法院生效裁判认为，虽然某药业股份有限公司的 5 名独立董事并不具体分管财务工作，但某药业股份有限公司财务造假持续时间长、涉及会计科目多、数额非常巨大，其作为董事不可能没有发现蛛丝马迹。因此，虽然前述被告作为董事并未直接参与财务造假，却未勤勉尽责，存在较大过失，且均在案涉定期财务报告中签字，保证财务报告真实、准确、完整，所以前述被告是某药业股份有限公司信息披露违法行为的其他直接责任人员。因此，江某、李某、张某为兼职的独立董事，不参与某药业股份有限公司的日常经营管理，过失相对较小，本院酌情判令其在投资者损失的 10% 范围内承担连带赔偿责任；郭某、张某为兼职的独立董事，过失相对较小，且仅在《2018 年半年度报告》中签字，本院酌情判令其在投资者损失的 5% 范围内承担连带赔偿责任。

## 第一百三十七条　【审计委员会过半数通过事项】

| 新增条款 | |
|---|---|
| | 第一百三十七条　上市公司在董事会中设置审计委员会的，董事会对下列事项作出决议前应当经审计委员会全体成员过半数通过：<br>（一）聘用、解聘承办公司审计业务的会计师事务所；<br>（二）聘任、解聘财务负责人；<br>（三）披露财务会计报告；<br>（四）国务院证券监督管理机构规定的其他事项。 |

## 【法条注解】

新《公司法》第 137 条是对审计委员会过半数同意的事项的有关规定。新《公司法》将审计委员会的监督职权聚焦于财务会计监督，系立法者对审计委员会监督效用进行理性定位后的职权配置，将审计委员会作为公司治理财务层面沟通、监督、核查内外部审计的重要机构，也是引导证券市场健康发展的重要角色。因此，本条对涉及审计、财务等相关事项明确和规范化，能够更好地发挥审计委员会的功能与作用，同时由于审计委员会是上市公司董事会内部的一个机构，由更具备专业性的审计委员会处理有关财务方面的内容，能够帮助董事会更好地经营决策。

## 【相关规定】

### 《上市公司独立董事管理办法》

第 26 条第 1 款　上市公司董事会审计委员会负责审核公司财务信息及其披露、监督及评估内外部审计工作和内部控制，下列事项应当经审计委员会全体成员过半数同意后，提交董事会审议：

（一）披露财务会计报告及定期报告中的财务信息、内部控制评价报告；

（二）聘用或者解聘承办上市公司审计业务的会计师事务所；

（三）聘任或者解聘上市公司财务负责人；

（四）因会计准则变更以外的原因作出会计政策、会计估计变更或者重大会计差错更正；

（五）法律、行政法规、中国证监会规定和公司章程规定的其他事项。

## 第一百三十八条　【董事会秘书】

| 修订前 | 修订后 |
| --- | --- |
| 第一百二十三条　上市公司设董事会秘书，负责公司股东大会和董事会会议的筹备、文件保管以及公司股东资料的管理，办理信息披露事务等事宜。 | 第一百三十八条　上市公司设董事会秘书，负责公司股东会和董事会会议的筹备、文件保管以及公司股东资料的管理，办理信息披露事务等事宜。 |

## 【法条注解】

新《公司法》第 138 条是对上市公司董事会秘书的有关规定。上市公司应当设立董事会秘书，负责上市公司的股权事务管理、公司治理、股权投资、筹备股东会和董事会等事宜。本条延续了 2018 年《公司法》的有关规定。上市公司董事会秘书属于公司的高级管理人员，拥有参会权、查阅相关文件、了解公司的财务经营状况等职权，同时也承担法律、行政法规以及公司章程对公司高级管理人员所要求的义务。再就外部治理而言，董事会秘书作为公司机关，代表公司与公司登记机关和监督机关进行沟通，使得与公司相关主体的知情权得以保障。

## 【相关规定】

### 1.《上市公司信息披露管理办法》

第 38 条　董事会秘书负责组织和协调公司信息披露事务，汇集上市公司应予披露的信息并报告董事会，持续关注媒体对公司的报道并主动求证报道的真实情况。董事会秘书有权参加股东大会、董事会会议、监事会会议和高级管理人员相关会议，有权了解公司的财务和经营情况，查阅涉及信息披露事宜的所有文件。董事会秘书负责办理上市公司信息对外公布等相关事宜。

上市公司应当为董事会秘书履行职责提供便利条件，财务负责人应当配合董事会秘书在财务信息披露方面的相关工作。

### 2.《上市公司治理准则》

第 28 条　上市公司设董事会秘书，负责公司股东大会和董事会会议的筹备及文件保管、公司股东资料的管理、办理信息披露事务、投资者关系工作等事宜。

董事会秘书作为上市公司高级管理人员，为履行职责有权参加相关会议，查阅有关文件，了解公司的财务和经营等情况。董事会及其他高级管理人员应当支持董事会秘书的工作。任何机构及个人不得干预董事会秘书的正常履职行为。

## 第一百三十九条 【上市公司关联董事对关联事项的报告义务】

| 修订前 | 修订后 |
| --- | --- |
| **第一百二十四条** 上市公司董事与董事会会议决议事项所涉及的企业有关联关系的，不得对该项决议行使表决权，也不得代理其他董事行使表决权。该董事会会议由过半数的无关联关系董事出席即可举行，董事会会议所作决议须经无关联关系董事过半数通过。出席董事会的无关联关系董事人数不足三人的，应将该事项提交上市公司股东大会审议。 | **第一百三十九条** 上市公司董事与董事会会议决议事项所涉及的企业**或者个人**有关联关系的，**该董事应当及时向董事会书面报告。有关联关系的董事**不得对该项决议行使表决权，也不得代理其他董事行使表决权。该董事会会议由过半数的无关联关系董事出席即可举行，董事会会议所作决议须经无关联关系董事过半数通过。出席董事会会议的无关联关系董事人数不足三人的，**应当**将该事项提交上市公司**股东会审议。** |

## 【法条注解】

新《公司法》第 139 条表达了关联关系董事对董事会会议决议不得行使表决权。本条在原来的基础上新增了"上市公司关联董事对关联事项的报告义务"。上市公司作为公众公司，股东中包含大量不特定自然人，也就是中小股民投资者，这部分投资者与上市公司、持股机构相比，在信息获取、资源调用、专业知识等方面天然处于劣势地位，因此为了保护此类投资者，就要对上市公司的关联交易作出严格限制，此次新增关联董事对关联事项的报告义务有利于进一步强化对投资者利益的保护。

### 案例指引

李某与建材经销公司等股权转让纠纷案［北京市第三中级人民法院 (2020) 京 03 民终 709 号］

法院生效裁判认为，关联股东回避表决制度，是指与股东会表决事项存在关联关系的股东不得参与该事项的表决，其意义在于防止控股股东滥用资本多数决规则，损害公司及中小股东利益。域外公司法对关联股东回避表决制度多有规定,《公司法》未明确规定有限责任公司股东应对全部关联事项回避表决,但 2018 年《公司法》第 16 条规定,公司为公司股东或者实际控制人提供担保的,必须经股东会或者股东大会决议;该股东或者受该实际控制人支配的股东,不得参加该事项的表决;该项表决由出席会议的其他股东所持表决权的过半数通过。此外,2018 年《公司法》第 124 条规定,上市公司董事就关联交易应全面回避:“上市公司董事与董事会会议决议事项所涉及的企业有关联关系的,不得对该项决议行使表决权,也不得代理其他董事行使表决权。该董事会会议由过半数的无关联关系董事出席即可举行,董事会会议所作决议须经无关联关系董事过半数通过。出席董事会的无关联关系董事人数不足三人的,应将该事项提交上市公司股东大会审议。”根据前述《公司法》的规定、关联股东回避表决制度的立法目的,同时考虑控股股东对公司、小股东的诚信义务及法律体系解释方法,法院认为,与股东会决议有关联关系的股东应当回避表决。本案中,2019 年 4 月 2 日临时股东会决议第 1 项内容为“同意该建材经销公司将拥有的太某公司的实物出资 50 万元、货币出资 200 万元以 200 万元的价格转让给林某。同时确认 2013 年 1 月 28 日建材经销公司与李某签订的《股权转让协议》是有效的”,系涉及建材经销公司与作为该公司的股东和法定代表人李某签订的《股权转让协议》效力的确定,而李某作为关联交易方及控股股东,对股东会决议通过与否有决定性影响,故不应对该项决议行使表决权。

## 第一百四十条　【信息披露】

| 新增条款 | |
|---|---|
| | **第一百四十条**　上市公司应当依法披露股东、实际控制人的信息,相关信息应当真实、准确、完整。<br>　　禁止违反法律、行政法规的规定代持上市公司股票。 |

## 【法条注解】

新《公司法》第 140 条为新增条款,新增了上市公司披露股东和实际控制人信息的义务,以及禁止违反法律、行政法规代持上市公司股票的规定。该条文在立法时着重参考了《上市公司信息披露管理办法》第 27 条、《证券法》第 78 条第 2 款对信息披露义务的相关规定。其意义在于避免实际控制人实施不正当的关联交易来损害公司及债权人的合法利益，破坏证券市场的交易规范。

## 【相关规定】

### 1.《上市公司信息披露管理办法》

第 27 条　涉及上市公司的收购、合并、分立、发行股份、回购股份等行为导致上市公司股本总额、股东、实际控制人等发生重大变化的，信息披露义务人应当依法履行报告、公告义务，披露权益变动情况。

### 2.《证券法》

第 78 条第 2 款　信息披露义务人披露的信息，应当真实、准确、完整，简明清晰，通俗易懂，不得有虚假记载、误导性陈述或者重大遗漏。

## 案例指引

集团股份有限公司与胡某等证券虚假陈述责任纠纷案［北京市高级人民法院（2021）京民终 955 号］

某集团股份有限公司为上市公司，方某集团是集团股份有限公司的第一大股东，同时方某集团也是武汉某馨和武汉某赐的实际控制人，集团股份有限公司与武汉某馨和武汉某赐因同受方某集团控制而存在关联关系。根据《证券法》第 78 条第 1 款、第 2 款的规定，发行人及法律、行政法规和国务院证券监督管理机构规定的其他信息披露义务人，应当及时依法履行信息披露义务。信息披露义务人披露的信息，应当真实、准确、完整，简明清晰，通俗易懂，不得有虚假记载、误导性陈述或者重大遗漏。但集团股份有限公司在其 2013 年 4 月 27 日发布的《2012 年年度报告》中未按规定履行信息披露义务，未披露其与武汉某馨和武汉某赐间的关联交易，一审法院认为 2013 年 4 月 27 日即为本案的虚假陈述实施日。二审法院认可一审法院查明的该事实。

## 第一百四十一条　【交叉持股的限制】

| 新增条款 | |
|---|---|
| | 　　**第一百四十一条**　上市公司控股子公司不得取得该上市公司的股份。<br>　　上市公司控股子公司因公司合并、质权行使等原因持有上市公司股份的，不得行使所持股份对应的表决权，并应当及时处分相关上市公司股份。 |

### 【法条注解】

新《公司法》第141条为新增条款，新增禁止上市公司控股子公司取得该上市公司的股份以及控股子公司因特定原因持股的处置规则。其意义在于：避免产生"资本空洞化"或"虚增资本"的负面效应，影响真实偿债能力，威胁债权人利益；有利于规制上市公司经营管理层利用交叉持股架空公司股东权利进而实现对公司内部绝对控制的行为，保障公司内外部的有效治理，维护公司治理结构；交叉持股公司之间有外人无法知悉的信息优势，容易引起证券市场的内幕交易，并且为稳定经营支配权，交叉持股企业经常长期持有而不在市场上买卖，严重者将会造成市场上筹码不足，影响市场正常供需秩序，因此限制交叉持股有利于维护证券市场正常的交易秩序。

### 【相关规定】

1. 《北京证券交易所股票上市规则（试行）》

第4.1.12条第3款　上市公司控股子公司不得取得该上市公司的股份。确因特殊原因持有股份的，应当在1年内依法消除该情形。前述情形消除前，相关子公司不得行使所持股份对应的表决权，且该部分股份不计入出席股东大会有表决权的股份总数。

2. 《上海证券交易所股票上市规则》

第3.4.15条　上市公司控股子公司不得取得该上市公司发行的股份。确因特殊原因持有股份的，应当在1年内消除该情形。前述情形消除前，相关子公司不得行使所持股份对应的表决权。

### 3.《深圳证券交易所股票上市规则》

第3.4.15条　上市公司控股子公司不得取得该上市公司发行的股份。确因特殊原因持有股份的，应当在一年内消除该情形，在消除前，上市公司控股子公司不得对其持有的股份行使表决权。

# 第六章　股份有限公司的股份发行和转让

## 第一节　股份发行

### 第一百四十二条　【无面额股】

| 修订前 | 修订后 |
| --- | --- |
| 　　**第一百二十五条第一款**　股份有限公司的资本划分为股份，每一股的金额相等。 | 　　**第一百四十二条**　公司的资本划分为股份。公司的全部股份，根据公司章程的规定择一采用面额股或者无面额股。采用面额股的，每一股的金额相等。<br>　　公司可以根据公司章程的规定将已发行的面额股全部转换为无面额股或者将无面额股全部转换为面额股。<br>　　采用无面额股的，应当将发行股份所得股款的二分之一以上计入注册资本。 |

【法条注解】

　　新《公司法》第 142 条对无面额股的内容进行了系统的规定，主要内容有：公司章程可以自由选择采用面额股还是无面额股；公司章程还可以自行决定面额股和无面额股的相互转换；发行无面额股时应将所得股款的一半以上计入注册资本。传统观点认为，面额股对保护债权人、维护股东平等、吸引投资人具有积极作用，但在公司实际运行过程中，当公司经营状况欠佳且缺少流动资金时，股票价值早已低于票面价值，如果允许折价发行那么公司实收股本总额就会低于其注册资本，影响资本充实，进而可能损害公司债权人的利益。因此，本次新《公司法》修订引入了无面额股的规定，其意义在于：能够反映公司股票的真实价格，避免潜在投资者和公司债权人对公司的真实财产和信用状况产生误解；无面额股能够赋予陷入经营困境的公司较大的股票定价空间，缓解股票价值低于面额时公司的筹资难题；方便股份拆分和合并，既有利于促进公司重组和融资，也有利于创始人保持对公司控制权的机制安排，还有利于实施员工股权激励计划。

## 案例指引

珠宝股份有限公司与文化发展股份有限公司股东资格确认纠纷上诉案
[最高人民法院（2020）最高法民终 1178 号]

一审法院认为，本案的争议焦点之一在于文化发展股份有限公司是否具有珠宝股份有限公司的股东资格。文化发展股份有限公司根据协议约定认购珠宝股份有限公司定向发行的 93670000 股股份，并交纳了全部认购款，但认购股份未在中国结算进行登记，该文化发展公司请求确认其不具备珠宝股份有限公司的股东资格，而珠宝股份有限公司则主张文化发展股份有限公司具有股东资格。根据 2018 年《公司法》第 125 条规定，股份有限公司的资本划分为股份，每一股的金额相等。公司的股份采取股票的形式。股票是公司签发的证明股东所持股份的凭证。第 128 条第 1 款规定，股票采用纸面形式或者国务院证券监督管理机构规定的其他形式。股票应当载明下列主要事项：（1）公司名称；（2）公司成立日期；（3）股票种类、票面金额及代表的股份数；（4）股票的编号。第 129 条规定，公司发行的股票，可以为记名股票，也可以为无记名股票。公司向发起人、法人发行的股票，应当为记名股票，并应当记载该发起人、法人的名称或者姓名，不得另立户名或者以代表人姓名记名。第 130 条第 1 款规定，公司发行记名股票的，应当置备股东名册，记载下列事项：（1）股东的姓名或者名称及住所；（2）各股东所持股份数；（3）各股东所持股票的编号；（4）各股东取得股份的日期。第 136 条规定，公司发行新股募足股款后，必须向公司登记机关办理变更登记，并公告。根据上述规定，股份有限公司有为股东签发股票、置备股东名册的义务，股票是股东持有公司股份的凭证。股东取得完整无瑕疵的股东资格和股东权利，需要符合出资等实质要件和对股东出资的登记、证明等形式要件。投资人向公司认购股份后，具备了成为公司股东的实质要件，但股东权利和股东资格的取得还要经过一定外在形式予以公示，公示以后才能确保权利的顺利行使。北京某文化发展股份有限公司虽然支付了股份认购款，但是认购股份未进行登记公示，不能享有完整的股东权利。最终一审法院支持了文化发展股份有限公司确认其不具有股东资格的请求。二审法院同样认为文化发展股份有限公司不具有珠宝股份有限公司的股东资格。

## 第一百四十三条　【股份发行】

| 修订前 | 修订后 |
| --- | --- |
| 　　**第一百二十六条**　股份的发行，实行公平、公正的原则，同种类的每一股份应当具有同等权利。<br>　　同次发行的同种类股票，每股的发行条件和价格应当相同；任何单位或者个人所认购的股份，每股应当支付相同价额。 | 　　**第一百四十三条**　股份的发行，实行公平、公正的原则，同**类别**的每一股份应当具有同等权利。<br>　　同次发行的同**类别股份**，每股的发行条件和价格应当相同；**认购人所认购的股份**，每股应当支付相同价额。 |

## 【法条注解】

新《公司法》第143条的主旨是引入了类别股，类别股关于不同类别股东之间权利区别的设置实质上不算对股东平等原则的突破，它的内涵是同一类别的股东需要获得平等的对待，同一类别股权同权，不同类别的股权则不同权，因此新《公司法》第143条同样规定了股份的发行实行公平公正原则；关于同股同权的规定，因类别股的引入而在表述上与之前有所不同，将"同股同权"中的"同股"由"同种类的每一股份"改为"同类别的每一股份"。

## 案例指引

杜某与青岛某创业投资基金企业等股权转让纠纷案［山东省高级人民法院（2022）鲁民终576号］

二审上诉人杜某主张一审判决错误认定青岛某创业投资基金企业与杜

某、青岛某信息产业股份有限公司之间分别签订的案涉补充协议均有效，案涉补充协议作出股份回购安排，属于附加了特殊的入股条件，青岛某创业投资基金企业因此获得其他股东所没有的利益保障，事实上造成股东间的不平等，违反了我国2018年《公司法》第126条、《股票发行与交易管理暂行条例》第8条第2项关于股份发行公平公正、同股同权的规定，也不符合青岛某信息产业股份有限公司章程的相关要求。

法院生效裁判认为，本案的二审争议焦点问题是，一审法院认定涉案协议有效，判决杜某按照2967万元的价格购买青岛某创业投资基金企业持有的青岛某信息产业股份有限公司的全部股权并支付利息、杜某支付青岛某创业投资基金企业财产保全担保函保险费25036元是否正确。二审法院认为，根据原审法院查明的事实，涉案《股票发行认购合同》约定，青岛某创业投资基金企业以13.8元/股的价格认购青岛某信息产业股份有限公司发行的215万股股票，认购价款合计2967万元，青岛某创业投资基金企业已足额支付认购款。涉案《补充协议》对杜某的回购义务作出了约定，同时约定青岛某创业投资基金企业可以要求杜某回购全部股权的条件。《青岛某信息产业股份有限公司补充协议》确认股份回购条件已达成，杜某应于2021年1月10日前按时完成全部回购款（包括利息）的支付。因涉案回购约定存在于股东之间，是对投资估值的一种调整方式，约定的是股东与股东之间的权利，回购义务主体是杜某，杜某履行回购义务不损害青岛某信息产业股份有限公司的利益、不影响公司治理结构的稳定性亦不损害公司其他投资人的利益，而青岛某信息产业股份有限公司并非回购义务主体，且在涉案相关补充协议中并未承担任何义务。据此，原审法院认定涉案协议是对认购股份、回购股份相关事项作出的约定，并未违反法律、行政法规的强制性规定，亦无法律规定的其他合同无效的情形，三份协议真实有效，是各方真实意思的表示，具有法律效力，并无不当。

因此，二审法院对杜某主张的"案涉补充协议因违反2018年《公司法》《股票发行与交易管理暂行条例》中关于股份发行公平公正、同股同权的规定而无效"的上诉请求予以驳回。

## 第一百四十四条　【类别股发行规则】

| 新增条款 | |
|---|---|
| | 第一百四十四条　公司可以按照公司章程的规定发行下列与普通股权利不同的类别股：<br>（一）优先或者劣后分配利润或者剩余财产的股份；<br>（二）每一股的表决权数多于或者少于普通股的股份；<br>（三）转让须经公司同意等转让受限的股份；<br>（四）国务院规定的其他类别股。<br>公开发行股份的公司不得发行前款第二项、第三项规定的类别股；公开发行前已发行的除外。<br>公司发行本条第一款第二项规定的类别股的，对于监事或者审计委员会成员的选举和更换，类别股与普通股每一股的表决权数相同。 |

## 【法条注解】

新《公司法》第 144 条为新增条款，引入了类别股的发行规则。该条文明确规定了股份有限公司可以发行财产分配型类别股、表决权型类别股、转让受限型类别股和国务院规定的其他类别股，同时对公开发行股份的公司可发行的类别股种类作出了限制；此外，还新规定了对于监事、审计委员会成员的选举和更换，类别股的表决权与普通股相同。其意义在于：满足实践中股东的多元需求，打破普通股"一股一权"及"股东同质化"对市场多元化需求的阻碍。

**案例指引**

某重工股份有限公司与程某请求公司收购股份纠纷案［湖南省长沙市中级人民法院（2020）湘01民终5918号］

2012年12月5日，该重工股份有限公司董事会作出激励计划，拟对包含该案程某在内的2533人进行股票期权激励和限制性股票激励，其中限制性股票激励的股票来源为公司向激励对象定向发行2334.59万股股票，限制性股票激励计划的有效期为限制性股票授予之日起至所有限制性股票解锁或回购注销完毕之日止、限制性股票授予之日起六年，并对限制性股票的锁定期、解锁期、禁售期、授予价格、授予条件及解锁条件、回购注销的原则等作出说明。

2012年12月28日，该重工股份有限公司与程某签订《某重工股份有限公司限制性股票协议书》，确认程某具备获授限制性股票的资格，程某获授限制性股票激励额度为44100股，程某需在2013年1月5日前将自筹资金人民币206829元缴纳至公司财务部门专门账户上。

一审法院认为，该重工股份有限公司发布的《激励计划》及程某签订的《协议书》均系各方的真实意思表示，亦不违反法律的规定，合法有效。但因该重工股份有限公司2013年度、2014年度业绩即2013年度、2014年度净利润增长未达到《激励计划》的规定，不符合限制性股票解锁条件，已触发《激励计划》及《协议书》中的回购注销条款，程某亦反诉要求三一重工回购授予的44100股限制性股票，故该重工股份有限公司本诉要求程某配合办理限制性股票的回购注销手续及程某反诉要求该重工股份有限公司回购44100股限制性股票的诉讼请求，一审法院予以支持。依照《合同法》第8条、第40条、第60条，2018年《公司法》第131条的规定，判决程某应于判决发生法律效力之日起十日内，协助该重工股份有限公司办理程某持有的44100股限制性股票的回购注销手续。二审法院维持原判。

## 第一百四十五条　【公司章程应载明类别股的特定内容】

| 新增条款 | |
|---|---|
| | **第一百四十五条**　发行类别股的公司，应当在公司章程中载明以下事项：<br>（一）类别股分配利润或者剩余财产的顺序；<br>（二）类别股的表决权数；<br>（三）类别股的转让限制；<br>（四）保护中小股东权益的措施；<br>（五）股东会认为需要规定的其他事项。 |

## 【法条注解】

新《公司法》第 145 条为新增条款，引入了类别股的公示规定，即股份有限公司发行类别股时应当在公司章程中记载相关事项。其意义在于：由于类别股种类丰富，股权内容的多样性使得类别股的设计者可以形成多种排列组合，因此通过载明类别股的特定内容，可以对公司自由设计类别股内容的权利有所限制，有利于避免其对投资者造成误导，保障投资者的知情权，同时还可以避免公司设计的类别股内容违反法律的强制性规定。

## 【相关规定】

### 《上市公司章程指引》

第 16 条　公司股份的发行，实行公开、公平、公正的原则，同种类的每一股份应当具有同等权利。

存在特别表决权股份的公司，应当在公司章程中规定特别表决权股份的持有人资格、特别表决权股份拥有的表决权数量与普通股份拥有的表决权数量的比例安排、持有人所持特别表决权股份能够参与表决的股东大会事项范围、特别表决权股份锁定安排及转让限制、特别表决权股份与普通股份的转换情形等事项。公司章程有关上述事项的规定，应当符合交易所的有关规定。

同次发行的同种类股票，每股的发行条件和价格应当相同；任何单位或者个人所认购的股份，每股应当支付相同价额。

注释：发行优先股的公司，应当在章程中明确以下事项：（1）优先股股息率采用固定股息率或浮动股息率，并相应明确固定股息率水平或浮动股息率的计算方法；（2）公司在有可分配税后利润的情况下是否必须分配利润；（3）如果公司因本会计年度可分配利润不足而未向优先股股东足额派发股息，差额部分是否累积到下一会计年度；（4）优先股股东按照约定的股息率分配股息后，是否有权同普通股股东一起参加剩余利润分配，以及参与剩余利润分配的比例、条件等事项；（5）其他涉及优先股股东参与公司利润分配的事项；（6）除利润分配和剩余财产分配外，优先股是否在其他条款上具有不同的设置；（7）优先股表决权恢复时，每股优先股股份享有表决权的具体计算方法。其中，公开发行优先股的，应当在公司章程中明确：（1）采取固定股息率；（2）在有可分配税后利润的情况下必须向优先股股东分配股息；（3）未向优先股股东足额派发股息的差额部分应当累积到下一会计年度；（4）优先股股东按照约定的股息率分配股息后，不再同普通股股东一起参加剩余利润分配。商业银行发行优先股补充资本的，可就第（2）项和第（3）项事项另作规定。

## 第一百四十六条 【类别股股东表决权的行使规则】

| 新增条款 |
| --- |
| **第一百四十六条** 发行类别股的公司，有本法第一百一十六条第三款规定的事项等可能影响类别股股东权利的，除应当依照第一百一十六条第三款的规定经股东会决议外，还应当经出席类别股股东会议的股东所持表决权的三分之二以上通过。<br>　　公司章程可以对需经类别股股东会议决议的其他事项作出规定。 |

## 【法条注解】

新《公司法》第 146 条为新增条款，引入了分类表决制度，明确了类别股股东表决权的行使规则。该条特别规定了类别股股东表决权适用的典型情形，即当发行类别股的公司有修改公司章程、增加或减少注册资本、公司合并、分离、解散或变更公司形式等可能损害类别股股东权利的决议事项时，除经股东会决议外，还应当由类别股股东行使表决权，其意义在于：有利于贯彻落实股东平等的基本原则；为类别股股东提供事前救济手段，防止普通股股东滥用权利侵害类别股股东的利益。但该条规定并非公司法中的强制性规定。

## 第一百四十七条　【公司股份的形式】

| 修订前 | 修订后 |
| --- | --- |
| 　　**第一百二十五条第二款**　公司的股份采取股票的形式。股票是公司签发的证明股东所持股份的凭证。<br>　　**第一百二十九条**　公司发行的股票，可以为记名股票~~，也可以为无记名股票~~。<br>　　~~公司向发起人、法人发行的股票，应当为记名股票，并应当记载该发起人、法人的名称或者姓名，不得另立户名或者以代表人姓名记名。~~ | 　　**第一百四十七条**　公司的股份采取股票的形式。股票是公司签发的证明股东所持股份的凭证。<br>　　公司发行的股票，应当为记名股票。 |

## 【法条注解】

新《公司法》第147条删除了公司发行的股票可以为无记名股票的规定。作为公司资本制度下的内容，无记名股票发行手续简单，便于流通，但安全性较差，其采取的无记名方式导致流通的保存风险较高，并且无记名股票一旦遗失，原股票持有人便丧失股东权利且无法挂失。因此，结合国家关于反洗钱、反恐怖融资的工作标准不断提高，新《公司法》第147条取消无记名股票，规定公司发行的股票应当为记名股票，其意义在于：有利于公司更好地掌握股东情况，在一定程度上会降低公司的经营风险，进而推动公司营商环境的不断发展。

## ▌案例指引

某银行济南分行与某航空集团等执行异议之诉纠纷案［最高人民法院（2016）最高法民再360号］

某银行济南分行与某融资担保公司借款合同纠纷案中，对被执行人某融资担保公司持有的某银行的股份启动了司法拍卖程序。拍卖过程中，案外人某航空集团称 2010 年 6 月 28 日，某航空集团自愿委托某融资担保公司作为其对某银行的出资入股代理人并代为行使相关股东权利，故就上述执行标的提出案外人异议，要求法院确认某航空集团为该股份的实际权利人，并停止对融资担保公司持有的某银行股份的强制执行。

一审法院认为，本案该融资担保公司所持股份为股份有限公司的股份，登记于工商管理部门。根据某银行公司章程规定，某银行股份采取股权证形式，股权证是证明股东所持本行股份的书面凭证。涉案股份登记于该融资担保公司名下，该融资担保公司持有涉案股份的股权证，依据法律和某银行公司章程，该融资担保公司是某银行 7200 万股份的所有权人。某航空集团提供了与该融资担保公司之间的《委托投资入股代理协议》仅是该航空集团与该融资担保公司之间的内部约定，确定的是双方之间的委托代理关系和出资关系，该航空集团并不因此而取得某银行的股东地位，不是涉案股份的持有人，该协议约定不能对抗第三人，也不能对抗司法机关所采取的强制措施，因此驳回了该航空集团停止强制执行的诉讼请求。

二审法院认为，该融资担保公司持有营口某银行 7200 万股的记名股权证，工商登记也显示，该融资担保公司为营口某银行的发起人股东，该融资担保公司名下登记有 7200 万股股份，某银行济南分行有权基于记名股票和工商登记所公示的权利外观申请查封登记在该融资担保公司名下的财产。但根据 2018 年《公司法》第 76 条、第 79 条、第 80 条、第 83 条、第 129 条的规定，股份有限公司的发起人应当签署公司章程、向公司认购股份并履行公司设立职责，公司董事会应当向公司登记机关申请设立登记，公司成立后，发起人成为公司股东，公司应当向发起人发行记名股票。也就是说，公司一经成立，发起人即取得股东身份，公司向股东发行的记名股票或者出具的股权证系证明股东资格的证据，而并非取得股东资格的必要条件。发起人以自己的名义参与设立公司，既可能是基于自己成为公司股东的意思表示，也可能是受他人委托、代理他人为意思表示。营口某银行作为未上市的股份有限公司，其记名股票既非设权证券，亦非无因证券，其表彰的仅为权利外观。同理，相关管理部门对公司提供的设立登记材料仅进行形式审查，工商登记所公示的也仅是权利的表征。某银行的记名股票及工商登记作为一种权利外观，仅具有权利推定效力，并不一定与实际权利相符。本案中，根据查明的事实，记名股票、工商登记所表征的权利与实际权利不符，该融资担保公司仅系营口某银行的名义股东，投资 7200 万元取得的营口某银行 7200 万股股份的实际权利应归某航空集团所有。在外观权利与实际权利不一致的情况下，根据权利外观理论，善意第三人基于对权利外观的信赖而与名义权利人进行民事法律行为的，该民事法律行为效力受法律的优先保护。但本案某银行济南分行申请执行的是其与某融资担保公司之间因借款关系而形成的债权，某银行济南分行并没有与名义股东某融资担保公司就登记在该融资担保公司名下的 7200 万股股份从事民事法律行为，因此从权利外观原则来看，某银行济南分行不是基于信赖权利外观而需要保护的民事法律行为之善意第三人，本案也没有需要维护的交易安全，某银行济南分行的债权请求不能受到优先于实际权利人某航空集团有限公司的保护。二审法院确认了上诉人某航空集团有限公司享有的登记在被上诉人某融资担保公司名下的某银行 7200 万股股份之实际权利及未分配红利，并停止对该股份及未分配红利的执行。再审以二审判决适用法律错误为由撤销二审判决并维持了一审判决。

## 第一百四十八条　【面额股股票发行价格】

| 修订前 | 修订后 |
| --- | --- |
| 第一百二十七条　股票发行价格可以按票面金额，也可以超过票面金额，但不得低于票面金额。 | 第一百四十八条　面额股股票的发行价格可以按票面金额，也可以超过票面金额，但不得低于票面金额。 |

## 【法条注解】

新《公司法》第 148 条是关于面额股股票发行价格的，相对于 2018 年《公司法》，此条款将股票发行价格修改为面额股股票发行价格。面额股是在股票票面上记载某个货币金额的股份，公司章程往往也载明公司股份总数和每股股份的票面金额。2018 年《公司法》采用的是全面面额股规则，并将面额股规则与公司资本、债权人保护、公司登记和财务处理等事项关联，形成一套相互牵连、运行稳定的规范体系。新《公司法》规定面额股股票发行价格不得低于票面金额，这说明我国明确面额股不允许股票折价发行。[①]

---

① 叶林、张冉：《无面额股规则的创新与守成：不真正无面额股——〈公司法（修订草案二次审议稿）〉规则评述》，载《证券法苑》2022 年第 37 期。

## 第一百四十九条 【股票形式及法定记载事项】

| 修订前 | 修订后 |
| --- | --- |
| **第一百二十八条** 股票采用纸面形式或者国务院证券监督管理机构规定的其他形式。<br><br>股票应当载明下列主要事项：<br>（一）公司名称；<br>（二）公司成立日期；<br>（三）股票种类、票面金额及代表的股份数；<br>~~（四）股票的编号。~~<br>股票由法定代表人签名，公司盖章。<br>发起人的股票，应当标明发起人股票字样。 | **第一百四十九条** 股票采用纸面形式或者国务院证券监督管理机构规定的其他形式。<br><br>股票**采用纸面形式的，应当**载明下列主要事项：<br>（一）公司名称；<br>（二）公司成立日期**或者股票发行的时间**；<br>（三）股票种类、票面金额及代表的股份数，**发行无面额股的，股票代表的股份数**。<br>**股票采用纸面形式的，还应当载明**股票的编号，由法定代表人签名，公司盖章。<br>发起人股票**采用纸面形式的，应当**标明发起人股票字样。 |

## 【法条注解】

新《公司法》第 149 条是关于股票形式及法定记载事项的规定。相对于 2018 年的《公司法》，此条款细化了采用纸面形式发行股票的载明事项。股票是一种要式有价证券，只有其形式和记载内容符合法律规定，才具有法律的效力。《公司法》第 128 条规定了股票必须由公司签发，由公司的法定代表人签名，盖章。同时，股票的形式、记载事项等也必须符合法律的规定。新《公司法》细化了采用纸面形式发行股票的法定载明事项。

## 第一百五十条 【股票交付时间】

| 修订前 | 修订后 |
| --- | --- |
| **第一百三十二条** 股份有限公司成立后，即向股东正式交付股票。公司成立前不得向股东交付股票。 | **第一百五十条** 股份有限公司成立后，即向股东正式交付股票。公司成立前不得向股东交付股票。 |

## 【法条注解】

新《公司法》第 150 条是关于股份有限公司股票交付时间的规定。股份有限公司的股票是一种代表股东权利的有价证券，具有流通性，可以自由转让。因而，股票所代表的权利应当是确定的、无瑕疵的，这样才能保证交易的安全，维护正常的交易秩序，保护交易双方的合法权益。2018 年《公司法》第 132 条规定，股份有限公司成立前不得向股东交付股票。如果允许公司在登记成立前就向股东交付股票，该股票就在市场上进行了流通，一旦设立中的公司因为种种原因最后没有成立，那么该股票所代表的股东权利就不复存在，所有围绕该股票已经发生的交易都会受到影响，这种情况的发生将会严重影响市场的交易秩序。其他国家公司法对这一问题，也都作出了类似的规定。例如，日本商法典规定，股票非于公司成立后或者新股股款缴纳期日后，不得发行。[①]

## 第一百五十一条 【新股发行规则】

| 修订前 | 修订后 |
| --- | --- |
| **第一百三十三条** 公司发行新股，股东大会应当对下列事项作出决议：<br>（一）新股种类及数额；<br>（二）新股发行价格；<br>（三）新股发行的起止日期； | **第一百五十一条** 公司发行新股，股东会应当对下列事项作出决议：<br>（一）新股种类及数额；<br>（二）新股发行价格；<br>（三）新股发行的起止日期； |

---

① 唐青阳：《公司法精要与依据指引》（增订本），北京大学出版社 2011 年版，第 369 页。

续表

| 修订前 | 修订后 |
|---|---|
| （四）向原有股东发行新股的种类及数额。<br><br>**第一百三十五条** 公司发行新股，可以根据公司经营情况和财务状况，确定其作价方案。 | （四）向原有股东发行新股的种类及数额；<br><br>（五）**发行无面额股的，新股发行所得股款计入注册资本的金额。**<br><br>公司发行新股，可以根据公司经营情况和财务状况，确定其作价方案。 |

## 【法条注解】

新《公司法》第 151 条规定了新股发行规则，将 2018 年《公司法》中第 133 条和第 135 条合并，新增"发行无面额股的，新股发行所得股款计入注册资本的金额"的规定。新股发行，是指在公司成立以后再次发行股份的行为。根据各国公司法实行的公司资本制度的不同，新股发行可分为增资发行和非增资发行。新《公司法》第 151 条规定股东会行使无面额股发行决定权，决定无面额股的价格。但发行无面额股可能会稀释现有股东的投票权和经济利益，应加强对股东会决议时少数派股东权利的保护，妥善处理无面额股与注册资本互动关系。[1]

## 第一百五十二条 【授权资本制】

| 新增条款 | |
|---|---|
| | **第一百五十二条** 公司章程或者股东会可以授权董事会在三年内决定发行不超过已发行股份百分之五十的股份。但以非货币财产作价出资的应当经股东会决议。 |

---

[1] 叶林、张冉：《无面额股规则的创新与守成：不真正无面额股——〈公司法（修订草案二次审议稿）〉规则评述》，载《证券法苑》2022 年第 37 期。

续表

| 新增条款 | |
| --- | --- |
| | 董事会依照前款规定决定发行股份导致公司注册资本、已发行股份数发生变化的，对公司章程该项记载事项的修改不需再由股东会表决。 |

## 【法条注解】

新《公司法》第152条是关于公司章程或者股东会可授权董事会发行股份的规定。相对于2018年《公司法》，此条款是新增条款。该条第1款允许股份公司的章程或者股东会将股份发行的权限授予董事会，并细化规定授权期限、授权比例，同时明确由股东会审查非货币财产作价出资方式。该条第2款则规定了董事会发行股份后修改关于公司章程中的注册资本和已发行股份数的相关事项不需要股东会表决。

授权资本制的优势在于：第一，减轻公司设立难度，公司不必一次发行全部资本、股份；第二，简化公司增资程序，授权董事会自行决定发行资本，不需经股东会决议并变更公司章程；第三，提高投资效率，董事会根据公司经营情况发行资本，既灵活适应了公司经营的需要，又避免了资金的冻结、闲置。

## 第一百五十三条　【授权资本表决比例】

| 新增条款 | |
| --- | --- |
| | **第一百五十三条**　公司章程或者股东会授权董事会决定发行新股的，董事会决议应当经全体董事三分之二以上通过。 |

## 【法条注解】

新《公司法》第153条是关于授权资本表决比例的规定。相对于2018年《公司法》，此条款为新增条款。授权资本制使得公司章程载明的资本仅是一种名义上的数额，如果不要求公司首次发行资本的最低限额及发行期限，那么就极易造成实缴资本与名义资本、公司资产的脱节，产生公司设立中的商业欺诈和投机行为，增大债权人的风险，危害交易安全。因此，授予董事会发行新股权的同时，还要建立相适应的约束机制。与股东会决议不同，当董事会成员负有信义义务，决策标准依托于该信义义务，当经多数决的董事会授权发行的决议出现问题时，可通过违信责任追究懒散和故意敛财的董事的责任。

## 第一百五十四条 【公开募集股份规则】

| 修订前 | 修订后 |
|---|---|
| 第八十五条　发起人向社会公开募集股份，必须公告招股说明~~书，并制作认股书。认股书应当载明本法第八十六条所列事项，由认股人填写认购股数、金额、住所，并签名、盖章。认股人按照所认购股数缴纳股款~~。<br><br>第八十六条　招股说明书应当附有发起人制订的公司章程，并载明下列事项：<br>（一）发起人认购的股份数；<br>（二）每股的票面金额和发行价格；<br>（三）~~无记名股票的发行总数；~~<br>（四）募集资金的用途；<br>（五）认股人的权利、义务；<br>（六）本次募股的起止期限及逾期未募足时认股人可以撤回所认股份的说明。<br><br>第一百三十四条第一款　公司经国务院证券监督管理机构核准公开发行新股时，必须公告新股招股说明书和财务会计报告，并制作认股书。 | 第一百五十四条　公司向社会公开募集股份，应当经国务院证券监督管理机构**注册**，公告招股说明书。<br><br>招股说明书应当附有公司章程，并载明下列事项：<br>（一）**发行的股份总数**；<br>（二）**面额股的票面金额和发行价格或者无面额股的发行价格**；<br>（三）募集资金的用途；<br>（四）认股人的权利和义务；<br>（五）**股份种类及其权利和义务**；<br>（六）本次募股的起止**日期**及逾期未募足时认股人可以撤回所认股份的说明。<br><br>**公司设立时发行股份的，还应当载明发起人认购的股份数**。 |

## 【法条注解】

新《公司法》第 154 条是关于公开募集股份的规定。2018 年《公司法》第 85 条、第 86 条、第 134 条对股份公司公开募集设立的信息披露、公开发行新股的信息披露作简要规定。传统上，在公司法和证券法分别立法的模式下，公众公司的信息披露因与证券发行交易以及投资者保护密切相关，主要由证券法律予以规范，而公司法仅作原则规定。依循此原则，新《公司法》将上述三条规定整合在一起形成第 154 条，并对招股说明书须载明的事项进行修改，新增"公司设立时发行股份的，还应当载明发起人认购的股份数"的规定，进一步明晰了股份公司的信息披露义务。[1]

## 第一百五十五条　【股份承销协议】

| 修订前 | 修订后 |
| --- | --- |
| 第八十七条　发起人向社会公开募集股份，应当由依法设立的证券公司承销，签订承销协议。 | 第一百五十五条　公司向社会公开募集股份，应当由依法设立的证券公司承销，签订承销协议。 |

## 【法条注解】

新《公司法》第 155 条是关于股份承销协议的规定。相对于 2018 年《公司法》，此条规定将主体由"发起人"修改为"公司"。向社会公开募集股份，涉及人数众多，由公司自己发行股票工作量太大，不利于募足应发行的股份。此外，由证券公司承销向社会公开发行的证券，可以对发行人的发行文件进行审查，有利于维护健康的市场秩序。[2]

---

[1]　钟洪明：《略论我国公众公司制度的立法完善——以公司法修订为中心》，载《多层次资本市场研究》2021 年第 2 期。

[2]　唐青阳：《公司法精要与依据指引》（增订本），北京大学出版社 2011 年版，第 239 页。

## 第一百五十六条 【代收股款】

| 修订前 | 修订后 |
| --- | --- |
| 　　**第八十八条** 发起人向社会公开募集股份，应当同银行签订代收股款协议。<br>　　代收股款的银行应当按照协议代收和保存股款，向缴纳股款的认股人出具收款单据，并负有向有关部门出具收款证明的义务。<br>　　**第一百三十六条** 公司发行新股募足股款后，必须向公司登记机关办理变更登记，并公告。 | 　　**第一百五十六条** **公司**向社会公开募集股份，应当同银行签订代收股款协议。<br>　　代收股款的银行应当按照协议代收和保存股款，向缴纳股款的认股人出具收款单据，并负有向有关部门出具收款证明的义务。<br>　　公司发行**股份**募足股款后，应予公告。 |

**【法条注解】**

　　本条是关于公司向社会公开募集股份时收取股款方式的规定。新《公司法》第 156 条将 2018 年《公司法》第 88 条和第 136 条予以合并。代收股款的协议是公司与代收股款的银行之间签订的设立民事权利义务关系的合同，双方都应当按照约定全面履行自己的义务。股份有限公司涉及股东人数较多，公司发行股份募足股款后，应予公告，以便于公司股东、公司债权人及社会公众了解公司资本变动情况，维护交易秩序。

## 第二节 　股份转让

## 第一百五十七条 【股份有限公司股份转让的原则性规定】

| 修订前 | 修订后 |
| --- | --- |
| 　　**第一百三十七条** 股东持有的股份可以依法转让。 | 　　**第一百五十七条** 股份有限公司的股东持有的股份可以向其他股东转让，也可以向股东以外的人转让；公司章程对股份转让有限制的，其转让按照公司章程的规定进行。 |

## 【法条注解】

本条是关于股份有限公司股份转让的原则性规定。股份有限公司属于资合性公司，公司的设立和存在依附于股东的出资，股份的自由转让不会影响公司的存在，也不会影响公司债权人的利益，因此其显著特征在于股份转让的自由性。新《公司法》第157条进一步细化了2018年《公司法》第137条股份有限公司转让的原则性规定，不仅可以对内转让，也可以对外转让。确立股份自由流动的原则，在理论上契合股份公司的资合品性和证券市场的流通要求。①

股份自由转让的功能在于：一是股东可灵活调整投资组合，实现投资收益和转移投资风险；二是增加流通股份的交易活跃度，促进资金的市场流动，提高公司流动性；三是有利于防范高级管理层滥用权力，提高公司经营管理水平，保护其他中小股东的合法权益。

但股份的自由流通并非绝对的，为规范股份交易行为、保护投资者的合法权益、维护市场运行秩序，在某些特定场合有必要对其转让作出一定限制。新《公司法》第157条新增公司章程可以对股份转让进行限制的条款，其正当性在于衔接新《公司法》第144条的类别股规则。新《公司法》授权公司章程可限制股份转让，体现了自治原则，允许通过公司章程对股份转让交易进行更有效率的个性化设计，其功能在于满足实践中大量股份有限公司封闭运营的需要，保障公司自治；防止因股东变动频繁而引发的公司经营不稳定问题，协调不同主体之间的利益冲突，避免股东利用大量股份转让影响公司的决策权和控制权，实现公司治理的稳定性。

## 【相关规定】

**《最高人民法院关于适用〈中华人民共和国公司法〉若干问题的规定（三）》**

第22条　当事人之间对股权归属发生争议，一方请求人民法院确认其享有股权的，应当证明以下事实之一：

（一）已经依法向公司出资或者认缴出资，且不违反法律法规强制性规定；

（二）已经受让或者以其他形式继受公司股权，且不违反法律法规强

---

① 甘培忠、欧阳泽蔓：《股份有限公司章程限制股份转让法律问题分析》，载《法律适用》2015年第2期。

制性规定。

第 25 条　名义股东将登记于其名下的股权转让、质押或者以其他方式处分，实际出资人以其对于股权享有实际权利为由，请求认定处分股权行为无效的，人民法院可以参照民法典第三百一十一条的规定处理。

名义股东处分股权造成实际出资人损失，实际出资人请求名义股东承担赔偿责任的，人民法院应予支持。

**案例指引**

某投资贸易有限公司与某能源股份有限公司股东资格确认纠纷案［最高人民法院（2020）最高法民终 1224 号］

法院生效裁判认为，本案的焦点问题为案涉股份转让条件是否已成就，即该转让行为是否符合某能源股份有限公司章程规定。修改后的某能源股份有限公司章程第 24 条共有 4 款，第 1 款规定了股份可以转让，前提为"依法"；第 2 款规定了股东对外转让股份，应取得其他股东同意，且为"事先""一致"。根据公司章程规定，某集团公司对外转让股份，应保障其他股东"优先购买权""同售权"行使，且应无法定限制或其他股东正当事由否定。本案中，某能源股份有限公司股东为某集团公司、某电站设备有限公司、某电力设备有限公司、某投资合伙企业、孙某，但无论是 2018 年 4 月 28 日通知抑或 2019 年 1 月通知，均无证据显示某集团公司已实质通知到小股东孙某，并不符合公司章程第 24 条规定的"一致"要求。因此，某投资贸易有限公司虽主张其与某集团公司签订的《股权转让协议》已对某能源股份有限公司以及公司其他股东发生法律效力，但在现有情况下，其履行情况尚不符合公司章程第 24 条的规定，其可待充分履行章程规定的条件后再行主张权利。

## 第一百五十八条　【股份有限公司股份转让场所】

| 修订前 | 修订后 |
| --- | --- |
| 第一百三十八条　股东转让其股份，应当在依法设立的证券交易场所进行或者按照国务院规定的其他方式进行。 | 第一百五十八条　股东转让其股份，应当在依法设立的证券交易场所进行或者按照国务院规定的其他方式进行。 |

## 【法条注解】

本条是关于股份有限公司股份转让场所的规定。股东转让其股份，应当在依法设立的证券交易场所进行或者按照国务院规定的其他方式进行，我国的证券交易场所主要包括证券交易所、经国务院批准设立的全国中小企业股份转让系统、经证监会批准设立的证券公司柜台市场，以及经省级政府批准设立的区域性股权市场等场所。

## 【相关规定】

1. 《证券法》

第37条　公开发行的证券，应当在依法设立的证券交易所上市交易或者在国务院批准的其他全国性证券交易场所交易。

非公开发行的证券，可以在证券交易所、国务院批准的其他全国性证券交易场所、按照国务院规定设立的区域性股权市场转让。

第38条　证券在证券交易所上市交易，应当采用公开的集中交易方式或者国务院证券监督管理机构批准的其他方式。

2. 《全国中小企业股份转让系统有限责任公司管理暂行办法》

第2条　全国中小企业股份转让系统（以下简称全国股份转让系统）是经国务院批准设立的全国性证券交易场所。

第4条　全国股份转让系统公司负责组织和监督挂牌公司的股票转让及相关活动，实行自律管理。

### 案 例 指 引

某商业股份有限公司与某资产管理有限公司等股东资格确认纠纷案
[北京市第三中级人民法院（2022）京03民终12743号]

法院生效裁判认为，某商业股份有限公司上诉主张王某与某资产管理有限公司的股权转让违反了2018年《公司法》第138条的规定，未在依法设立的证券交易场所或者按照国务院规定的其他方式进行，但该规定中对股份有限公司股东转让股份场所或方式的规定，对股权转让关系效力并无影响，并不能否定王某个人通过合法的民事行为取得某商业股份有限公司股份的权利，也不影响王某与某资产管理有限公司之间《股权转让协议》的效力。综上，案涉《股权转让协议》系王某与某资产管理有限公司的真实意思表示，内容不违反法律、行政法规的强制性规定，该《股权转让协议》应属合法有效，某商业股份有限公司的上诉主张，缺乏事实及法律依据，本院不予支持。

## 第一百五十九条　【股票转让方式与程序】

| 修订前 | 修订后 |
|---|---|
| 　　**第一百三十九条**　记名股票，由股东以背书方式或者法律、行政法规规定的其他方式转让；转让后由公司将受让人的姓名或者名称及住所记载于股东名册。<br>　　股东夫会召开前二十日内或者公司决定分配股利的基准日前五日内，不得进行前款规定的股东名册的变更登记。~~但是，~~法律对上市公司股东名册变更登记另有规定的，从其规定。<br>　　~~**第一百四十条**　无记名股票的转让，由股东将该股票交付给受让人后即发生转让的效力。~~ | 　　**第一百五十九条**　股票的转让，由股东以背书方式或者法律、行政法规规定的其他方式**进行**；转让后由公司将受让人的姓名或者名称及住所记载于股东名册。<br>　　股东**会会议**召开前二十日内或者公司决定分配股利的基准日前五日内，不得**变更**股东名册。法律、**行政法规或者国务院证券监督管理机构**对上市公司股东名册变更另有规定的，从其规定。 |

## 【法条注解】

本条是关于股票转让方式和程序的规定。背书方式，即出让人将转让股票的意思记载于股票的背面并签名盖章和注明日期，一般由发行公司按规定的统一格式印制并在公司正式成立后交付股东。由于目前我国证券交易所均实施了无纸化的股票交易，对这类无纸化记名股票的转让方式可以由法律、行政法规另行规定。股东名册是公司依照法律规定，记载有关股东及其股权状况的簿册，是确认股东身份的根据。股东名册便于公司其他股东及其他有关人员了解公司的股份构成和股权分布情况，进而了解公司的情况。

## 第一百六十条　【股份有限公司特定人员股份转让限制】

| 修订前 | 修订后 |
| --- | --- |
| **第一百四十一条**　发起人持有的本公司股份，自公司成立之日起一年内不得转让。公司公开发行股份前已发行的股份，自公司股票在证券交易所上市交易之日起一年内不得转让。<br><br>公司董事、监事、高级管理人员应当向公司申报所持有的本公司的股份及其变动情况，在任职期间每年转让的股份不得超过其所持有本公司股份总数的百分之二十五；所持本公司股份自公司股票上市交易之日起一年内不得转让。上述人员离职后半年内，不得转让其所持有的本公司股份。公司章程可以对公司董事、监事、高级管理人员转让其所持有的本公司股份作出其他限制性规定。 | **第一百六十条**　公司公开发行股份前已发行的股份，自公司股票在证券交易所上市交易之日起一年内不得转让。**法律、行政法规或者国务院证券监督管理机构对上市公司的股东、实际控制人转让其所持有的本公司股份另有规定的，从其规定。**<br><br>公司董事、监事、高级管理人员应当向公司申报所持有的本公司的股份及其变动情况，在**就任时确定**的任职期间每年转让的股份不得超过其所持有本公司股份总数的百分之二十五；所持本公司股份自公司股票上市交易之日起一年内不得转让。上述人员离职后半年内，不得转让其所持有的本公司股份。公司章程可以对公司董事、监事、高级管理人员转让其所持有的本公司股份作出其他限制性规定。<br><br>**股份在法律、行政法规规定的限制转让期限内出质的，质权人不得在限制转让期限内行使质权。** |

## 【法条注解】

本条是关于股份有限公司特定人员股份转让限制的规定。

股份有限公司股东转让股份，采取"自由流通为原则，限制转让为例外"的模式，股份转让原则上不受限制，遵循自治原则，以充分体现公司的开放性。但是，股份有限公司不仅涉及公司与股东间的关系而且也关系到社会公众的利益，为规范特定人员行为、保护投资者的合法权益，维护公司经营的稳定性和可持续性，有必要对特定情形的股份转让进行限制。

新《公司法》第 160 条的完善之处在于：

一是取消了发起人一年的股份转让限制。实践中股份有限公司基本上是以发起设立的方式成立，很少有募集设立的方式，基本不会出现发起人以设立公司为名义非法集资或者操作股票盈利的情况。并且存在由有限责任公司整体变更为股份有限公司的方式发起设立的情形，在有限责任公司阶段可能已经有不少外部投资人，而对于发起人一年股份转让限制对于无论是以重组、股权激励、退出或者其他目的而需转让股份的发起人而言，无疑造成了法律障碍。

二是进一步限制控股股东和实际控制人的股份转让。为防止实际控制人、控股股东直接或间接控制股东大会、董事会、监事会等公司内部治理机构，损害上市公司中小股东和其他利害相关者的利益，促进建立有效的公司治理机制，一直将上市公司控股股东和实际控制人行为作为监管重点之一，此次新《公司法》也在原有规则的基础上进一步规定增设控股股东和实际控制人的股份转让限制规则，以保证公司健康稳定发展，维护市场经济秩序。本条将上市公司股东和实际控制人直接交由其他单行法律法规予以规定，保留了一定的灵活性有利于职能部门根据证券市场发展适时作出灵活调整。

三是避免董事、监事、高级管理人员通过离职规避股份减持限制。根据 2018 年《公司法》的规定，董监高在任职期间有减持限制，离职后半年内不得转让所持股份。新《公司法》采纳了上市公司董监高股份减持的上述处理方式，将减持限制期间修改为"在就任时确定的任职期间"，即便公司（包括上市公司和非上市公司）的董监高提前离职，其所持股份在原定任职期间内依然需受限，由此可以避免董监高通过提前离职快速套现。

四是新增"股份在法律、行政法规规定的限制转让期限内出质的，质权人不得在限制转让期限内行使质权"的规定。质权实现导致的权属变动会构成对限售股安定的威胁，本条将限制环节前移，通过禁止质权人在限售期内基于质权请求变价，消除引发限售股权属变动的原因，避免司法执行环节发生冲突。①

---

① 葛伟军、李攀：《限售股质权实现过程中的法益冲突解决——以〈公司法（修订草案二次审议稿）〉第 160 条为对象》，载《证券法苑》2022 年第 37 期。

## 【相关规定】

### 1.《证券法》

第44条　上市公司、股票在国务院批准的其他全国性证券交易场所交易的公司持有百分之五以上股份的股东、董事、监事、高级管理人员，将其持有的该公司的股票或者其他具有股权性质的证券在买入后六个月内卖出，或者在卖出后六个月内又买入，由此所得收益归该公司所有，公司董事会应当收回其所得收益。但是，证券公司因购入包销售后剩余股票而持有百分之五以上股份，以及有国务院证券监督管理机构规定的其他情形的除外。

前款所称董事、监事、高级管理人员、自然人股东持有的股票或者其他具有股权性质的证券，包括其配偶、父母、子女持有的及利用他人账户持有的股票或者其他具有股权性质的证券。

公司董事会不按照第一款规定执行的，股东有权要求董事会在三十日内执行。公司董事会未在上述期限内执行的，股东有权为了公司的利益以自己的名义直接向人民法院提起诉讼。

公司董事会不按照第一款的规定执行的，负有责任的董事依法承担连带责任。

### 2.《首次公开发行股票注册管理办法》

第45条　发行人应当在招股说明书中披露公开发行股份前已发行股份的锁定期安排，特别是尚未盈利情况下发行人控股股东、实际控制人、董事、监事、高级管理人员股份的锁定期安排。

发行人控股股东和实际控制人及其亲属应当披露所持股份自发行人股票上市之日起三十六个月不得转让的锁定安排。

首次公开发行股票并在科创板上市的，还应当披露核心技术人员股份的锁定期安排。

保荐人和发行人律师应当就本条事项是否符合有关规定发表专业意见。

### 3.《上市公司证券发行注册管理办法》

第59条　向特定对象发行的股票，自发行结束之日起六个月内不得转让。发行对象属于本办法第五十七条第二款规定情形的，其认购的股票自发行结束之日起十八个月内不得转让。

第63条　向特定对象发行的可转债不得采用公开的集中交易方式转让。

向特定对象发行的可转债转股的，所转股票自可转债发行结束之日起十八个月内不得转让。

**案 例 指 引**

赵某、孟某与吴某1、吴某2股权转让纠纷案［浙江省高级人民法院(2015) 浙商提字第 51 号］

法院生效裁判认为，2018 年《公司法》第 141 条第 2 款规定"公司董事、监事、高级管理人员应当向公司申报所持有的本公司的股份及其变动情况，在任职期间每年转让的股份不得超过其所持有本公司股份总数的百分之二十五"，其立法目的也是防止公司董事、监事、高级管理人员利用在职期间知悉并掌握公司内部信息之机，一次性转让股权获得不当利益，从而损害公司股东和广大投资者的利益。本案上海某公司是股份有限公司，仅五名股东，且均为公司董事，亦非上市公司，而且双方当事人均没有提供证据证明在签订该《股权转让协议》时公司系负债经营，因此，该公司董事之间转让股权，不存在损害社会公众利益之嫌，不能轻易认定无效。

## 第一百六十一条　【股份有限公司异议股东的股份回购请求权】

| 修订前 | 修订后 |
|---|---|
| 　　**第七十四条**　有下列情形之一的，对股东会该项决议投反对票的股东可以请求公司按照合理的价格收购其股权： | 　　**第一百六十一条**　有下列情形之一的，对股东会该项决议投反对票的股东可以请求公司按照合理的价格收购其股份，**公开发行股份的公司除外**： |
| 　　（一）公司连续五年不向股东分配利润，而公司该五年连续盈利，并且符合本法规定的分配利润条件的； | 　　（一）公司连续五年不向股东分配利润，而公司该五年连续盈利，并且符合本法规定的分配利润条件； |
| 　　（二）公司合并、分立、转让主要财产的； | 　　（二）公司转让主要财产； |
| 　　（三）公司章程规定的营业期限届满或者章程规定的其他解散事由出现，股东会会议通过决议修改章程使公司存续的。 | 　　（三）公司章程规定的营业期限届满或者章程规定的其他解散事由出现，股东会通过决议修改章程使公司存续。 |

续表

| 修订前 | 修订后 |
|---|---|
| 自股东会会议决议通过之日起六十日内，股东与公司不能达成股权收购协议的，股东可以自股东会会议决议通过之日起九十日内向人民法院提起诉讼。 | 自股东会决议**作出**之日起六十日内，股东与公司不能达成股份收购协议的，股东可以自股东会决议**作出**之日起九十日内向人民法院提起诉讼。<br>**公司因本条第一款规定的情形收购的本公司股份，应当在六个月内依法转让或者注销。** |

## 【法条注解】

此条为新增条款，是关于股份有限公司异议股东的股份回购请求权的规定。2018年《公司法》第74条规定了有限责任公司的异议股东的股份回购请求权，本次新《公司法》亦赋予了股份有限公司的异议股东回购请求权，但相比于有限公司，在适用情形上删除了公司合并、分立的情形。

新增此条款的考虑在于我国股份公司中有相当一部分公司属于封闭性股份有限公司，该类公司的投资人数较少，且其股份转让未能像上市公司那般自由，亦存在控股股东或大股东利用股东会决议或符合公司章程的合法形式掌控公司重大决策，裹挟、压迫其他股东，使其合理期待的利益落空或者蒙受额外风险的威胁，严重损害中小股东的权益。异议股东的股份回购请求权的最主要目的是"填补资本多数决"规则的缺乏，维护中小股东的相关利益。[1] 股份有限公司的异议股东股权回购请求权制度是股东权益被侵害后的一种事后救济方式，能够在合理范围内给中小股东一个公平救济的可能性。

---

[1]　朱慈蕴：《资本多数原则与控制股东的诚信义务》，载《法学研究》2004年第4期。

## 第一百六十二条 【股份有限公司股份回购】

| 修订前 | 修订后 |
|---|---|
| 第一百四十二条 公司不得收购本公司股份。但是，有下列情形之一的除外：<br><br>（一）减少公司注册资本；<br>（二）与持有本公司股份的其他公司合并；<br>（三）将股份用于员工持股计划或者股权激励；<br>（四）股东因对股东大会作出的公司合并、分立决议持异议，要求公司收购其股份；<br>（五）将股份用于转换上市公司发行的可转换为股票的公司债券；<br>（六）上市公司为维护公司价值及股东权益所必需。<br><br>公司因前款第（一）项、第（二）项规定的情形收购本公司股份的，应当经股东大会决议；公司因前款第（三）项、第（五）项、第（六）项规定的情形收购本公司股份的，可以依照公司章程的规定或者股东大会的授权，经三分之二以上董事出席的董事会会议决议。<br><br>公司依照本条第一款规定收购本公司股份后，属于第（一）项情形的，应当自收购之日起十日内注销；属于第（二）项、第（四）项情形的，应当在六个月内转让或者注销；属于第（三）项、第（五）项、第（六）项情形的，公 | 第一百六十二条 公司不得收购本公司股份。但是，有下列情形之一的除外：<br><br>（一）减少公司注册资本；<br>（二）与持有本公司股份的其他公司合并；<br>（三）将股份用于员工持股计划或者股权激励；<br>（四）股东因对股东会作出的公司合并、分立决议持异议，要求公司收购其股份；<br>（五）将股份用于转换公司发行的可转换为股票的公司债券；<br>（六）上市公司为维护公司价值及股东权益所必需。<br><br>公司因前款第一项、第二项规定的情形收购本公司股份的，应当经股东会决议；公司因前款第三项、第五项、第六项规定的情形收购本公司股份的，可以按照公司章程或者股东会的授权，经三分之二以上董事出席的董事会会议决议。<br><br>公司依照本条第一款规定收购本公司股份后，属于第一项情形的，应当自收购之日起十日内注销；属于第二项、第四项情形的，应当在六个月内转让或者注销；属于第三项、第五项、第六项情形的，公司合计持有的本公司股份数不得超过本公司已发行股份总数的 |

续表

| 修订前 | 修订后 |
| --- | --- |
| 司合计持有的本公司股份数不得超过本公司已发行股份总额的百分之十，并应当在三年内转让或者注销。<br><br>　　上市公司收购本公司股份的，应当依照《中华人民共和国证券法》的规定履行信息披露义务。上市公司因本条第一款第（三）项、第（五）项、第（六）项规定的情形收购本公司股份的，应当通过公开的集中交易方式进行。<br><br>　　公司不得接受本公司的股票作为质押权的标的。 | 百分之十，并应当在三年内转让或者注销。<br><br>　　上市公司收购本公司股份的，应当依照《中华人民共和国证券法》的规定履行信息披露义务。上市公司因本条第一款第三项、第五项、第六项规定的情形收购本公司股份的，应当通过公开的集中交易方式进行。<br><br>　　公司不得接受本公司的股份作为质权的标的。 |

## 【法条注解】

　　本条是股份有限公司股份回购的规定，新《公司法》第162条与2018年《公司法》第142条相比，无实质性变化，依旧采用"原则禁止，例外允许"的模式，以法定列举的方式明确了股份公司回购股份的情形。

　　股份回购，是指公司从股东手中收购本公司已发行的股份。不恰当的股份回购可能产生以下弊端：一是损害资本维持原则，降低公司资产流动性，可能危及债权人利益。二是损害股东平等原则。在强制回购情形下，公司的资本多数决被剥夺股东身份的话，将是最严重的违反股东平等原则的情形。[1] 三是损害交易公平性。公司以及管理层掌握公司内幕信息，在股份回购过程中容易出现内幕交易、操纵市场等不公平交易行为。

　　但是，特定情形下的股份回购具有合理性：一是能够减少资本冗余。当公司资本充裕，又不需要对外投资或者对外投资收益率较低时，公司可回购股份以减少资本。二是有利于保持股本结构。当公司需发行新股时，为保持公司股本结构稳定，公司可以回购的股份替代需增发的股份。三是纠正公司股价。当市场过度低估公司股价，或者发生股市危机，公司回购

---

　　[1]　郜俊辉：《股东平等视角下的减资规制研究》，载《中国政法大学学报》2023年第1期。

股份有可能在一定程度上纠正市场偏离行为，有利于稳定市场。

## 【相关规定】

### 1. 《全国法院民商事审判工作会议纪要》

5. 【与目标公司"对赌"】投资方与目标公司订立的"对赌协议"在不存在法定无效事由的情况下，目标公司仅以存在股权回购或者金钱补偿约定为由，主张"对赌协议"无效的，人民法院不予支持，但投资方主张实际履行的，人民法院应当审查是否符合公司法关于"股东不得抽逃出资"及股份回购的强制性规定，判决是否支持其诉讼请求。

投资方请求目标公司回购股权的，人民法院应当依据《公司法》第35条关于"股东不得抽逃出资"或者第142条关于股份回购的强制性规定进行审查。经审查，目标公司未完成减资程序的，人民法院应当驳回其诉讼请求。

投资方请求目标公司承担金钱补偿义务的，人民法院应当依据《公司法》第35条关于"股东不得抽逃出资"和第166条关于利润分配的强制性规定进行审查。经审查，目标公司没有利润或者虽有利润但不足以补偿投资方的，人民法院应当驳回或者部分支持其诉讼请求。今后目标公司有利润时，投资方还可以依据该事实另行提起诉讼。

### 2. 《上市公司股份回购规则》

第2条　本规则所称上市公司回购股份，是指上市公司因下列情形之一收购本公司股份的行为：

（一）减少公司注册资本；

（二）将股份用于员工持股计划或者股权激励；

（三）将股份用于转换上市公司发行的可转换为股票的公司债券；

（四）为维护公司价值及股东权益所必需。

前款第（四）项所指情形，应当符合以下条件之一：

（一）公司股票收盘价格低于最近一期每股净资产；

（二）连续二十个交易日内公司股票收盘价格跌幅累计达到百分之二十；

（三）公司股票收盘价格低于最近一年股票最高收盘价格的百分之五十；

（四）中国证监会规定的其他条件。

## 案例指引

某创业投资有限公司与某机床股份有限公司、潘某等请求公司收购股份纠纷案［江苏省高级人民法院（2019）苏民再62号］

法院生效裁判认为，依据2018年《公司法》第142条，《公司法》原则上禁止股份有限公司回购本公司股份，但同时亦规定了例外情形，即符合上述例外情形的，2018年《公司法》允许股份有限公司回购本公司股份。本案中，某机床股份有限公司章程亦对回购本公司股份的例外情形作出了类似的规定，并经股东一致表决同意，该规定对公司及全体股东均有法律上的约束力。2018年《公司法》第37条、第46条、第177条、第179条，已明确规定了股份有限公司可减少注册资本回购本公司股份的合法途径。某机床股份有限公司履行法定程序，支付股份回购款项，并不违反《公司法》的强制性规定，亦不会损害公司股东及债权人的利益。对赌协议投资方在对赌协议中是目标公司的债权人，在对赌协议约定的股权回购情形出现时，当然有权要求公司及原股东承担相应的合同责任。在投资方投入资金后，成为目标公司的股东，但并不能因此否认其仍是公司债权人的地位。投资方基于公司股东的身份，应当遵守公司法的强制性规定，非依法定程序履行减资手续后退出，不能违法抽逃出资。而其基于公司债权人的身份，当然有权依据对赌协议的约定主张权利。2018年《公司法》亦未禁止公司回购股东对资本公积享有的份额。案涉对赌协议无论是针对列入注册资本的注资部分，还是列入资本公积金的注资部分的回购约定，均具备法律上的履行可能。

## 第一百六十三条 【股份有限公司财务资助禁止条款】

| 新增条款 | |
|---|---|
| | 第一百六十三条 公司不得为他人取得本公司或者其母公司的股份提供赠与、借款、担保以及其他财务资助，公司实施员工持股计划的除外。<br><br>为公司利益，经股东会决议，或者董事会按照公司章程或者股东 |

续表

| 新增条款 |
| --- |
| 会的授权作出决议，公司可以为他人取得本公司或者其母公司的股份提供财务资助，但财务资助的累计总额不得超过已发行股本总额的百分之十。董事会作出决议应当经全体董事的三分之二以上通过。<br><br>违反前两款规定，给公司造成损失的，负有责任的董事、监事、高级管理人员应当承担赔偿责任。 |

## 【法条注解】

本条为新增条款，是关于股份有限公司财务资助禁止的规定。公司提供财务资助是指公司为他人取得本公司股份或母公司股份而提供财务资助的行为，包括赠与、借款、担保等使公司资产向公司股东或潜在股东流出的行为。本次新《公司法》新增了该条文，采用"原则上禁止、例外时允许"的模式：一是原则上公司不得实行财务资助，但公司实施员工持股计划的除外，以解决实操中存在的公司向员工提供借款等财务资助用于认购公司股权的需求问题所做的调整；二是特定情形下允许公司实行财务资助，但要求股东会决议或授权董事会决议，且受到总额的限制。

禁止财务资助制度的价值取向最初基于资本维持原则，其正当性在于财务资助同公司收购股份具有相同效果，有可能使公司资产枯竭，损害债权人利益。但随着资本维持原则的僵化和公司法改革，大多数国家或地区普遍采取了资本维持和清偿能力模式混合的价值面向，放松了对财务资助的限制，适度扩张了例外允许财务资助的适用范围，力图实现财务资助交易和债权人利益保护的平衡。[①]

本次新《公司法》第 174 条的完善之处在于：

一是就效力层级而言，以往禁止财务资助制度基本上是散落在各个部门规章和监管通知中的碎片化规则，适用范围狭窄且缺乏体系。此次新《公司法》在法律层面上引入了禁止财务资助制度，提升了效力层级，承

---

[①] 张弓长：《论公司财务资助的价值面向和规制结构》，载《华东政法大学学报》2023年第 3 期。

认了该制度的独立价值，有助于在法律框架内实现统一逻辑性的规则重构。

二是就具体内容而言，本条采取的是"原则上禁止，例外时允许"的模式，既能够通过原则性的禁止封堵创设新型财务资助安排以实现不当目的之可能，又能够以例外情形识别无害的财务资助行为，不损害有价值的商业交易。① 强调规制财务资助行为、保护公司股东和债权人的同时考虑经济效率问题，给予商业交易的合理空间。

三是本条明确了董事、监事、高级管理人员对公司损失的赔偿责任。提供财务资助的决策由股东会依董事会提案所作或董事会所作，董事、监事、高级管理人员自然应当承担平等对待股东、保护公司和股东利益的信义义务，本条使得董事、监事、高级管理人员在财务资助制度的义务具象化。

## 【相关规定】

1. 《上市公司章程指引》

第 21 条　公司或公司的子公司（包括公司的附属企业）不得以赠与、垫资、担保、补偿或贷款等形式，对购买或者拟购买公司股份的人提供任何资助。

2. 《上市公司证券发行注册管理办法》

第 66 条　向特定对象发行证券，上市公司及其控股股东、实际控制人、主要股东不得向发行对象做出保底保收益或者变相保底保收益承诺，也不得直接或者通过利益相关方向发行对象提供财务资助或者其他补偿。

3. 《公司债券发行与交易管理办法》

第 45 条　发行人及其控股股东、实际控制人、董事、监事、高级管理人员和承销机构不得操纵发行定价、暗箱操作；不得以代持、信托等方式谋取不正当利益或向其他相关利益主体输送利益；不得直接或通过其利益相关方向参与认购的投资者提供财务资助；不得有其他违反公平竞争、破坏市场秩序等行为。

发行人不得在发行环节直接或间接认购其发行的公司债券。发行人的董事、监事、高级管理人员、持股比例超过百分之五的股东及其他关联方认购或交易、转让其发行的公司债券的，应当披露相关情况。

4. 《证券发行与承销管理办法》

第 38 条　上市公司向特定对象发行证券的，上市公司及其控股股东、

---

① 参见皮正德：《禁止财务资助规则的公司法建构》，载《法学研究》2023 年第 1 期。

实际控制人、主要股东不得向发行对象做出保底保收益或者变相保收益承诺，也不得直接或者通过利益相关方向发行对象提供财务资助或者其他补偿。

### 5.《上市公司收购管理办法》

第 8 条　被收购公司的董事、监事、高级管理人员对公司负有忠实义务和勤勉义务，应当公平对待收购本公司的所有收购人。

被收购公司董事会针对收购所做出的决策及采取的措施，应当有利于维护公司及其股东的利益，不得滥用职权对收购设置不适当的障碍，不得利用公司资源向收购人提供任何形式的财务资助，不得损害公司及其股东的合法权益。

### 6.《非上市公众公司收购管理办法》

第 8 条　被收购公司的董事、监事、高级管理人员对公司负有忠实义务和勤勉义务，应当公平对待收购本公司的所有收购人。

被收购公司董事会针对收购所做出的决策及采取的措施，应当有利于维护公司及其股东的利益，不得滥用职权对收购设置不适当的障碍，不得利用公司资源向收购人提供任何形式的财务资助。

### 7.《上市公司股权激励管理办法》

第 21 条　激励对象参与股权激励计划的资金来源应当合法合规，不得违反法律、行政法规及中国证监会的相关规定。

上市公司不得为激励对象依股权激励计划获取有关权益提供贷款以及其他任何形式的财务资助，包括为其贷款提供担保。

### 8.《深圳证券交易所上市公司自律监管指引第 1 号——主板上市公司规范运作》

第 6.1.1 条　上市公司及其控股子公司有偿或者无偿提供资金、委托贷款等行为，适用本节规定，但下列情况除外：

（一）公司以对外提供借款、贷款等融资业务为其主营业务；

（二）资助对象为上市公司合并报表范围内且持股比例超过 50% 的控股子公司，且该控股子公司其他股东中不包含上市公司的控股股东、实际控制人及其关联人；

（三）中国证监会或者本所认定的其他情形。

### 9.《深圳证券交易所上市公司自律监管指引第 2 号——创业板上市公司规范运作》

第 7.1.1 条　上市公司及其控股子公司有偿或者无偿对外提供资金、委托贷款等行为，适用本节规定，但下列情况除外：

（一）公司以对外提供借款、贷款等融资业务为其主营业务；

（二）资助对象为上市公司合并报表范围内且持股比例超过50%的控股子公司，且该控股子公司其他股东中不包含上市公司的控股股东、实际控制人及其关联人。

**10.《上海证券交易所上市公司自律监管指引第1号——规范运作》**

第6.1.1条　上市公司及其控股子公司提供财务资助（含有息或无息借款、委托贷款等），适用本节规定，但下列情形除外：

（一）公司是以对外提供借款、贷款等融资业务为其主营业务的持有金融牌照的主体；

（二）资助对象为上市公司合并报表范围内，且该控股子公司其他股东中不包含上市公司的控股股东、实际控制人及其关联人；

（三）中国证监会或者本所认定的其他情形。

## 第一百六十四条　【股票被盗、遗失或者灭失的救济】

| 修订前 | 修订后 |
| --- | --- |
| 第一百四十三条　记名股票被盗、遗失或者灭失，股东可以依照《中华人民共和国民事诉讼法》规定的公示催告程序，请求人民法院宣告该股票失效。人民法院宣告该股票失效后，股东可以向公司申请补发股票。 | 第一百六十四条　股票被盗、遗失或者灭失，股东可以依照《中华人民共和国民事诉讼法》规定的公示催告程序，请求人民法院宣告该股票失效。人民法院宣告该股票失效后，股东可以向公司申请补发股票。 |

## 【法条注解】

本条是关于股票被盗、遗失或者灭失的救济的规定。公示催告程序是《民事诉讼法》规定的票据持有人因可以背书转让的票据被盗、遗失或者灭失，向人民法院申请，由人民法院作出公告，催促利害关系人在法定期限内申报权利，否则根据申请人的申请依法作出除权判决的程序。公示催告程序的立法目的在于消除权利的不确定状态，维护失票人的合法权益，以确保票据流通的安全。根据2018年《公司法》第147条、第159条的规定，公司发行的股票，应当为记名股票，可以由股东以背书方式转让，符合民事诉讼法规定的公示催告程序使用的标的。我国民事诉讼法只规定票据的公示催告程序，本条是对《民事诉讼法》的补充。

## 第一百六十五条 【上市公司股票交易】

| 修订前 | 修订后 |
|---|---|
| **第一百四十四条** 上市公司的股票，依照有关法律、行政法规及证券交易所交易规则上市交易。 | **第一百六十五条** 上市公司的股票，依照有关法律、行政法规及证券交易所交易规则上市交易。 |

### 【法条注解】

新《公司法》第 165 条规定交易规则。本条规定是与《证券法》和其他法律、法规相衔接的条款。我国《证券法》规定了证券交易的一般规则。

### 【相关规定】

《证券法》

第 37 条 公开发行的证券，应当在依法设立的证券交易所上市交易或者在国务院批准的其他全国性证券交易场所交易。

非公开发行的证券，可以在证券交易所、国务院批准的其他全国性证券交易场所、按照国务院规定设立的区域性股权市场转让。

第 38 条 证券在证券交易所上市交易，应当采用公开的集中交易方式或者国务院证券监督管理机构批准的其他方式。

## 第一百六十六条 【上市公司信息披露制度】

| 修订前 | 修订后 |
|---|---|
| **第一百四十五条** 上市公司必须依照法律、行政法规的规定，~~公开其财务状况、经营情况及重大诉讼，在每会计年度内半年公布一次财务会计报告。~~ | **第一百六十六条** 上市公司应当依照法律、行政法规的规定**披露相关信息**。 |

### 【法条注解】

新《公司法》第 166 条规定了上市公司信息披露制度。本条与 2018 年《公司法》第 145 条相比，将"公开其财务状况、经营情况及重大诉讼，在每会计年度内半年公布一次财务会计报告"的表述调整为"披露相关信息"。此条规定也是与《证券法》和其他法律、法规相衔接的条款。由一系列原则及规范构成的信息披露制度，是消除存在于市场参与主体间的信息不对称，实现证券市场配置效率，保护投资者利益的基础制度。

## 【相关规定】

### 1.《证券法》

第78条　发行人及法律、行政法规和国务院证券监督管理机构规定的其他信息披露义务人，应当及时依法履行信息披露义务。

信息披露义务人披露的信息，应当真实、准确、完整，简明清晰，通俗易懂，不得有虚假记载、误导性陈述或者重大遗漏。

证券同时在境内境外公开发行、交易的，其信息披露义务人在境外披露的信息，应当在境内同时披露。

第79条　上市公司、公司债券上市交易的公司、股票在国务院批准的其他全国性证券交易场所交易的公司，应当按照国务院证券监督管理机构和证券交易场所规定的内容和格式编制定期报告，并按照以下规定报送和公告：

（一）在每一会计年度结束之日起四个月内，报送并公告年度报告，其中的年度财务会计报告应当经符合本法规定的会计师事务所审计；

（二）在每一会计年度的上半年结束之日起二个月内，报送并公告中期报告。

### 2.《刑法》

第161条　【违规披露、不披露重要信息罪】依法负有信息披露义务的公司、企业向股东和社会公众提供虚假的或者隐瞒重要事实的财务会计报告，或者对依法应当披露的其他重要信息不按照规定披露，严重损害股东或者其他人利益，或者有其他严重情节的，对其直接负责的主管人员和其他直接责任人员，处五年以下有期徒刑或者拘役，并处或者单处罚金；情节特别严重的，处五年以上十年以下有期徒刑，并处罚金。

前款规定的公司、企业的控股股东、实际控制人实施或者组织、指使实施前款行为的，或者隐瞒相关事项导致前款规定的情形发生的，依照前款的规定处罚。

犯前款罪的控股股东、实际控制人是单位的，对单位判处罚金，并对其直接负责的主管人员和其他直接责任人员，依照第一款的规定处罚。

**案 例 指 引**

某证券股份有限公司诉某置业有限公司财产权属纠纷案（《最高人民法院公报》2010 年第 3 期）

根据 2018 年《公司法》和《证券法》的相关规定，公司股权转让应办理变更登记手续，以取得对外的公示效力，否则不得对抗第三人。该规定遵循的是商法的外观主义原则，立法目的在于维护商事交易安全。该种对抗性登记所具有的公示力对第三人而言，第三人有权信赖登记事项的真实性。同时，根据《证券法》公开、公平、公正的交易原则以及上市公司信息公开的有关规定，对上市公司信息披露的要求，关系到社会公众对上市公司的信赖以及证券市场的交易安全和秩序。本案中，某置业有限公司作为上市公司，其股东持有股权和变动的情况必须以具有公示效力的登记为据。某证券股份有限公司称其为了规避证监会有关规定而通过关联企业某置业有限公司隐名持有股权，并要求确认已登记在某置业有限公司名下的股权实际为其所有，不符合股权转让变更登记及上市公司信息披露的相关法律规定，也有违 2018 年《公司法》所规定的诚实信用原则。本案中，某置业有限公司作为上市公司未充分进行信息披露，其债权人基于中登公司登记而申请法院查封执行某置业有限公司名下系争股权的信赖利益，应依法予以保护。

## 第一百六十七条 【股东资格继承】

| 修订前 | 修订后 |
| --- | --- |
| 第七十五条　自然人股东死亡后，其合法继承人可以继承股东资格；但是，公司章程另有规定的除外。 | 第一百六十七条　自然人股东死亡后，其合法继承人可以继承股东资格；但是，**股份转让受限的股份有限公司的章程另有规定的除外**。 |

## 【法条注解】

新《公司法》第 167 条规定股东资格继承。本条与 2018 年《公司法》第 75 条相比，将"公司章程另有规定的除外"的表述调整为"股份转让受限的股份有限公司的章程另有规定的除外"。值得注意的是，本条规定继承了股东资格，便相应继承了股东权利，也继承股东义务。

# 第七章  国家出资公司组织机构的特别规定

## 第一百六十八条  【国家出资公司定义】

| 修订前 | 修订后 |
| --- | --- |
| 第六十四条  国有独资公司的设立和组织机构，适用本节规定；本节没有规定的，适用本章第一节、第二节的规定。<br><br>本法所称国有独资公司，是指国家单独出资、由国务院或者地方人民政府授权本级人民政府国有资产监督管理机构履行出资人职责的有限责任公司。 | 第一百六十八条  国家出资公司的组织机构，适用本章规定；本章没有规定的，适用本法其他规定。<br><br>本法所称国家出资公司，是指国家出资的国有独资公司、国有资本控股公司，包括国家出资的有限责任公司、股份有限公司。 |

## 【法条注解】

新《公司法》第 168 条规定了国家出资公司的概念和范围。新《公司法》对"国家出资公司"进行了单独成章的规定，从定义来看，本条规定国家出资公司是指国家独资或者控股的公司，不包括国有参股的公司。与 2018 年《公司法》相比，新《公司法》对"国家出资公司"进行了单独成章的规定，增设了坚持党对国家出资公司的领导，调整了国家出资公司的概念和范围，扩大了履行出资义务的机构范围。

## 【相关规定】

### 《企业国有资产法》

第 5 条  本法所称国家出资企业，是指国家出资的国有独资企业、国有独资公司，以及国有资本控股公司、国有资本参股公司。

## 第一百六十九条 【国家出资公司性质】

| 新增条款 | |
|---|---|
| | 　　**第一百六十九条** 国家出资公司，由国务院或者地方人民政府分别代表国家依法履行出资人职责，享有出资人权益。国务院或者地方人民政府可以授权国有资产监督管理机构或者其他部门、机构代表本级人民政府对国家出资公司履行出资人职责。<br>　　代表本级人民政府履行出资人职责的机构、部门，以下统称为履行出资人职责的机构。 |

### 【法条注解】

　　新《公司法》第 169 条规定了国家出资公司性质。本条为新增条款，国有资产监督管理机构的法定垄断地位被破除，政府可以授权"其他部门、机构"代表本级政府履行出资人职责。本条对国家出资公司的一般规定，是对现阶段国有企业改革成果的进一步巩固与深化，也是完善中国特色现代企业制度的需要。

### 【相关规定】

#### 《企业国有资产法》

　　第 11 条　国务院国有资产监督管理机构和地方人民政府按照国务院的规定设立的国有资产监督管理机构，根据本级人民政府的授权，代表本级人民政府对国家出资企业履行出资人职责。

　　国务院和地方人民政府根据需要，可以授权其他部门、机构代表本级人民政府对国家出资企业履行出资人职责。

　　代表本级人民政府履行出资人职责的机构、部门，以下统称履行出资人职责的机构。

## 第一百七十条　【党对国家出资公司的领导】

| 新增条款 | |
|---|---|
| | 第一百七十条　国家出资公司中中国共产党的组织，按照中国共产党章程的规定发挥领导作用，研究讨论公司重大经营管理事项，支持公司的组织机构依法行使职权。 |

### 【法条注解】

新《公司法》第 170 条规定了坚持党对国家出资公司的领导。本条为新增条款，将党的领导融入公司治理的框架内是确保对国家出资公司经营管理人员的有效监督，增强国家出资公司公益性的必要保证。

### 【相关规定】

**《企业国有资产监督管理暂行条例》**

第 41 条　国有及国有控股企业、国有参股企业中中国共产党基层组织建设、社会主义精神文明建设和党风廉政建设，依照《中国共产党章程》和有关规定执行。

国有及国有控股企业、国有参股企业中工会组织依照《中华人民共和国工会法》和《中国工会章程》的有关规定执行。

## 第一百七十一条　【国有独资公司章程】

| 修订前 | 修订后 |
|---|---|
| 第六十五条　国有独资公司章程由国有资产监督管理机构制定，或者由董事会制订报国有资产监督管理机构批准。 | 第一百七十一条　国有独资公司章程由**履行出资人职责的**机构制定。 |

### 【法条注解】

新《公司法》第 171 条规定国有独资公司章程。2018 年《公司法》要求国有独资公司章程由国有资产监督管理机构制定，或者由董事会制订报国有资产监督管理机构批准。新《公司法》对国有独资公司章程的制定主体予以明确,规定国有独资公司章程由履行出资人职责的机构制定。

## 【相关规定】

### 《企业国有资产法》

第 12 条　履行出资人职责的机构代表本级人民政府对国家出资企业依法享有资产收益、参与重大决策和选择管理者等出资人权利。

履行出资人职责的机构依照法律、行政法规的规定,制定或者参与制定国家出资企业的章程。

履行出资人职责的机构对法律、行政法规和本级人民政府规定须经本级人民政府批准的履行出资人职责的重大事项,应当报请本级人民政府批准。

## 第一百七十二条　【国有独资公司重大事项决定】

| 修订前 | 修订后 |
|---|---|
| 第六十六条　国有独资公司不设股东会,由~~国有资产监督管理机构~~行使股东会职权。~~国有资产监督管理机构~~可以授权公司董事会行使股东会的部分职权,~~决定公司的重大事项,~~但公司的合并、分立、解散、增加或者减少注册资本和发行公司债券,~~必须由国有资产监督管理机构决定;其中,重要的国有独资公司合并、分立、解散、申请破产的,应当由国有资产监督管理机构审核后,报本级人民政府批准。~~<br><br>~~前款所称重要的国有独资公司,按照国务院的规定确定。~~ | 第一百七十二条　国有独资公司不设股东会,由**履行出资人职责的机构**行使股东会职权。**履行出资人职责的机构**可以授权公司董事会行使股东会的部分职权,但**公司章程的制定和修改**,公司的合并、分立、解散、**申请破产**,增加或者减少注册资本,**分配利润**,应当由**履行出资人职责的机构**决定。 |

## 【法条注解】

新《公司法》第 172 条规定了国有独资公司重大事项决定。2018 年《公司法》要求国有独资公司在合并、分立、解散、申请破产的重大事项上必须经由监督管理机构审核以及本级人民政府批准后方可实施。新《公司法》将国有独资公司重大事项的决策权统一交由"履行出资人职责的机构决定"，删除了需"报本级人民政府批准"的规定。

## 【相关规定】

### 1.《企业国有资产法》

第30条　国家出资企业合并、分立、改制、上市，增加或者减少注册资本，发行债券，进行重大投资，为他人提供大额担保，转让重大财产，进行大额捐赠，分配利润，以及解散、申请破产等重大事项，应当遵守法律、行政法规以及企业章程的规定，不得损害出资人和债权人的权益。

### 2.《企业国有资产监督管理暂行条例》

第21条　国有资产监督管理机构依照法定程序决定其所出资企业中的国有独资企业、国有独资公司的分立、合并、破产、解散、增减资本、发行公司债券等重大事项。其中，重要的国有独资企业、国有独资公司分立、合并、破产、解散的，应当由国有资产监督管理机构审核后，报本级人民政府批准。

国有资产监督管理机构依照法定程序审核、决定国防科技工业领域其所出资企业中的国有独资企业、国有独资公司的有关重大事项时，按照国家有关法律、规定执行。

第22条　国有资产监督管理机构依照公司法的规定，派出股东代表、董事，参加国有控股的公司、国有参股的公司的股东会、董事会。

国有控股的公司、国有参股的公司的股东会、董事会决定公司的分立、合并、破产、解散、增减资本、发行公司债券、任免企业负责人等重大事项时，国有资产监督管理机构派出的股东代表、董事，应当按照国有资产监督管理机构的指示发表意见、行使表决权。

国有资产监督管理机构派出的股东代表、董事，应当将其履行职责的有关情况及时向国有资产监督管理机构报告。

## 第一百七十三条 【国有独资公司董事会】

| 修订前 | 修订后 |
| --- | --- |
| 　　**第六十七条**　国有独资公司设董事会，依照本法第四十六条、~~第六十六条的规定行使职权。董事每届任期不得超过三年。~~董事会成员中应当有公司职工代表。<br>　　董事会成员由~~国有资产监督管理机构~~委派；但是，董事会成员中的职工代表由公司职工代表大会选举产生。<br>　　董事会设董事长一人，可以设副董事长。董事长、副董事长由~~国有资产监督管理机构~~从董事会成员中指定。 | 　　**第一百七十三条**　国有独资公司的董事会依照本法规定行使职权。<br>　　**国有独资公司的董事会成员中，应当过半数为外部董事，并应当有公司职工代表。**<br>　　董事会成员由**履行出资人职责的机构**委派；但是，董事会成员中的职工代表由公司职工代表大会选举产生。<br>　　董事会设董事长一人，可以设副董事长。董事长、副董事长由**履行出资人职责的机构**从董事会成员中指定。 |

## 【法条注解】

　　新《公司法》第173条规定了国有独资公司董事会。本条规定了"应当过半数为外部董事"，删除了"董事每届任期不得超过三年"，将"国有资产监督管理机构"调整为"履行出资人职责的机构"。且增加了"外部董事"的规定，这样新《公司法》就有了独立董事、外部董事、职工董事。本条将国有独资企业所有事项的决策权统一交由企业管理层以及出资人，简化了企业在面对市场经济发展变化时的决策程序，在一定程度上减少了企业委托代理成本。

## 【相关规定】

1. 《企业国有资产法》

　　第22条　履行出资人职责的机构依照法律、行政法规以及企业章程的规定，任免或者建议任免国家出资企业的下列人员：

　　（一）任免国有独资企业的经理、副经理、财务负责人和其他高级管理人员；

（二）任免国有独资公司的董事长、副董事长、董事、监事会主席和监事；

（三）向国有资本控股公司、国有资本参股公司的股东会、股东大会提出董事、监事人选。

国家出资企业中应当由职工代表出任的董事、监事，依照有关法律、行政法规的规定由职工民主选举产生。

**2.《企业国有资产监督管理暂行条例》**

第17条　国有资产监督管理机构依照有关规定，任免或者建议任免所出资企业的企业负责人：

（一）任免国有独资企业的总经理、副总经理、总会计师及其他企业负责人；

（二）任免国有独资公司的董事长、副董事长、董事，并向其提出总经理、副总经理、总会计师等的任免建议；

（三）依照公司章程，提出向国有控股的公司派出的董事、监事人选，推荐国有控股的公司的董事长、副董事长和监事会主席人选，并向其提出总经理、副总经理、总会计师人选的建议；

（四）依照公司章程，提出向国有参股的公司派出的董事、监事人选。

国务院，省、自治区、直辖市人民政府，设区的市、自治州级人民政府，对所出资企业的企业负责人的任免另有规定的，按照有关规定执行。

## 第一百七十四条　【国有独资公司经理】

| 修订前 | 修订后 |
| --- | --- |
| 第六十八条　国有独资公司设经理，由董事会聘任或者解聘。经理依照本法第四十九条规定行使职权。<br>经国有资产监督管理机构同意，董事会成员可以兼任经理。 | 第一百七十四条　国有独资公司的经理由董事会聘任或者解聘。<br>经履行出资人职责的机构同意，董事会成员可以兼任经理。 |

## 【法条注解】

新《公司法》第174条是对国有独资公司经理设置、聘任或者解聘的规定。与普通有限公司可以选择是否设经理不同，国有独资公司必须设置经理。而根据本条第2款的规定，经履行出资人职责的机构同意，董事会成员可以兼任经理。这是从实际情况出发，本着精简机构、人员和提高工作效率的原则作出的制度安排。经过同意后，由董事会成员兼任经理。

## 【相关规定】

1. 《企业国有资产法》

第22条第1款　履行出资人职责的机构依照法律、行政法规以及企业章程的规定，任免或者建议任免国家出资企业的下列人员。

（一）任免国有独资企业的经理、副经理、财务负责人和其他高级管理人员。

......

第23条　履行出资人职责的机构任命或者建议任命的董事、监事、高级管理人员，应当具备下列条件：

（一）有良好的品行；

（二）有符合职位要求的专业知识和工作能力；

（三）有能够正常履行职责的身体条件；

（四）法律、行政法规规定的其他条件。

董事、监事、高级管理人员在任职期间出现不符合前款规定情形或者出现《中华人民共和国公司法》规定的不得担任公司董事、监事、高级管理人员情形的，履行出资人职责的机构应当依法予以免职或者提出免职建议。

第24条　履行出资人职责的机构对拟任命或者建议任命的董事、监事、高级管理人员的人选，应当按照规定的条件和程序进行考察。考察合格的，按照规定的权限和程序任命或者建议任命。

第25条第2款　未经履行出资人职责的机构同意，国有独资公司的董事长不得兼任经理。未经股东会、股东大会同意，国有资本控股公司的董事长不得兼任经理。

2. 《企业国有资产监督管理暂行条例》

第17条　国有资产监督管理机构依照有关规定，任免或者建议任免所出资企业的企业负责人：

（一）任免国有独资企业的总经理、副总经理、总会计师及其他企业负责人；

（二）任免国有独资公司的董事长、副董事长、董事，并向其提出总经理、副总经理、总会计师等的任免建议；

（三）依照公司章程，提出向国有控股的公司派出的董事、监事人选，推荐国有控股的公司的董事长、副董事长和监事会主席人选，并向其提出总经理、副总经理、总会计师人选的建议；

（四）依照公司章程，提出向国有参股的公司派出的董事、监事人选。

国务院，省、自治区、直辖市人民政府，设区的市、自治州级人民政府，对所出资企业的企业负责人的任免另有规定的，按照有关规定执行。

## 第一百七十五条 【国有独资公司兼职禁止】

| 修订前 | 修订后 |
| --- | --- |
| 第六十九条 国有独资公司的~~董事长、副董事长~~、董事、高级管理人员，未经~~国有资产监督管理机构~~同意，不得在其他有限责任公司、股份有限公司或者其他经济组织兼职。 | 第一百七十五条 国有独资公司的董事、高级管理人员，未经**履行出资人职责的**机构同意，不得在其他有限责任公司、股份有限公司或者其他经济组织兼职。 |

## 【法条注解】

新《公司法》第 175 条是对国有独资公司董事、高级管理人员未经同意不得兼职的规定。国有独资公司所拥有的资源和在市场中的地位跟其他的民营企业是相同的。而国有独资公司中的董事、高级管理人员如果在其他经济组织中兼职，可能会造成不正当竞争，或者国有资产流失，设租寻租等问题的出现。并且，国有独资公司的董事、高级管理人员还会受到国有企业领导人员及其他规定的限制，也是不能随意兼职的。所以，原则上必须专人专职，忠于职守。同时，为了实践中的需要，如对投资设立的子公司，或者与其他经济组织共同投资设立的其他公司或经济组织，国有独资公司作为法人股东，需要派出董事会成员或者经营管理者，参加所投资公司或经济组织的董事会或被任命为高级管理人员，须经履行出资人职责的机构同意。总之，本条的规定既确立了不得兼职的原则，又允许特殊情况下的例外。

## 【相关规定】

《企业国有资产法》

第 25 条第 1 款 未经履行出资人职责的机构同意，国有独资企业、国有独资公司的董事、高级管理人员不得在其他企业兼职。未经股东会、股东大会同意，国有资本控股公司、国有资本参股公司的董事、高级管理人员不得在经营同类业务的其他企业兼职。

## 第一百七十六条 【国有独资公司监事会设置例外】

| 新增条款 | |
|---|---|
| | **第一百七十六条** 国有独资公司在董事会中设置由董事组成的审计委员会行使本法规定的监事会职权的，不设监事会或者监事。 |

## 【法条注解】

新《公司法》第 176 条规定国有独资公司可以在董事会中设立审计委员会，取代监事会或监事，明确了国有独资公司可以采用单层制的公司治理结构，强化了国有独资公司决策及内部监督的效率，也强化了对企业内外部违法风险的防控力度。

## 【相关规定】

**1.《关于推进国有资本投资、运营公司改革试点的实施意见》**

第 2 条第 4 款第 2 项 国有资本投资、运营公司设立董事会，根据授权，负责公司发展战略和对外投资，经理层选聘、业绩考核、薪酬管理，向所持股企业派出董事等事项。董事会成员原则上不少于 9 人，由执行董事、外部董事、职工董事组成。保障国有资本投资、运营公司按市场化方式选择外部董事等权利，外部董事应在董事会中占多数，职工董事由职工代表大会选举产生。董事会设董事长 1 名，可设副董事长。董事会下设战略与投资委员会、提名委员会、薪酬与考核委员会、审计委员会、风险控制委员会等专门委员会。专门委员会在董事会授权范围内开展相关工作，协助董事会履行职责。

**2.《企业国有资产法》**

第 19 条第 1 款 国有独资公司、国有资本控股公司和国有资本参股公司依照《中华人民共和国公司法》的规定设立监事会。国有独资企业由履行出资人职责的机构按照国务院的规定委派监事组成监事会。

## 第一百七十七条　【国家出资公司合规管理】

| 新增条款 | |
| --- | --- |
| | **第一百七十七条**　国家出资公司应当依法建立健全内部监督管理和风险控制制度，加强内部合规管理。 |

### 【法条注解】

新《公司法》第 177 条规定了国家出资公司内部合规治理机制，将国家出资企业的合规管理提升到制定法层面，较 2018 年《公司法》增加了国家出资公司内部合规治理的要求，负有"合规管理义务"的公司范围进一步扩大。

### 【相关规定】

**《企业国有资产法》**

第 17 条　国家出资企业从事经营活动，应当遵守法律、行政法规，加强经营管理，提高经济效益，接受人民政府及其有关部门、机构依法实施的管理和监督，接受社会公众的监督，承担社会责任，对出资人负责。

国家出资企业应当依法建立和完善法人治理结构，建立健全内部监督管理和风险控制制度。

# 第八章　公司董事、监事、高级管理人员的资格和义务

## 第一百七十八条　【董事、监事、高级管理人员消极资格】

| 修订前 | 修订后 |
| --- | --- |
| **第一百四十六条**　有下列情形之一的，不得担任公司的董事、监事、高级管理人员：<br><br>（一）无民事行为能力或者限制民事行为能力；<br><br>（二）因贪污、贿赂、侵占财产、挪用财产或者破坏社会主义市场经济秩序，被判处刑罚，~~执行期满未逾五年，~~或者因犯罪被剥夺政治权利，执行期满未逾五年；<br><br>（三）担任破产清算的公司、企业的董事或者厂长、经理，对该公司、企业的破产负有个人责任的，自该公司、企业破产清算完结之日起未逾三年；<br><br>（四）担任因违法被吊销营业执照、责令关闭的公司、企业的法定代表人，并负有个人责任的，自该公司、企业被吊销营业执照之日起未逾三年； | **第一百七十八条**　有下列情形之一的，不得担任公司的董事、监事、高级管理人员：<br><br>（一）无民事行为能力或者限制民事行为能力；<br><br>（二）因贪污、贿赂、侵占财产、挪用财产或者破坏社会主义市场经济秩序，被判处刑罚，或者因犯罪被剥夺政治权利，执行期满未逾五年，**被宣告缓刑的，自缓刑考验期满之日起未逾二年；**<br><br>（三）担任破产清算的公司、企业的董事或者厂长、经理，对该公司、企业的破产负有个人责任的，自该公司、企业破产清算完结之日起未逾三年；<br><br>（四）担任因违法被吊销营业执照、责令关闭的公司、企业的法定代表人，并负有个人责任的，自该公司、企业被吊销营业执照、**责令关闭**之日起未逾三年； |

续表

| 修订前 | 修订后 |
|---|---|
| （五）个人所负数额较大的债务到期未清偿。<br><br>公司违反前款规定选举、委派董事、监事或者聘任高级管理人员的，该选举、委派或者聘任无效。<br><br>董事、监事、高级管理人员在任职期间出现本条第一款所列情形的，公司应当解除其职务。 | （五）个人因所负数额较大债务到期未清偿**被人民法院列为失信被执行人**。<br><br>违反前款规定选举、委派董事、监事或者聘任高级管理人员的，该选举、委派或者聘任无效。<br><br>董事、监事、高级管理人员在任职期间出现本条第一款所列情形的，公司应当解除其职务。 |

## 【法条注解】

新《公司法》第178条规定了不得担任公司董事、监事、高级管理人员的五种情形。本条在2018年《公司法》的基础上，明确了因犯罪被判处缓刑的人任职资格限制的期限；明确因"担任因违法被吊销营业执照、责令关闭的公司、企业的法定代表人，并负有个人责任的"不得担任董监高职务的起算时间为公司被关闭之日；个人因所负数额较大债务到期未清偿一项增加了被人民法院列为失信被执行人的条件，该项更为明确，便于实施。

## 【相关规定】

**《企业国有资产法》**

第23条 履行出资人职责的机构任命或者建议任命的董事、监事、高级管理人员，应当具备下列条件：

（一）有良好的品行；

（二）有符合职位要求的专业知识和工作能力；

（三）有能够正常履行职责的身体条件；

（四）法律、行政法规规定的其他条件。

董事、监事、高级管理人员在任职期间出现不符合前款规定情形或者出现《中华人民共和国公司法》规定的不得担任公司董事、监事、高级管理人员情形的，履行出资人职责的机构应当依法予以免职或者提出免职建议。

## 第一百七十九条 【董事、监事、高级管理人员的守法义务】

| 修订前 | 修订后 |
|---|---|
| 第一百四十七条第一款 董事、监事、高级管理人员应当遵守法律、行政法规和公司章程，~~对公司负有忠实义务和勤勉义务~~。 | 第一百七十九条 董事、监事、高级管理人员应当遵守法律、行政法规和公司章程。 |

## 【法条注解】

新《公司法》第 179 条规定了公司董事、监事、高级管理人员的守法义务。

## 【相关规定】

1. 《最高人民法院关于适用〈中华人民共和国公司法〉若干问题的规定（三）》

第 13 条 股东未履行或者未全面履行出资义务，公司或者其他股东请求其向公司依法全面履行出资义务的，人民法院应予支持。

公司债权人请求未履行或者未全面履行出资义务的股东在未出资本息范围内对公司债务不能清偿的部分承担补充赔偿责任的，人民法院应予支持；未履行或者未全面履行出资义务的股东已经承担上述责任，其他债权人提出相同请求的，人民法院不予支持。

股东在公司设立时未履行或者未全面履行出资义务，依照本条第一款或者第二款提起诉讼的原告，请求公司的发起人与被告股东承担连带责任的，人民法院应予支持；公司的发起人承担责任后，可以向被告股东追偿。

股东在公司增资时未履行或者未全面履行出资义务，依照本条第一款或者第二款提起诉讼的原告，请求未尽公司法第一百四十七条第一款规定的义务而使出资未缴足的董事、高级管理人员承担相应责任的，人民法院应予支持；董事、高级管理人员承担责任后，可以向被告股东追偿。

## 第一百八十条 【董事、监事、高级管理人员的忠实和勤勉义务】

| 修订前 | 修订后 |
| --- | --- |
| 第一百四十七条第一款 董事、监事、高级管理人员应当遵守法律、行政法规和公司章程，对公司负有忠实义务和勤勉义务。 | 第一百八十条 董事、监事、高级管理人员对公司负有忠实义务，应当采取措施避免自身利益与公司利益冲突，不得利用职权牟取不正当利益。<br><br>董事、监事、高级管理人员对公司负有勤勉义务，执行职务应当为公司的最大利益尽到管理者通常应有的合理注意。<br><br>公司的控股股东、实际控制人不担任公司董事但实际执行公司事务的，适用前两款规定。 |

### 【法条注解】

新《公司法》第 180 条规定了董事、监事、高级管理人员的忠实义务和勤勉义务的内涵及具体内容。忠实义务是一种消极义务，其核心是"不得利用职权牟取不正当利益"，本质在于避免个人利益和公司利益之间发生冲突；勤勉义务是一种积极义务，其核心是"执行职务应当为公司的最大利益尽到管理者通常应有的合理注意"，本质在于履职过程中的合理注意义务。本条第三款增加事实董事的认定规则，进一步强化了对控股股东和实际控制人的规范。

### 【相关规定】

1.《最高人民法院关于适用〈中华人民共和国公司法〉若干问题的规定（三）》

第 13 条第 4 款 股东在公司增资时未履行或者未全面履行出资义务，依照本条第一款或者第二款提起诉讼的原告，请求未尽公司法第一百四十七条第一款规定的义务而使出资未缴足的董事、高级管理人员承担相应责任的，人民法院应予支持；董事、高级管理人员承担责任后，可以向被告股东追偿。

**2.《最高人民法院关于适用〈中华人民共和国公司法〉若干问题的规定（四）》**

第12条　公司董事、高级管理人员等未依法履行职责，导致公司未依法制作或者保存公司法第三十三条、第九十七条规定的公司文件材料，给股东造成损失，股东依法请求负有相应责任的公司董事、高级管理人员承担民事赔偿责任的，人民法院应当予以支持。

## 案例指引

**胡某与某管理委员会行政诉讼案**［北京市高级人民法院（2017）京行终3225号］

胡某系电气公司董事，电气公司在首次公开发行股票并在创业板上市的过程中，存在财务状况虚假记载骗取发行核准的情形。胡某作为电气公司董事，在相关董事会决议上签字同意并在招股说明书中签名"保证招股说明书内容真实、准确、完整"。证监会基于此对胡某作出了行政处罚决定，胡某认为自己已经尽到勤勉义务，数次强调其"外部董事"身份，不具体管理公司财务，基于对外部专业审计机构所出具的审计报告文件的信任而签字确认，不应当承担行政责任。

一审法院认为，会计师事务所固然应当保证经其审计的公司财务会计报告真实、完整，但公司董事信赖专业审计机构的前提，应是董事自己已经尽到了应有的监督职责并能够确信审计机构具有独立性，否则公司董事皆可以公司财务会计报告经过专业审计为借口而塞责。

二审法院认为，董事应当善意、合理、审慎地履行自己的职责，尽到处于相似位置上的普通谨慎的人在相同或类似情况下所需要的注意义务。在董事会表决时，胡某的意见都只有简单的"同意"以及手写的签名，没有任何关于对相关财务会计资料以及外部专业审计机构审计报告的仔细研究、审慎讨论以及提出疑问或风险等记载。现有证据不足以认定胡某已经适当地履行了董事所承担的法定的勤勉尽责义务。因此，胡某认为其在电气公司欺诈发行案件中尽到了董事的勤勉尽责义务的主张，不能成立。

董事应当善意、合理、审慎地履行自己的职责，尽到处于相似位置上的普通谨慎的人在相同或类似情况下所需要的注意义务。相关财务会计文件经过外部专业审计机构的审计，并不能完全替代董事履行勤勉尽责义务，因为董事履行勤勉义务具有相对独立性，对公司财务状况以及委托外部专业审计机构开展独立的审计工作仍然负有合理、审慎的注意和独立履行职责的义务。当董事会决议违反法律法规规定时，董事如果认为自己尽到了勤勉尽责义务，应当就自己善意、合理、审慎地履行职责承担相应的举证责任。

## 第一百八十一条　【董事、监事、高级管理人员的禁止行为】

| 修订前 | 修订后 |
| --- | --- |
| **第一百四十七条第二款**　董事、监事、高级管理人员不得利用职权收受贿赂或者其他非法收入，不得侵占公司的财产。<br><br>**第一百四十八条**　董事、高级管理人员不得有下列行为：<br>（一）挪用公司资金；<br>（二）将公司资金以其个人名义或者以其他个人名义开立账户存储；<br>（三）违反公司章程的规定，未经股东会、股东大会或者董事会同意，将公司资金借贷给他人或者以公司财产为他人提供担保；<br>（四）违反公司章程的规定或者未经股东会、股东大会同意，与本公司订立合同或者进行交易；<br>（五）未经股东会或者股东大会同意，利用职务便利为自己或者他人谋取属于公司的商业机会，自营或者为他人经营与所任职公司同类的业务；<br>（六）接受他人与公司交易的佣金归为己有；<br>（七）擅自披露公司秘密；<br>（八）违反对公司忠实义务的其他行为。<br><br>董事、高级管理人员违反前款规定所得的收入应当归公司所有。 | **第一百八十一条**　董事、监事、高级管理人员不得有下列行为：<br>（一）侵占公司财产、挪用公司资金；<br>（二）将公司资金以其个人名义或者以其他个人名义开立账户存储；<br>（三）利用职权贿赂或者收受其他非法收入；<br>（四）接受他人与公司交易的佣金归为己有；<br>（五）擅自披露公司秘密；<br>（六）违反对公司忠实义务的其他行为。 |

## 【法条注解】

新《公司法》第 181 条规定了董事、监事、高级管理人员对公司应尽忠实义务的具体禁止行为。相较于 2018 年《公司法》，将监事全面纳入忠实义务要求的范围。

### 第一百八十二条　【关联交易的披露及表决程序】

| 修订前 | 修订后 |
| --- | --- |
| 　　第一百四十八条第一款　董事、高级管理人员不得有下列行为：<br>　　……<br>　　（四）~~违反公司章程的规定或者未经股东会、股东大会同意~~，与本公司订立合同或者进行交易；<br>　　…… | 　　第一百八十二条　董事、监事、高级管理人员，**直接或者间接与本公司订立合同或者进行交易，应当就与订立合同或者进行交易有关的事项向董事会或者股东会报告，并按照公司章程的规定经董事会或者股东会决议通过。**<br>　　董事、监事、高级管理人员的近亲属，董事、监事、高级管理人员或者其近亲属直接或者间接控制的企业，以及与董事、监事、高级管理人员有其他关联关系的关联人，与公司订立合同或者进行交易，适用前款规定。 |

## 【法条注解】

新《公司法》第 182 条规定了对董事、监事、高级管理人员关联交易的限制。相较于 2018 年《公司法》第 148 条，本条存在如下变化：其一，增加"监事"作为关联交易程序的适用主体；其二，允许公司章程规定董事会或者股东会作为批准机关，豁免决议程序；其三，规定了董监高对关联交易的信息披露义务；其四，规定了关联董事的表决回避规则。本条第 2 款则借鉴了上市公司董监高关联交易规则，在沿用 2018 年《公司法》对关联关系的定义的基础上，对关联方进行了一定程度的示例化列举，包括：一是董监高的近亲属；二是董监高或者其近亲属直接或者间接控制的企业。最后以与董监高有其他关联关系的关联人作为兜底。

**案例指引**

谢某、冷某与公司有关的纠纷案 ［重庆市高级人民法院（2020）渝民终 543 号］

置业公司于 2015 年注册成立，股东为谢某、冷某。冷某为公司的法定代表人，任执行董事兼总经理，谢某任公司的监事。2016 年 1 月至 3 月，置业公司因资金困难需要对外贷款，冷某便将自有资金假借"夏某""陶某"（两人不存在）、"李某"的名义借给置业公司使用，出借利率为日利率 5‰ 至 6‰ 的利息。

一审法院认为，冷某虚构"夏某、陶某、李某"三个名字，以这三个人的名义把钱借给置业公司。谢某虽然在借条上签字，但对出借人实际是冷某并不知情。冷某未经股东谢某同意，以虚构"夏某、陶某、李某"名字的方式，实际与置业公司订立合同进行交易。故根据 2018 年《公司法》第 148 条第 1 款第 4 项之规定，冷某因此获得的收入，即利息收入应当归公司所有。

二审法院认为，由于置业公司章程中没有允许董事、高级管理人员同本公司订立合同或者进行交易的明确规定，且冷某假借他人的名义与置业公司订立借款合同，出借资金给置业公司，并未经股东会同意或得到另一股东谢某的同意。冷某的前述行为已经违反了《公司法》第 148 条第 1 款第 4 项的规定。冷某出借资金给置业公司并收取了高额利息，根据该条第 2 款的规定，冷某从置业公司所获得的利息收入应当归置业公司所有。

第 148 条第 1 款第 4 项规范目的在于强化高管的忠实义务，避免损害公司利益。因此，对于自我交易行为应该讨论该自我交易是否损害公司利益。如果公司处于受益的局面，则不应该使得合同无效。本案中，冷某虚构他人名义，以远高于市场贷款利率的利率出借金钱给公司，从而获取高额的利息，没有征得另一股东谢某的同意。既不满足我国公司法规定的前置程序性条件，实质上也严重损害了公司利益，故该借款合同无效。

## 第一百八十三条 【公司机会】

| 修订前 | 修订后 |
|---|---|
| 第一百四十八条第一款 董事、高级管理人员不得有下列行为：<br><br>…… <br><br>(五) 未经股东会或者股东大会同意，利用职务便利为自己或者他人谋取属于公司的商业机会，自营或者为他人经营与所任职公司同类的业务；<br><br>…… | 第一百八十三条 董事、监事、高级管理人员，不得利用职务便利为自己或者他人谋取属于公司的商业机会。但是，有下列情形之一的除外：<br><br>(一) 向董事会或者股东会报告，并按照公司章程的规定经董事会或者股东会决议通过；<br><br>(二) 根据法律、行政法规或者公司章程的规定，公司不能利用该商业机会。 |

### 【法条注解】

新《公司法》第 183 条是关于公司机会的。本条款明确了公司董事、监事和高级管理人员具有不得谋取公司的商业机会的义务。本条在 2018 年《公司法》的第 148 条第 1 款第 5 项，现在被单独拿出来形成一条，有如下变化：第一，扩大了公司机会规则的适用范围，将具有不得谋取公司商业机会义务的主体范围延伸至监事，增强对公司商业机会的保护力度。第二，对董事、监事和高级管理人员利用公司商业机会的抗辩理由进行扩展，将现有的"经股东会或股东大会同意"延伸规定为"向董事会或者股东会报告，并按照公司章程的规定经董事会或者股东会决议通过"和"根据法律、行政法规或者公司章程的规定，公司不能利用该商业机会"，增加了法律法规和公司章程可能规定的兜底条款。第三，将公司机会合理利用的审批机关由股东会扩大到董事会或股东会，切合股东会召集困难的现实。

### 案例指引

某数字技术公司诉梁某等损害公司利益责任纠纷案 [北京市第一中级人民法院 (2015) 京 01 民 (商) 终 435 号]

法院生效裁判认为，认定梁某的行为是否构成篡夺公司商业机会，首先应判断其与某公司 1 签订买卖合同是否为某数字技术公司的商业机会。本案中，某数字技术公司于 2005 年 3 月 31 日开发完成涉案探测器采集控制软件，2005 年 4 月 8 日首次发表该软件，该事实表明某数字技术公司于 2005 年 3 月 31 日方具有以该软件技术生产探测器的商业机会，而某公司 2 于 2004 年 7 月即与某公司 1 签订了相关探测器买卖合同，即某公司 2 与某公司 1 签订探测器买卖合同在某数字技术公司取得相关计算机软件著作权之前，故根据某数字技术公司提供的现有证据无法认定梁某篡夺了某数字技术公司的商业机会。

新《公司法》第 183 条规定董事、监事、高级管理人员不得夺取公司的商业机会，主要是因为上述人员可以接触到公司的核心内容，为了防止上述人员为了自己私欲损害公司利益。"属于公司的商业机会"主要具有以下几个方面的特征：商业机会与公司业务相关；公司有能力完成该商业机会；第三人有意愿给予公司该商业机会；公司未放弃该商业机会，对此有期待利益。在此类因董事、监事、高级管理人员为个人或者他人谋取公司的商业机会的纠纷中，应当从该商业机会是否为专属于公司的商业机会、公司或其他股东是否为获得该商业机会做出了实质性的努力、被指侵权人员是否实施了欺骗、隐瞒、威胁等剥夺或者谋取商业机会的行为这三个方面进行综合考察，而在实践中，判断是不是专属于公司的商业机会往往是最重要的。

## 第一百八十四条　【董事、监事、高级管理人员的竞业禁止义务】

| 修订前 | 修订后 |
| --- | --- |
| **第一百四十八条第一款**　董事、高级管理人员不得有下列行为：<br>……<br>（五）未经股东会或者股东大会同意，利用职务便利为自己或者他人谋取属于公司的商业机会，自营或者为他人经营与所任职公司同类的业务；<br>…… | **第一百八十四条**　董事、监事、高级管理人员未向董事会或者股东会报告，并按照公司章程的规定经董事会或者股东会决议通过，不得自营或者为他人经营与其任职公司同类的业务。 |

## 【法条注解】

新《公司法》第 184 条是关于董事、监事、高级管理人员竞业禁止义务的。本条款明确了公司董事、监事、高级管理人员具有不得经营与任职公司同类业务的义务。本条原来在 2018 年《公司法》第 148 条第 1 款第 5 项后半句，篇幅不长，现在被单独拿出来成为一条，说明了其重要性。竞业禁止条款主要是为了保护公司的商业秘密以及重大的商业事项，禁止董事、监事、高级管理人员进行自我交易，防止其损害公司的合法利益。本条有如下变动：第一，将竞业禁止义务的法定主体扩张至监事，与其他忠实义务的义务主体保持一致，在主体层面增强对公司利益的保护力度；第二，在股东会的基础上，增设董事会作为对董事、监事、高级管理人员的竞业活动予以许可的组织机构。但对于"同类业务"的指向，在立法过程中存在摇摆，《公司法》的一审稿和二审稿均在"同类业务"前增加修饰词"存在竞争关系的"，而在新《公司法》最终予以删除，明确"不得自营或为他人经营与其任职公司同类的业务"，进一步规范董事、监事、高级管理人员的同业竞争行为。

## 【相关规定】

### 《劳动合同法》

第 23 条　用人单位与劳动者可以在劳动合同中约定保守用人单位的商业秘密和与知识产权相关的保密事项。

对负有保密义务的劳动者，用人单位可以在劳动合同或者保密协议中与劳动者约定竞业限制条款，并约定在解除或者终止劳动合同后，在竞业限制期限内按月给予劳动者经济补偿。劳动者违反竞业限制约定的，应当按照约定向用人单位支付违约金。

第 24 条　竞业限制的人员限于用人单位的高级管理人员、高级技术人员和其他负有保密义务的人员。竞业限制的范围、地域、期限由用人单位与劳动者约定，竞业限制的约定不得违反法律、法规的规定。

在解除或者终止劳动合同后，前款规定的人员到与本单位生产或者经营同类产品、从事同类业务的有竞争关系的其他用人单位，或者自己开业生产或者经营同类产品、从事同类业务的竞业限制期限，不得超过二年。

## 案例指引

吴某等诉陈某、吉某等损害公司利益责任纠纷案［江苏省南通市中级人民法院（2019）苏 06 民终 290 号］

法院生效裁判认为，吴某系某公司 1 的法定代表人，担任总经理及执行董事，对某公司 1 依法负有忠实义务。某公司 1 成立至今已十年有余，案涉三个电话号码系某公司 1 初始开通并一直用于公司，对公司经营的影响显而易见。但在某公司 1 经营出现障碍后，吴某将案涉三个电话号码过户至其妻杨某名下。即某公司 1 原经营使用的案涉三个电话号码，现被同样经营旅游业务的某营业部及某公司 2 使用，吴某的该行为显然会减少某公司 1 的商业机会从而损害某公司 1 的利益。故吴某擅自处理案涉三个电话号码的行为违反了我国《公司法》的相关规定

新《公司法》规定了董事、监事、高级管理人员的竞业禁止义务，主要是因为公司高级管理人员具有参与公司经营决策的权力，应当遵循法律和公司章程，为公司的最大利益服务。因此，高级管理人员对公司负有忠实义务，在其自身利益与公司利益发生冲突时，应当维护公司利益，不得利用高级管理人员的地位牺牲公司利益为自己牟利。并且，此条董事、监事、高级管理人员对公司负有的竞业禁止义务属于法律的强制性规定，公司原则上无权放弃对董事、监事、高级管理人员的竞业禁止要求，董事、监事、高级管理人员互相之间亦无权通过私下协议免除该义务，否则即对公司利益和外部债权人利益均造成损害，该协议应当无效。

## 第一百八十五条　【关联董事表决回避】

| 新增条款 | |
|---|---|
| | 第一百八十五条　董事会对本法第一百八十二条至第一百八十四条规定的事项决议时，关联董事不得参与表决，其表决权不计入表决权总数。出席董事会会议的无关联关系董事人数不足三人的，应当将该事项提交股东会审议。 |

## 【法条注解】

新《公司法》第 185 条是关于关联董事表决回避的。本条款明确了董事会表决第 182 条至第 184 条的事项时，关联董事不得参与。本条系新《公司法》修订新增条款，将关联董事表决回避机制单列成一条，同时增加第 2 款，加强了对关联董事回避表决的管控。本条借鉴了 2018 年《公司法》第 124 条关于上市公司的关联董事表决回避规则，明确在关联交易、

公司机会和竞业禁止的相关事项表决时，关联董事需回避表决。同时规定，出席董事会无关联董事人数不足三人的，应当将该事项提交股东会审议。这样规定主要是为了便于对表决关联交易、公司机会和竞业禁止事项的监督，防止少数人操纵董事会表决，确保董事会对关联交易、公司机会和竞业禁止事项所作的决议能够公正合理地体现公司整体利益和大多数股东的利益。

## 案例指引

**某房地产开发有限公司 1 等诉某地产开发有限公司 2 公司决议纠纷案**
[北京市第三中级人民法院（2022）京 03 民终 12840 号]

一审法院认为，某地产开发有限公司 2 委派董事在案涉董事会会议中应回避表决，在此情况下，仅有应当回避表决的某地产开发有限公司 2 委派的董事参加及表决的董事会会议应依法认定为从来无合法有效的董事参会，也无具有表决权的董事表决。本案涉董事会会议实质是仅由不具有参会资格的某地产开发有限公司 2 委派的董事出席，应视为此次董事会会议没有任何有资格出席的董事参加，出席会议的人数不符合《公司法》及公司章程的规定，应视为从未表决通过。同时，虽然我国《公司法》未明确规定有限责任公司股东、董事应对全部关联事项回避表决，但关联股东、董事回避表决制度的立法目的在于防止与公司存在利益冲突的特别利害关系人利用表决权牟取私利，损害公司及其他股东利益。故某地产开发有限公司 2 作为关联交易方，其委派的董事在此次董事会中并未回避表决，因此某公司 3 作出的董事会决议因其内容违反了法律的强制性规定，损害了某公司 3 及某地产开发有限公司 1 的利益，应属无效。二审人民法院认为一审人民法院事实认定清楚，法律适用正确。

因为此条系此次修改新增内容，故上述案例审理时，只有在关联担保、上市公司关联交易等内容时才适用关联董事回避。而上述法院在审理时，认识到了关联股东、董事回避表决制度的立法目的，主要是考虑董事与董事会会议表决事项所涉及的企业存在关联关系，就有可能在该项交易上与公司存在利益冲突，禁止董事在与公司有利益冲突的情况下，对与其有关联的交易行使表决权。这一点将关联董事回避制度扩展到了关联交易、公司机会和竞业禁止等内容，在更大程度上有利于防止董事利用其在公司所处地位，牺牲公司的利益谋求自己的利益。

## 第一百八十六条　【公司归入权】

| 修订前 | 修订后 |
| --- | --- |
| 第一百四十八条第二款　董事、高级管理人员违反前款规定所得的收入应当归公司所有。 | 第一百八十六条　董事、监事、高级管理人员违反**本法第一百八十一条至第一百八十四条**规定所得的收入应当归公司所有。 |

### 【法条注解】

新《公司法》第 186 条是关于公司归入权的。本条明确了公司董事、监事和高级管理人员在违反前述勤勉忠实义务下的所得归公司所有。本条原来在 2018 年《公司法》第 148 条第 2 款，现在被单独拿出来形成一条，有如下变化：扩大了公司归入权规则的适用范围，将公司归入权的义务主体范围延伸至监事，同公司法第 181 条至第 184 条的修改类似，保证立法前后相互对应，并且增强对公司利益的保护力度：一方面督促公司的董事、监事和高级管理人员以及其他负有忠实义务的人履行忠诚于公司的职责，惩戒其侵害公司利益的行为；另一方面，将董事、监事和高级管理人员等人违反忠实义务的所得归入公司、增加公司资产，起到保护公司及公司其他股东乃至公司债权人等利益相关人的作用。

## 第一百八十七条　【董事、监事、高级管理人员列席参加股东会义务】

| 修订前 | 修订后 |
| --- | --- |
| 第一百五十条第一款　股东会或者股东大会要求董事、监事、高级管理人员列席会议的，董事、监事、高级管理人员应当列席并接受股东的质询。 | 第一百八十七条　股东会要求董事、监事、高级管理人员列席会议的，董事、监事、高级管理人员应当列席并接受股东的质询。 |

### 【法条注解】

新《公司法》第 187 条是关于董事、监事、高级管理人员列席参加股东会义务的。本条在 2018 年《公司法》第 150 条第 1 款，现在被单独拿出来形成一条，修改不大，主要变化是把股东大会去除。2018 年《公司法》区分股东会和股东大会主要是由于有限责任公司和股份有限公司的不同，而在本次新《公司法》修改中去除了股东大会的说法，统一称为股东会。为了使股东能够在充分了解情况的基础上正确地行使表决权，更好地保障公司利益和股东利益，应当赋予股东在股东会议上质询的权利。董事、监事、高级管理人员接到股东会提出的列席股东会议的要求后，应当按时列席股东会议，不得拒绝列席会议；在列席股东会议时，应当接受股东的质询。

## 第一百八十八条　【董事、监事、高级管理人员的赔偿责任】

| 修订前 | 修订后 |
| --- | --- |
| 　　**第一百四十九条**　董事、监事、高级管理人员执行公司职务时违反法律、行政法规或者公司章程的规定，给公司造成损失的，应当承担赔偿责任。 | 　　**第一百八十八条**　董事、监事、高级管理人员执行职务违反法律、行政法规或者公司章程的规定，给公司造成损失的，应当承担赔偿责任。 |

## 【法条注解】

新《公司法》第 188 条是关于董事、监事、高级管理人员的赔偿责任的。为促使董事、监事、高级管理人员依法为公司利益行使职权，使公司的合法权益在受到侵害时能得到恢复或补偿，新《公司法》明确董事、监事、高级管理人员违法执行职务给公司造成损害的应承担法律责任。本条原来在 2018 年《公司法》第 149 条，此次修改不大，只是将"公司职务"改成"职务"，进行了语言上的精简和改善。董事、监事、高级管理人员享有法律和公司章程授予的参与管理、监督公司事务的职权，同时负有对公司忠实和勤勉的义务，在执行公司职务时，应当依照法律法规和公司章程行使职权，履行义务，维护公司的利益。

## 第一百八十九条　【股东双重代表诉讼】

| 修订前 | 修订后 |
|---|---|
| 　　**第一百五十一条**　董事、高级管理人员有本法~~第一百四十九条~~规定的情形的，有限责任公司的股东、股份有限公司连续一百八十日以上单独或者合计持有公司百分之一以上股份的股东，可以书面请求监事会或者~~不设监事会的有限责任公司的监事~~向人民法院提起诉讼；监事有本法~~第一百四十九条~~规定的情形的，前述股东可以书面请求董事会或者~~不设董事会的有限责任公司的执行董事~~向人民法院提起诉讼。<br>　　监事会、~~不设监事会的有限责任公司的监事~~，或者董事会、~~执行董事~~收到前款规定的股东书面请求后拒绝提起诉讼，或者自收到请求之日起三十日内未提起诉讼，或者情况紧急、不立即提起诉讼将会使公司利益受到难以弥补的损害的，前款规定的股东有权为~~子公司~~的利益以自己的名义直接向人民法院提起诉讼。<br>　　他人侵犯公司合法权益，给公司造成损失的，本条第一款规定的股东可以依照前两款的规定向人民法院提起诉讼。 | 　　**第一百八十九条**　董事、高级管理人员有**前条**规定的情形的，有限责任公司的股东、股份有限公司连续一百八十日以上单独或者合计持有公司百分之一以上股份的股东，可以书面请求监事会向人民法院提起诉讼；监事有**前条**规定的情形的，前述股东可以书面请求董事会向人民法院提起诉讼。<br>　　监事会或者董事会收到前款规定的股东书面请求后拒绝提起诉讼，或者自收到请求之日起三十日内未提起诉讼，或者情况紧急、不立即提起诉讼将会使公司利益受到难以弥补的损害的，前款规定的股东有权为公司利益以自己的名义直接向人民法院提起诉讼。<br>　　他人侵犯公司合法权益，给公司造成损失的，本条第一款规定的股东可以依照前两款的规定向人民法院提起诉讼。<br>　　**公司全资子公司的董事、监事、高级管理人员有前条规定情形，或者他人侵犯公司全资子公司合法权益造成损失的，有限责任公司的股东、股份有限公司连续一百八十日以上单独或者合计持有公司百分之一以上股份的股东，可以依照前三款规定书面请求全资子公司的监事会、董事会向人民法院提起诉讼或者以自己的名义直接向人民法院提起诉讼。** |

## 【法条注解】

新《公司法》第189条是关于股东双重代表诉讼的规定。首先，有限责任公司的股东、股份有限公司连续一百八十日以上单独或者合计持有公司1%以上股份的股东可以书面请求董事会（监事违规）、监事会（董事、高级管理人员违规）起诉。其次，当监事会或者董事会拒绝提起诉讼，或者自收到请求之日起三十日内未提起诉讼，或者情况紧急、不立即提起诉讼将会使公司利益受到难以弥补的损害时，上述股东有权为公司利益以自己的名义起诉，这是2018年《公司法》规定的第一重股东代表诉讼。而本次修改在2018年《公司法》第151条的基础上，新增第4款，将股东代表诉讼的被告范围扩张至全资子公司的董事、高级管理人员，形成第二重股东代表诉讼，以此构建双重股东代表诉讼制度。引入该制度的主要目的在于解决公司股东与管理者之间以及公司控股股东与小股东之间的利益冲突，同时解决内部人控制以及控股股东对公司实际控制的问题。该制度作为股东代表诉讼的延伸，处理企业集团内部不同主体之间的矛盾，维护母公司中小股东的利益。还有一点改动是删除"不设监事会的有限责任公司的监事"和"不设董事会的有限责任公司的执行董事"的表述，在与上文条款保持一致的同时，更加明确了请求诉讼的主体是组织而非个人。

## 案例指引

王某1、王某2与某投资发展有限公司诉某置业有限公司损害公司利益责任纠纷案［江苏省高级人民法院（2020）苏民申777号］

法院生效裁判认为，某投资发展有限公司系某置业有限公司股东，首先，其应请求某置业有限公司执行董事、监事提起本案诉讼，但根据1383号民事判决所载，以及某置业有限公司在本案中明确表示不起诉，故已经不存在某置业有限公司执行董事、监事接受某投资发展有限公司申请提起本案诉讼的可能性，公司内部救济途径已经穷尽，故某投资发展有限公司提起本案诉讼并不违反《公司法》第151条的规定。其次，根据《公司法》第53条的规定，本案中，乔某系某投资发展有限公司的原监事，其认为公司执行董事王某2与他人共同损害公司利益，有权代表公司对王某2、王某1提起本案诉讼，故乔某以某投资发展有限公司名义提起本案诉讼，符合上述法律规定。

新《公司法》规定股东双重代表诉讼，主要是在我国的公司实践中，子公司的董事和高管人员常常属于母公司的中层高管人员，亦通常由母公司指派甚至任命，受到母公司的董事和高管人员的命令控制。一旦股东需要单独针对子公司提起诉讼，而不是通过母公司的董事和高管人员去间接纠正，通常意味着母公司的董事和高管人员处于失职或者懈怠状态。因此，股东双重代表诉讼的机制设计具有现实意义。

## 第一百九十条　【股东直接诉讼】

| 修订前 | 修订后 |
| --- | --- |
| 第一百五十二条　董事、高级管理人员违反法律、行政法规或者公司章程的规定，损害股东利益的，股东可以向人民法院提起诉讼。 | 第一百九十条　董事、高级管理人员违反法律、行政法规或者公司章程的规定，损害股东利益的，股东可以向人民法院提起诉讼。 |

## 【法条注解】

新《公司法》第190条是关于股东直接诉讼的。公司董事、高级管理人员违反法律法规或者公司章程，损害股东利益的，股东有权向法院提起诉讼。本条有两点值得注意：第一，股东直接诉讼，法律没有对提起诉讼的股东所持股权（股份）的占比作出限制，也没有前置程序的限制。因此，凡是利益因公司董事、高级管理人员的违反法律法规或者公司章程规定的行为而受损的股东，都有权直接诉讼。第二，提起诉讼的事由，是董事、高级管理人员违反法律、行政法规或者公司章程的规定，损害了股东的利益。

## 第一百九十一条　【董事、高级管理人员对第三人的赔偿责任】

| 新增条款 | |
| --- | --- |
| | 第一百九十一条　董事、高级管理人员执行职务，给他人造成损害的，公司应当承担赔偿责任；董事、高级管理人员存在故意或者重大过失的，也应当承担赔偿责任。 |

## 【法条注解】

新《公司法》第 191 条是关于董事、高级管理人员对第三人的赔偿责任的。本条系新增条款，2018 年《公司法》仅在第 149 条规定了董事、监事、高级管理人员执行职务时对公司造成损失的赔偿责任，但对于给第三人造成损害的赔偿责任却并未作规定。为解决实践中已经大量发生的公司董事侵害第三人权益，而受害人无法得到有效救济的现象，回应第三人起诉公司和董事承担连带赔偿责任的司法需求，同时统合法律层面零散的董事对于公司第三人承担赔偿责任的情形，新《公司法》新增董事对第三人承担责任条款，剥夺董事通过违法行为而获得的利益，以强化公司董事责任、提升公司治理水平。本条规定了董事、高级管理人员对第三人承担责任的要件：其一，承担责任主体要件是董事和高级管理人员，但第三人的范围未得到明确；其二，行为要件是董事、高级管理人员执行职务的行为；其三，主观要件将过错限定为故意或重大过失，而不包括一般过失，否则对董事、高级管理人员责任过重，不利于董事、高级管理人员积极经营，不利于公司经营发展。公司是以营利为目的的商事组织，而公司的营利性只能在充满风险的经营过程才能得以实现。就资本增值而言，收益在很大程度上是和风险呈正相关的，高风险高收益。而公司的冒险和创新行为最终是要依凭于董事、高级管理人员等自然人来完成的，因此，固然需要约束、规范董事和高级管理人员的经营行为，但是也不能违背商业经营规律对董事、高级管理人员限制过高，否则就显得过于苛刻，既不利于留住人才，也不利公司的健康发展。

## 第一百九十二条 【控股股东和实际控制人指示】

| 新增条款 | |
| --- | --- |
| | **第一百九十二条** 公司的控股股东、实际控制人指示董事、高级管理人员从事损害公司或者股东利益的行为的，与该董事、高级管理人员承担连带责任。 |

## 【法条注解】

新《公司法》第 192 条是关于控股股东和实际控制人指示的。本条款是本次修法新增内容，规定于第 8 章"公司董事、监事、高级管理人员的资格和义务"中，系对控股股东和实际控制人指示的连带责任的规定，丰富完善公司核心人员的责任治理体系，进一步保障公司及股东的合法权益，提升公司治理能力。本条款明确指出，如果公司董事、高级管理人员的损害行为是在控股股东或实际控制人指示下进行的，则该控股股东或实际控制人应与执行人就损害行为及后果承担连带责任。

在主体层面，本条款涉及指示人与执行人，前者为公司的控股股东与实际控制人，后者为公司的董事与高级管理人员，值得注意的是，监事并不在本条款的执行人范围内。在行为层面，本条款中的"指示"应理解为：控股股东或实际控制人凭借自身在公司的持股比例或话语权，对董事、高级管理人员产生支配力，并要求其听从自身指令从事损害公司或者股东利益的行为。在责任层面，本条款明确责任形式为连带责任，即被侵权主体可向指示人或执行人任何一方主张侵权责任，维护自身权益。

相较于 2018 年《公司法》中仅规范董事与高级管理人员的忠实义务，本条款在特定情况下穿透行为人向上追溯，加强对公司决策层及管理层的全面监管，有利于引导控股股东及实际控制人肩负起规范发展的主体责任，完善上市公司内部控制机制，提升规范运作水平。

## 【相关规定】

### 《刑法》

第 169 条之一　上市公司的董事、监事、高级管理人员违背对公司的忠实义务，利用职务便利，操纵上市公司从事下列行为之一，致使上市公司利益遭受重大损失的，处三年以下有期徒刑或者拘役，并处或者单处罚金；致使上市公司利益遭受特别重大损失的，处三年以上七年以下有期徒刑，并处罚金：

（一）无偿向其他单位或者个人提供资金、商品、服务或者其他资产的；

（二）以明显不公平的条件，提供或者接受资金、商品、服务或者其他资产的；

（三）向明显不具有清偿能力的单位或者个人提供资金、商品、服务或者其他资产的；

（四）为明显不具有清偿能力的单位或者个人提供担保，或者无正当理由为其他单位或者个人提供担保的；

（五）无正当理由放弃债权、承担债务的；

（六）采用其他方式损害上市公司利益的。

上市公司的控股股东或者实际控制人，指使上市公司董事、监事、高级管理人员实施前款行为的，依照前款的规定处罚。

犯前款罪的上市公司的控股股东或者实际控制人是单位的，对单位判处罚金，并对其直接负责的主管人员和其他直接责任人员，依照第一款的规定处罚。

**案例指引**

华某公司信息披露违法案①

上市公司依法披露的信息必须真实、准确、完整，不得有虚假记载、误导性陈述或者重大遗漏，华某公司构成信息披露违法事实清楚、证据充分。王某作为实际控制人、董事长和董事，华某公司所有涉案违法行为均由王某主导、参与或指使他人实施，其主观故意明显，涉案金额巨大，违法情节严重。全体董事、监事、高级管理人员应主动了解并持续关注上市公司的生产、经营和财务状况，具备与职责相匹配的专业知识和水平，主动调查并获取决策所需资料，独立发表专业判断，不知情、未参与及参考借鉴审计结果等不能构成免责理由。

## 第一百九十三条　【董事责任保险】

| 新增条款 | |
| --- | --- |
| | 第一百九十三条　公司可以在董事任职期间为董事因执行公司职务承担的赔偿责任投保责任保险。<br><br>公司为董事投保责任保险或者续保后，董事会应当向股东会报告责任保险的投保金额、承保范围及保险费率等内容。 |

---

① 最高人民检察院联合中国证券监督管理委员会发布 12 起证券违法犯罪典型案例之八：华某公司信息披露违法案，https：//www.spp.gov.cn/spp/xwfbh/wsfbh/202011/t20201106_484204.shtml，2023 年 2 月 2 日访问。

## 【法条注解】

新《公司法》第 193 条是关于董事责任保险的。本条款为本次修法新增内容，规定于第 8 章"公司董事、监事、高级管理人员的资格和义务"中，这是我国首次从基本法律层面对董事责任保险进行直接规定。董事责任保险是以董事、监事或高级职员对公司或对第三者（股东、债权人等）应承担的民事赔偿责任为标的的一种保险，通过保险理赔行为，减轻董事因其不当行为而使公司、股东或第三人受损而本应由其承担的法律责任，具有分散责任风险、帮助受害人及时获得赔付、激励董事和高级职员积极作为、不断提升职业经理人的决策能力等功能。

本条款为任意性规范，明确公司在必要时可以投保董事责任险，但仅限在董事任职期间为其职务行为引发的民事赔偿责任投保，应当严格区分董事的职务行为与个人行为，凡超出职责范围的行为，一律不得纳入投保及赔付范围。公司在投保或续保后，应当依法履行程序上的报告义务，董事会应向股东会详细汇报投保金额、承保范围、保险费率等相关内容，有效保障股东的知情权，加强对董事履职及投保的监督。

董事责任保险作为一种董事责任的限制或豁免制度，在立法要求董事勤勉忠实履职的基础上，为其提供"放手去做"的动力，避免董事因不愿承担风险而消极履职、不作为，充分调动董事履行职务的积极性，提升公司治理效能。

## 【相关规定】

### 1.《国务院办公厅关于上市公司独立董事制度改革的意见》

第 2 条第 5 项　加强独立董事履职保障。健全上市公司独立董事履职保障机制，上市公司应当从组织、人员、资源、信息、经费等方面为独立董事履职提供必要条件，确保独立董事依法充分履职。鼓励上市公司推动独立董事提前参与重大复杂项目研究论证等环节，推动独立董事履职与公司内部决策流程有效融合。落实上市公司及相关主体的独立董事履职保障责任，丰富证券监督管理机构监管手段，强化对上市公司及相关主体不配合、阻挠独立董事履职的监督管理。畅通独立董事与证券监督管理机构、证券交易所的沟通渠道，健全独立董事履职受限救济机制。鼓励上市公司为独立董事投保董事责任保险，支持保险公司开展符合上市公司需求的相关责任保险业务，降低独立董事正常履职的风险。

**2.《上市公司独立董事管理办法》**

第 40 条　上市公司可以建立独立董事责任保险制度，降低独立董事正常履行职责可能引致的风险。

# 第九章　公司债券

## 第一百九十四条　【公司债券定义、发行方式及法律适用】

| 修订前 | 修订后 |
| --- | --- |
| **第一百五十三条**　本法所称公司债券，是指公司依照法定程序发行、约定在一定期限还本付息的有价证券。<br><br>　　公司发行公司债券应当符合《中华人民共和国证券法》规定的发行条件。 | **第一百九十四条**　本法所称公司债券，是指公司发行的约定按期还本付息的有价证券。<br><br>　　公司债券可以公开发行，也可以非公开发行。<br><br>　　公司债券的发行和交易应当符合《中华人民共和国证券法》等法律、行政法规的规定。 |

## 【法条注解】

新《公司法》第194条是关于公司债券定义、发行方式及法律适用的。本条款相较于2018年《公司法》第153条作出了较大修改，其中：第1款删去"依照法定程序"，修正了2018年《公司法》与本条第3款存在的语义重复，并将"在一定期限还本付息"修改为"按期还本付息"，精简表述且便于公司灵活设计债券的偿还方式；第2款新增公司债券的非公开发行，弥补了2018年《公司法》的立法漏洞，健全公司债券的发行制度体系；第3款作为准用性规则，将公司债券的交易一并纳入监管，并以列举的方式完善公司债券的发行与交易应遵循的法律依据，为后续立法及司法实践预留出适用空间。

本条款的修订十分具有现实意义，这是我国首次在《公司法》中许可公司债券的非公开发行。公开发行与非公开发行在程序及监管要求上存在明显差异，前者的手续环节更为复杂，监管颗粒度更加细化，而后者只需不违反禁止性规范即可。《证券法》第9条仅明确非公开发行证券不得以公开或变相公开方式进行，却未明确何种证券适用非公开发行，2018年《公司法》亦未提及公司债券的发行方式，实务界不免疑虑重重。本次修法填补了《公司法》与《证券法》的衔接空白，明文规定公司债券可以采用非公开发行并应当适用《证券法》的相关规范。至此，公司可以根据实际需求灵活选择债券发行方式，并依法履行对应程序。

## 【相关规定】

### 1.《公司债券发行与交易管理办法》

第3条　公司债券可以公开发行，也可以非公开发行。

第13条　公开发行公司债券筹集的资金，必须按照公司债券募集说明书所列资金用途使用；改变资金用途，必须经债券持有人会议作出决议。非公开发行公司债券，募集资金应当用于约定的用途；改变资金用途，应当履行募集说明书约定的程序。

鼓励公开发行公司债券的募集资金投向符合国家宏观调控政策和产业政策的项目建设。

公开发行公司债券筹集的资金，不得用于弥补亏损和非生产性支出。发行人应当指定专项账户，用于公司债券募集资金的接收、存储、划转。

第14条　公开发行公司债券，应当符合下列条件：

（一）具备健全且运行良好的组织机构；

（二）最近三年平均可分配利润足以支付公司债券一年的利息；

（三）具有合理的资产负债结构和正常的现金流量；

（四）国务院规定的其他条件。

公开发行公司债券，由证券交易所负责受理、审核，并报中国证监会注册。

第15条　存在下列情形之一的，不得再次公开发行公司债券：

（一）对已公开发行的公司债券或者其他债务有违约或者延迟支付本息的事实，仍处于继续状态；

（二）违反《证券法》规定，改变公开发行公司债券所募资金用途。

第31条　公开发行的公司债券，应当在证券交易场所交易。

公开发行公司债券并在证券交易场所交易的，应当符合证券交易场所规定的上市、挂牌条件。

第34条　非公开发行的公司债券应当向专业投资者发行，不得采用广告、公开劝诱和变相公开方式，每次发行对象不得超过二百人。

第36条　非公开发行公司债券，承销机构或依照本办法第三十九条规定自行销售的发行人应当在每次发行完成后五个工作日内向中国证券业协会报备。

中国证券业协会在材料齐备时应当及时予以报备。报备不代表中国证券业协会实行合规性审查，不构成市场准入，也不豁免相关主体的违规责任。

第37条　非公开发行公司债券，可以申请在证券交易场所、证券公司柜台转让。

非公开发行公司债券并在证券交易场所转让的，应当遵守证券交易场所制定的业务规则，并经证券交易场所同意。

非公开发行公司债券并在证券公司柜台转让的，应当符合中国证监会的相关规定。

**2.《中国人民银行、发展改革委、财政部等关于推动公司信用类债券市场改革开放高质量发展的指导意见》**

第4条第5项　以分类趋同为原则，按照《中华人民共和国证券法》对公开发行、非公开发行公司信用类债券进行发行管理。公开发行公司信用类债券，由国务院证券监督管理机构或者国务院授权的部门注册，相关标准应统一。非公开发行公司信用类债券，市场机构应加强自律，行政部门依法监管和指导，相关标准也应统一。债券发行应符合国家宏观经济发展和产业政策，匹配实体经济需求。限制高杠杆企业过度发债，强化对债券募集资金的管理，禁止结构化发债行为。

# 第一百九十五条　【公开发行公司债券的注册与公告】

| 修订前 | 修订后 |
| --- | --- |
| 　　**第一百五十四条**　发行公司债券的申请经国务院授权的部门核准后，应当公告公司债券募集办法。<br>　　公司债券募集办法中应当载明下列主要事项：<br>　　（一）公司名称；<br>　　（二）债券募集资金的用途；<br>　　（三）债券总额和债券的票面金额； | 　　**第一百九十五条**　公开发行公司债券，应当经国务院**证券监督管理机构注册**，公告公司债券募集办法。<br>　　公司债券募集办法应当载明下列主要事项：<br>　　（一）公司名称；<br>　　（二）债券募集资金的用途；<br>　　（三）债券总额和债券的票面金额； |

续表

| 修订前 | 修订后 |
|---|---|
| （四）债券利率的确定方式；<br>（五）还本付息的期限和方式；<br>（六）债券担保情况；<br>（七）债券的发行价格、发行的起止日期；<br>（八）公司净资产额；<br>（九）已发行的尚未到期的公司债券总额；<br>（十）公司债券的承销机构。 | （四）债券利率的确定方式；<br>（五）还本付息的期限和方式；<br>（六）债券担保情况；<br>（七）债券的发行价格、发行的起止日期；<br>（八）公司净资产额；<br>（九）已发行的尚未到期的公司债券总额；<br>（十）公司债券的承销机构。 |

## 【法条注解】

新《公司法》第 195 条是关于公开发行公司债券的注册与公告的。相较于 2018 年《公司法》，本次修法主要修改了第 1 款的表述：增加限定词"公开"表明本条款仅规范公开发行公司债券的程序，非公开发行公司债券的不适用本规则；将"国务院授权的部门"修改为"国务院证券监督管理机构"，此前划入国家发展和改革委员会的企业债券发行审核职责，现在由中国证券监督管理委员会统一负责，体现了我国金融监管体制的重大改革及我国债券发行的集中化管理；将"核准"修改为"注册"，体现我国公司债券的公开发行从核准制变更为注册制，简化审核程序，降低发行成本。

注册制下的债券发行无须再由监管机构进行实质审查，仅在形式上符合发行及披露要求即可，大幅提升市场流动性和资源配置效率的同时对信息披露及投资者能力提出更高要求，是推动金融市场更加成熟的必由之路。2019 年修订的《证券法》已明确企业债券发行由核准制改为注册制，本次《公司法》的修订与最新立法及行业实践相统一，体现了我国立法工作的与时俱进。

## 【相关规定】

### 《证券法》

第 9 条　公开发行证券，必须符合法律、行政法规规定的条件，并依法报经国务院证券监督管理机构或者国务院授权的部门注册。未经依法注册，任何单位和个人不得公开发行证券。证券发行注册制的具体范围、实施步骤，由国务院规定。

有下列情形之一的，为公开发行：

（一）向不特定对象发行证券；

（二）向特定对象发行证券累计超过二百人，但依法实施员工持股计划的员工人数不计算在内；

（三）法律、行政法规规定的其他发行行为。

非公开发行证券，不得采用广告、公开劝诱和变相公开方式。

第15条　公开发行公司债券，应当符合下列条件：

（一）具备健全且运行良好的组织机构；

（二）最近三年平均可分配利润足以支付公司债券一年的利息；

（三）国务院规定的其他条件。

公开发行公司债券筹集的资金，必须按照公司债券募集办法所列资金用途使用；改变资金用途，必须经债券持有人会议作出决议。公开发行公司债券筹集的资金，不得用于弥补亏损和非生产性支出。

上市公司发行可转换为股票的公司债券，除应当符合第一款规定的条件外，还应当遵守本法第十二条第二款的规定。但是，按照公司债券募集办法，上市公司通过收购本公司股份的方式进行公司债券转换的除外。

## 第一百九十六条　【纸面形式债券票面法定载明事项】

| 修订前 | 修订后 |
| --- | --- |
| 　　第一百五十五条　公司以实物券方式发行公司债券的，必须在债券上载明公司名称、债券票面金额、利率、偿还期限等事项，并由法定代表人签名，公司盖章。 | 　　第一百九十六条　公司以纸面形式发行公司债券的，应当在债券上载明公司名称、债券票面金额、利率、偿还期限等事项，并由法定代表人签名，公司盖章。 |

## 【法条注解】

新《公司法》第196条是关于纸面形式债券票面法定载明事项的。本条在2018年《公司法》的基础上将"实物券方式"修改为"纸面形式"，表述更加严谨规范。公司债券根据形式不同可分为凭证式债券和记账式债券，前者以债券收款凭单的形式作为债权证明，以纸面形式呈现；后者又名"无纸化债券"，没有纸版收款凭单，以电子化方式记载与流转。纸质债券应当明确记载公司名称、票面金额、利率、偿还期限等重要事项，并经法定代表人签名、公司签章后生效，须妥善保管，一旦遗失将难以兑现本息。

## 第一百九十七条 【记名债券】

| 修订前 | 修订后 |
| --- | --- |
| **第一百五十六条** 公司债券，~~可以为记名债券，也可以为无记名债券~~。 | **第一百九十七条** 公司债券应当为记名债券。 |

## 【法条注解】

新《公司法》第 197 条是关于记名债券的。本次修法对公司债券的形式进行修改，取消了无记名债券，明确公司发行的债券应当为记名债券。记名债券是指债券上记载债权人的姓名或名称，并经发行单位或代理机构登记的债券，转让时需要原持有人背书并办理相应的过户手续；无记名债券是指不需在债券上记载持有人的姓名或名称，也不需在发行单位或代理机构登记的债券，此种债券可随意转让，且无须办理过户手续。

记名债券更具安全性，其鲜明的主体指向性能够有效保障债权人对债券的所有权，当记名债券被盗或遗失时，债券所有人可以依照《民事诉讼法》规定的公示催告程序进行补救。无记名债券更富流通性，因其不记载所有人信息，且流转无须办理专项手续，转让更为便利。

由于投资者选择公司债券通常是基于对公司经营状况及信誉的信赖而非转让赚取利润差价，本次修法统一了公司债券形式，更加契合投资者对安全性的需求，便于公司及证券监管机构集中化管理，具有十分重要的现实意义。

## 第一百九十八条　【债券持有人名册置备及其应载明事项】

| 修订前 | 修订后 |
| --- | --- |
| 　　第一百五十七条　公司发行公司债券应当置备公司债券存根簿。<br>　　发行记名公司债券的，应当在公司债券存根簿上载明下列事项：<br>　　（一）债券持有人的姓名或者名称及住所；<br>　　（二）债券持有人取得债券的日期及债券的编号；<br>　　（三）债券总额，债券的票面金额、利率、还本付息的期限和方式；<br>　　（四）债券的发行日期。<br>　　~~发行无记名公司债券的，应当在公司债券存根簿上载明债券总额、利率、偿还期限和方式、发行日期及债券的编号。~~ | 　　第一百九十八条　公司发行公司债券应当置备公司债券持有人名册。<br>　　发行公司债券的，应当在公司债券持有人名册上载明下列事项：<br>　　（一）债券持有人的姓名或者名称及住所；<br>　　（二）债券持有人取得债券的日期及债券的编号；<br>　　（三）债券总额，债券的票面金额、利率、还本付息的期限和方式；<br>　　（四）债券的发行日期。 |

### 【法条注解】

　　新《公司法》第 198 条是关于债券持有人名册的置备及其应载明事项的。相较于 2018 年《公司法》，本次修改主要体现在三个方面：其一，将"公司债券存根簿"更名为"债券持有人名册"，凸显本名册的设置目的——记录债券及其持有人相关信息，表述更加通俗易懂；其二，删去第 2 款中的"记名"，与新《公司法》第 197 条相照应，公司债券仅有记名债券一种形式，无须另行强调，用语更加严谨规范；其三，删去原法条第 3 款中有关无记名债券的规定，确保本次修法内容的一致性。

### 【相关规定】

　　1.《公司债券发行与交易管理办法》

　　第 61 条　受托管理人为履行受托管理职责，有权代表债券持有人查询债券持有人名册及相关登记信息、专项账户中募集资金的存储与划转情况。证券登记结算机构应当予以配合。

2. 《中国人民银行、发展改革委、证监会关于公司信用类债券违约处置有关事宜的通知》

第 5 条第 12 项　完善金融基础设施配套措施。债券登记托管机构要积极配合做好债券违约处置的登记托管服务。在符合监管机构要求的前提下协助提供债券持有人名册，为债券持有人会议的召开及债券违约处置提供支持。

## 第一百九十九条　【公司债券登记结算机构的制度要求】

| 修订前 | 修订后 |
| --- | --- |
| **第一百五十八条**　记名公司债券的登记结算机构应当建立债券登记、存管、付息、兑付等相关制度。 | **第一百九十九条**　公司债券的登记结算机构应当建立债券登记、存管、付息、兑付等相关制度。 |

## 【法条注解】

新《公司法》第 199 条是关于公司债券登记结算机构的制度要求的。公司债券登记结算机构应构建存管、付息、兑付等制度，本次修改仅删去了"记名"，与新《公司法》第 197 条、第 198 条相照应，体现了修法内容的统一性。

债券登记结算机构是为债券的发行和交易活动办理登记、存管、结算业务的中介服务机构，建立健全公司债券登记结算制度流程有助于提升相关业务的供给效率，便于公司债券的集中、统一、高效管理。

## 【相关规定】

1. 《国务院关于进一步促进资本市场健康发展的若干意见》

第 3 条第 11 项　深化债券市场互联互通。在符合投资者适当性管理要求的前提下，完善债券品种在不同市场的交叉挂牌及自主转托管机制，促进债券跨市场顺畅流转。鼓励债券交易场所合理分工、发挥各自优势。促进债券登记结算机构信息共享、顺畅连接，加强互联互通。提高债券市场信息系统、市场监察系统的运行效率，逐步强化对债券登记结算体系的统一管理，防范系统性风险。

**2. 《全国法院审理债券纠纷案件座谈会纪要》**

第 23 条 损失赔偿后债券的交还与注销。依照本纪要第 21 条、第 22 条第二项的规定请求发行人承担还本付息责任的，人民法院应当在一审判决作出前向债券登记结算机构调取本案当事人的债券交易情况，并通知债券登记结算机构冻结本案债券持有人所持有的相关债券。

人民法院判令发行人依照本纪要第 21 条、第 22 条第二项的规定承担还本付息责任的，无论债券持有人是否提出了由发行人赎回债券的诉讼请求，均应当在判项中明确债券持有人交回债券的义务，以及发行人依据生效法律文书申请债券登记结算机构注销该债券的权利。

## 第二百条 【公司债券转让】

| 修订前 | 修订后 |
| --- | --- |
| **第一百五十九条** 公司债券可以转让，转让价格由转让人与受让人约定。<br><br>公司债券在证券交易所上市交易的，按照证券交易所的交易规则转让。 | **第二百条** 公司债券可以转让，转让价格由转让人与受让人约定。<br><br>公司债券**的**转让**应当符合法律、行政法规的规定**。 |

## 【法条注解】

新《公司法》第 200 条是关于公司债券转让的。本次修法删去原法条第 2 款内容，增添"公司债券的转让应当符合法律、行政法规的规定"这一表述。公司债券的转让系双方基于平等自愿的意思表示，交易价格及相关事项应由当事人约定，但不得违反法律、行政法规的强制性规定。

本条款修改的意义在于扩大了公司债券转让适用法律依据的范围和层级。2018 年《公司法》仅将证券交易所的交易规则作为适用依据，规范位阶较低且规则间可能存在矛盾冲突，引致实务中面临适法困境。本次修法明确债券转让应符合法律、行政法规的相关规定，有效缓解规则的有限性及低层次性与实践迅速发展的冲突。

**案 例 指 引**

某投资有限公司、某投资控股集团有限公司等合同纠纷案［最高人民法院（2021）最高法民终 523 号］

法院生效裁判认为，根据《协议书》《股份代持协议》的约定，某投资有限公司将案涉可换股债券转让至 C 某公司名下且已经支付了债权转让款，债权转让款债务因某投资有限公司履行义务而消灭，山西某公司、贺某某起诉主张某投资有限公司再行支付股票变现后的剩余债权转让款，本院不予支持。一审判决认为案涉可换股债券转让至 C 某公司名下系让与担保认定事实有误，判决某投资有限公司继续支付股票变现后的剩余债权转让款结果不当，本院予以纠正。

## 第二百零一条　【记名公司债券】

| 修订前 | 修订后 |
| --- | --- |
| 第一百六十条　记名公司债券，由债券持有人以背书方式或者法律、行政法规规定的其他方式转让；转让后由公司将受让人的姓名或者名称及住所记载于公司债券存根簿。<br><br>无记名公司债券的转让，由债券持有人将该债券交付给受让人后即发生转让的效力。 | 第二百零一条　公司债券由债券持有人以背书方式或者法律、行政法规规定的其他方式转让；转让后由公司将受让人的姓名或者名称及住所记载于公司债券**持有人名册**。 |

## 【法条注解】

新《公司法》第 201 条规定记名公司债券的转让方式。根据公司债券的内容是否记载债权人姓名或者名称，可以将公司债分为记名公司债和无记名公司债。无记名公司债指债券票面不载明持有人姓名或者名称的公司债券。新《公司法》在第 197 条删除了 2018 年《公司法》关于无记名债券的规定，并修改规定公司债券应当为记名债券，因此，新《公司法》仅将记名公司债券列为合法形式，无记名公司债券不得发行上市。新《公司法》也统一删除了 2018 年《公司法》关于无记名公司债券转让规则的相关内容。

## 【相关规定】

### 《公司债券发行与交易管理办法》

第2条　在中华人民共和国境内，公开发行公司债券并在证券交易所、全国中小企业股份转让系统交易，非公开发行公司债券并在证券交易所、全国中小企业股份转让系统、证券公司柜台转让的，适用本办法。法律法规和中国证券监督管理委员会（以下简称中国证监会）另有规定的，从其规定。本办法所称公司债券，是指公司依照法定程序发行、约定在一定期限还本付息的有价证券。

第14条　公开发行公司债券，应当符合下列条件：

（一）具备健全且运行良好的组织机构；

（二）最近三年平均可分配利润足以支付公司债券一年的利息；

（三）具有合理的资产负债结构和正常的现金流量；

（四）国务院规定的其他条件。

公开发行公司债券，由证券交易所负责受理、审核，并报中国证监会注册。

第31条　公开发行的公司债券，应当在证券交易场所交易。

公开发行公司债券并在证券交易场所交易的，应当符合证券交易场所规定的上市、挂牌条件。

第34条　非公开发行的公司债券应当向专业投资者发行，不得采用广告、公开劝诱和变相公开方式，每次发行对象不得超过二百人。

第37条　非公开发行公司债券，可以申请在证券交易场所、证券公司柜台转让。

非公开发行公司债券并在证券交易场所转让的，应当遵守证券交易场所制定的业务规则，并经证券交易场所同意。

非公开发行公司债券并在证券公司柜台转让的，应当符合中国证监会的相关规定。

第38条　非公开发行的公司债券仅限于专业投资者范围内转让。转让后，持有同次发行债券的投资者合计不得超过二百人。

## 第二百零二条　【可转换为股票的公司债券】

| 修订前 | 修订后 |
| --- | --- |
| 　　第一百六十一条　上市公司经股东大会决议可以发行可转换为股票的公司债券，并在公司债券募集办法中规定具体的转换办法。上市公司发行可转换为股票的公司债券，应当报国务院证券监督管理机构核准。<br><br>　　发行可转换为股票的公司债券，应当在债券上标明可转换公司债券字样，并在公司债券存根簿上载明可转换公司债券的数额。 | 　　第二百零二条　股份有限公司经股东会决议，**或者经公司章程、股东会授权由董事会决议**，可以发行可转换为股票的公司债券，并规定具体的转换办法。上市公司发行可转换为股票的公司债券，应当经国务院证券监督管理机构**注册**。<br><br>　　发行可转换为股票的公司债券，应当在债券上标明可转换公司债券字样，并在公司债券**持有人名册**上载明可转换公司债券的数额。 |

## 【法条注解】

新《公司法》第 202 条规定可转换为股票的公司债券的发行，公司有权发行该种债券有两种决议，一种是股份有限公司经股东会决议，另一种是经公司章程、股东会授权由董事会决议。可转换为股票的公司债券也称为可转换公司债券，即使该债券已届承兑期限，持有人既可以选择兑付，也可以选择将其转换为等值的公司股票。可转换为股票的公司债券是公司债券的一种，可转换公司债券是一种混合型的债券形式，该种公司债券通常是票面利率较低。可转换公司债券的期限是没有统一期限的，实践中一般对可转换公司债券的期限规定有效期在四年，具体还是要根据公司的债券发行计划、债权人的偿债能力以及公司股权变动情况来判定，可转换公司债券在到期之后可选择按与公司签订的事先协议在发行结束之日起六个月后方转换为公司股票。

## 【相关规定】

### 1.《公司债券发行与交易管理办法》

第 11 条　发行公司债，可以附认股权、可转换成相关股票等条款。上市公司、股票公开转让的非上市公众公司股东可以发行附可交换成上市公司或非上市公众公司股票条款的公司债券。商业银行等金融机构可以按照有关规定发行公司债券补充资本。上市公司发行附认股权、可转换成股票条款的公司债券，应当符合上市公司证券发行管理的相关规定。股票公开转让的非上市公众公司发行附认股权、可转换成股票条款的公司债券，由中国证监会另行规定。

2. 《可转换公司债券管理办法》

第2条　可转债在证券交易所或者国务院批准的其他全国性证券交易场所（以下简称证券交易场所）的交易、转让、信息披露、转股、赎回与回售等相关活动，适用本办法。

本办法所称可转债，是指公司依法发行、在一定期间内依据约定的条件可以转换成本公司股票的公司债券，属于《证券法》规定的具有股权性质的证券。

第3条　向不特定对象发行的可转债应当在依法设立的证券交易所上市交易或者在国务院批准的其他全国性证券交易场所交易。

证券交易场所应当根据可转债的风险和特点，完善交易规则，防范和抑制过度投机。

进行可转债程序化交易的，应当符合中国证监会的规定，并向证券交易所报告，不得影响证券交易所系统安全或者正常交易秩序。

第4条　发行人向特定对象发行的可转债不得采用公开的集中交易方式转让。

上市公司向特定对象发行的可转债转股的，所转换股票自可转债发行结束之日起十八个月内不得转让。

## 第二百零三条　【可转换公司债券的转换】

| 修订前 | 修订后 |
| --- | --- |
| **第一百六十二条**　发行可转换为股票的公司债券的，公司应当按照其转换办法向债券持有人换发股票，但债券持有人对转换股票或者不转换股票有选择权。 | **第二百零三条**　发行可转换为股票的公司债券的，公司应当按照其转换办法向债券持有人换发股票，但债券持有人对转换股票或者不转换股票有选择权。**法律、行政法规另有规定的除外。** |

## 【法条注解】

新《公司法》第203条规定可转换公司债券的转换和债券持有人的选

择权。在债券在发行时规定会载明债权人可以选择持有的债券转换成发行公司的等值股票，也即转换为普通股票。持有人既可以选择兑付，也可以选择将其转换为等值的公司股票。可转换为股票的公司债券有利于投资在公司发展潜力和前景不明确的时候投资该公司，而在该公司经营业绩显著和经营前景良好的情况下，选择将持有的债券转换为股票，为投资者和公司带来双赢。可转换公司债券赎回方式主要有两种：一种是到期赎回，即在可转债到期后五个交易日内，上市公司以规定的价格（本金100+利息）赎回未转股的可转债；比较类似普通债券的到期还本付息。另一种是提前赎回，在转股期内，连续一段交易日中有比较多的交易日，股票的收盘价高出当期转股价格过多（具体数字在可转债发行公告中会注明）；或者未转股余额不足一定数量时，公司有权以一定的价格（本金+利息）提前赎回全部或部分未转股的可转债。

## 【相关规定】

### 《可转换公司债券管理办法》

第8条 可转债自发行结束之日起不少于六个月后方可转换为公司股票，转股期限由公司根据可转债的存续期限及公司财务状况确定。

可转债持有人对转股或者不转股有选择权，并于转股的次日成为发行人股东。

第9条 上市公司向不特定对象发行可转债的转股价格应当不低于募集说明书公告日前二十个交易日发行人股票交易均价和前一个交易日均价，且不得向上修正。

上市公司向特定对象发行可转债的转股价格应当不低于认购邀请书发出前二十个交易日发行人股票交易均价和前一个交易日均价，且不得向下修正。

第10条 募集说明书应当约定转股价格调整的原则及方式。

发行可转债后，因配股、增发、送股、派息、分立、减资及其他原因引起发行人股份变动的，应当同时调整转股价格。

上市公司可转债募集说明书约定转股价格向下修正条款的，应当同时约定：

（一）转股价格修正方案须提交发行人股东大会表决，且须经出席会议的股东所持表决权的三分之二以上同意，持有发行人可转债的股东应当回避；

（二）修正后的转股价格不低于前项通过修正方案的股东大会召开日

前二十个交易日该发行人股票交易均价和前一个交易日均价。

第 14 条　发行人应当在赎回条件满足后及时披露，明确说明是否行使赎回权。

发行人决定行使赎回权的，应当披露赎回公告，明确赎回的期间、程序、价格等内容，并在赎回期结束后披露赎回结果公告。

发行人决定不行使赎回权的，在证券交易场所规定的期限内不得再次行使赎回权。

发行人决定行使或者不行使赎回权的，还应当充分披露其实际控制人、控股股东、持股百分之五以上的股东、董事、监事、高级管理人员在赎回条件满足前的六个月内交易该可转债的情况，上述主体应当予以配合。

## 第二百零四条　【债券持有人会议】

| 新增条款 | |
| --- | --- |
| | **第二百零四条**　公开发行公司债券的，应当为同期债券持有人设立债券持有人会议，并在债券募集办法中对债券持有人会议的召集程序、会议规则和其他重要事项作出规定。债券持有人会议可以对与债券持有人有利害关系的事项作出决议。<br><br>　　除公司债券募集办法另有约定外，债券持有人会议决议对同期全体债券持有人发生效力。 |

## 【法条注解】

新《公司法》第 204 条新增条文规定公司债券持有人会议的设立和决议效力。通过吸收《公司债券发行与交易管理办法》《可转换公司债券管理办法》关于债券持有人会议的设立规则和决议效力的制度，有利于平衡公司债券发行人与债券持有人的权利和利益。《公司债券发行与交易管理办法》规定了债券受托管理人应当按规定或约定召集债券持有人会议的十一种情形，并进一步规定，在债券受托管理人应当召集而未召集债券持有人会议时，单独或合计持有本期债券总额 10%以上的债券持有人有权自行召集债券持有人会议。该制度的建立使新《公司法》在公司债券发行上与《公司债券发行与交易管理办法》实现了衔接，通过设立债券持有人会议制度，有利于公司债券市场的长久健康发展。

## 【相关规定】

### 1. 《公司债券发行与交易管理办法》

第 62 条　发行公司债券，应当在债券募集说明书中约定债券持有人会议规则。

债券持有人会议规则应当公平、合理。债券持有人会议规则应当明确债券持有人通过债券持有人会议行使权利的范围，债券持有人会议的召集、通知、决策生效条件与决策程序、决策效力范围和其他重要事项。债券持有人会议按照本办法的规定及会议规则的程序要求所形成的决议对全体债券持有人有约束力，债券持有人会议规则另有约定的除外。

第 63 条　存在下列情形的，债券受托管理人应当按规定或约定召集债券持有人会议：

（一）拟变更债券募集说明书的约定；

（二）拟修改债券持有人会议规则；

（三）拟变更债券受托管理人或受托管理协议的主要内容；

（四）发行人不能按期支付本息；

（五）发行人减资、合并等可能导致偿债能力发生重大不利变化，需要决定或者授权采取相应措施；

（六）发行人分立、被托管、解散、申请破产或者依法进入破产程序；

（七）保证人、担保物或者其他偿债保障措施发生重大变化；

（八）发行人、单独或合计持有本期债券总额百分之十以上的债券持有人书面提议召开；

（九）发行人管理层不能正常履行职责，导致发行人债务清偿能力面临严重不确定性；

（十）发行人提出债务重组方案的；

（十一）发生其他对债券持有人权益有重大影响的事项。

在债券受托管理人应当召集而未召集债券持有人会议时，单独或合计持有本期债券总额百分之十以上的债券持有人有权自行召集债券持有人会议。

### 2. 《可转换公司债券管理办法》

第 17 条　募集说明书应当约定可转债持有人会议规则。可转债持有人会议规则应当公平、合理。

可转债持有人会议规则应当明确可转债持有人通过可转债持有人会议行使权利的范围，可转债持有人会议的召集、通知、决策机制和其他重要事项。

可转债持有人会议按照本办法的规定及会议规则的程序要求所形成的决议对全体可转债持有人具有约束力。

第 18 条　可转债受托管理人应当按照《公司债券发行与交易管理办法》规定或者有关约定及时召集可转债持有人会议。

在可转债受托管理人应当召集而未召集可转债持有人会议时，单独或合计持有本期可转债总额百分之十以上的持有人有权自行召集可转债持有人会议。

## 第二百零五条　【公司债券受托管理人】

| 新增条款 | |
| --- | --- |
| | **第二百零五条**　公开发行公司债券的，发行人应当为债券持有人聘请债券受托管理人，由其为债券持有人办理受领清偿、债权保全、与债券相关的诉讼以及参与债务人破产程序等事项。 |

## 【法条注解】

新《公司法》第 205 条新增条文规定公司债券受托管理人制度。新《公司法》吸收了《公司债券发行与交易管理办法》关于公司债券受托管理人制度。聘请债券受托管理人应当签订债券受托管理协议，设立债券受托管理人主要在于通过引入专业的管理人，按照规定或协议的约定维护债券持有人的利益。债券受托管理人应当为中国证券业协会会员。为本次发行提供担保的机构不得担任本次债券发行的受托管理人。新《公司法》明确规定，债券受托管理人可以履行办理受领清偿、债权保全、与债券相关的诉讼以及参与债务人破产程序的法定权利，除此之外，根据《公司债券发行与交易管理办法》第 59 条的规定，还需要履行持续关注发行人和保证人的资信状况、担保物状况、增信措施及偿债保障措施的实施情况，出现可能影响债券持有人重大权益的事项时，召集债券持有人会议；在债券存续期内监督发行人募集资金的使用情况；对发行人的偿债能力和增信措施的有效性进行全面调查和持续关注，并至少每年向市场公告一次受托管理事务报告；在债券存续期内持续督导发行人履行信息披露义务；发行人为债券设定担保的，债券受托管理人应在债券发行前或债券募集说明书约定的时间内取得担保的权利证明或其他有关文件，并在增信措施有效期内妥善保管；发行人不能按期兑付债券本息或出现募集说明书约定的其他违约事件的，可以接受全部或部分债券持有人的委托，以自己的名义代表债券持有人提起、参加民事诉讼或者破产等法律程序，或者代表债券持有人申请处置抵质押物等法定义务。

## 【相关规定】

### 《公司债券发行与交易管理办法》

第 57 条 公开发行公司债券的，发行人应当为债券持有人聘请债券受托管理人，并订立债券受托管理协议；非公开发行公司债券的，发行人应当在募集说明书中约定债券受托管理事项。在债券存续期限内，由债券受托管理人按照规定或协议的约定维护债券持有人的利益。

发行人应当在债券募集说明书中约定，投资者认购或持有本期公司债券视作同意债券受托管理协议、债券持有人会议规则及债券募集说明书中其他有关发行人、债券持有人权利义务的相关约定。

第 59 条 公开发行公司债券的受托管理人应当按规定或约定履行下列职责：

（一）持续关注发行人和保证人的资信状况、担保物状况、增信措施及偿债保障措施的实施情况，出现可能影响债券持有人重大权益的事项时，召集债券持有人会议；

（二）在债券存续期内监督发行人募集资金的使用情况；

（三）对发行人的偿债能力和增信措施的有效性进行全面调查和持续关注，并至少每年向市场公告一次受托管理事务报告；

（四）在债券存续期内持续督导发行人履行信息披露义务；

（五）预计发行人不能偿还债务时，要求发行人追加担保，并可以依法申请法定机关采取财产保全措施；

（六）在债券存续期内勤勉处理债券持有人与发行人之间的谈判或者诉讼事务；

（七）发行人为债券设定担保的，债券受托管理人应在债券发行前或债券募集说明书约定的时间内取得担保的权利证明或其他有关文件，并在增信措施有效期内妥善保管；

（八）发行人不能按期兑付债券本息或出现募集说明书约定的其他违约事件的，可以接受全部或部分债券持有人的委托，以自己名义代表债券持有人提起、参加民事诉讼或者破产等法律程序，或者代表债券持有人申请处置抵质押物。

第60条　非公开发行公司债券的，债券受托管理人应当按照债券受托管理协议的约定履行职责。

第61条　受托管理人为履行受托管理职责，有权代表债券持有人查询债券持有人名册及相关登记信息、专项账户中募集资金的存储与划转情况。证券登记结算机构应当予以配合。

## 第二百零六条　【债券受托管理人义务与责任】

| 新增条款 | |
|---|---|
| | 第二百零六条　债券受托管理人应当勤勉尽责，公正履行受托管理职责，不得损害债券持有人利益。<br><br>受托管理人与债券持有人存在利益冲突可能损害债券持有人利益的，债券持有人会议可以决议变更债券受托管理人。<br><br>债券受托管理人违反法律、行政法规或者债券持有人会议决议，损害债券持有人利益的，应当承担赔偿责任。 |

【法条注解】

新《公司法》第206条新增条文规定了债券受托管理人的义务与责任。新《公司法》引入建立债券受托管理人制度，规定债券受托管理人的勤勉尽责，依法公正履责的义务，应当严格遵守执业规范和监管规则，按规定和约定履行义务。受托管理人应当以债券持有人的利益为本位，在与债券持有人存在利益冲突可能损害债券持有人利益时，债券持有人会议可以决议变更债券受托管理人。债券受托管理人的赔偿责任是：债券受托管理人违反法律、行政法规或者债券持有人会议决议，损害债券持有人利益的，应当承担赔偿责任。

## 【相关规定】

### 《公司债券发行与交易管理办法》

第6条　为公司债券发行提供服务的承销机构、受托管理人，以及资信评级机构、会计师事务所、资产评估机构、律师事务所等专业机构和人员应当勤勉尽责，严格遵守执业规范和监管规则，按规定和约定履行义务。

发行人及其控股股东、实际控制人应当全面配合承销机构、受托管理人、证券服务机构的相关工作，及时提供资料，并确保内容真实、准确、完整。

第58条　债券受托管理人由本次发行的承销机构或其他经中国证监会认可的机构担任。债券受托管理人应当为中国证券业协会会员。为本次发行提供担保的机构不得担任本次债券发行的受托管理人。债券受托管理人应当勤勉尽责，公正履行受托管理职责，不得损害债券持有人利益。对于债券受托管理人在履行受托管理职责时可能存在的利益冲突情形及相关风险防范、解决机制，发行人应当在债券募集说明书及债券存续期间的信息披露文件中予以充分披露，并同时在债券受托管理协议中载明。

# 第十章  公司财务、会计

## 第二百零七条  【财务会计制度】

| 修订前 | 修订后 |
| --- | --- |
| **第一百六十三条**  公司应当依照法律、行政法规和国务院财政部门的规定建立本公司的财务、会计制度。 | **第二百零七条**  公司应当依照法律、行政法规和国务院财政部门的规定建立本公司的财务、会计制度。 |

**【法条注解】**

新《公司法》第 207 条规定的财务会计制度，其内容与 2018 年《公司法》规定保持一致。公司财务会计制度包含了公司财务制度和会计制度，具体依据的法律法规是《会计法》《会计基础工作规范》和《会计档案管理办法》等行业财会制度。公司的财务会计制度体系和内容体系的构成有：需要明确建立公司的会计组织机构、组织形式和设置专门会计岗位；根据财务会计准则建立公司财务管理与会计核算体系；需要建立会计核算原则；需要建立账户处理及核算程序、会计报告体系、资本金管理和筹资管理、流动资产管理及核算、固定资产和其他长期资产管理及核算、成本费用管理及核算、人力成本管理及核算、收入管理及核算、利润分配管理及核算、财务计划和全面预算管理、税务管理、外币业务管理；还需要根据财务会计电子化之后，做好电子会计档案、数字化财务和会计电算化管理体系。

**【相关规定】**

**《会计法》**

第 3 条  各单位必须依法设置会计帐簿，并保证其真实、完整。

第 9 条　各单位必须根据实际发生的经济业务事项进行会计核算，填制会计凭证，登记会计帐簿，编制财务会计报告。

任何单位不得以虚假的经济业务事项或者资料进行会计核算。

## 第二百零八条　【财务会计报告制度】

| 修订前 | 修订后 |
| --- | --- |
| **第一百六十四条**　公司应当在每一会计年度终了时编制财务会计报告，并依法经会计师事务所审计。<br><br>财务会计报告应当依照法律、行政法规和国务院财政部门的规定制作。 | **第二百零八条**　公司应当在每一会计年度终了时编制财务会计报告，并依法经会计师事务所审计。<br><br>财务会计报告应当依照法律、行政法规和国务院财政部门的规定制作。 |

## 【法条注解】

新《公司法》第 208 条规定的财务会计报告制度，其内容与 2018 年《公司法》保持一致。公司财务会计报表包含了资产负债表、损益表、现金流量表、利润分配表和财务情况说明书等。公司财务会计报表是反映公司一定会计期间的生产经营成果和财务状况的总结性的书面文件。它不仅是公司经营者准确掌握公司经营情况的重要手段，也是股东、债权人了解公司财产和经营状况的主要途径。财务会计报告根据时间可以区分为年度、半年度、季度和月度的财务会计报告。为了确保会计记账和核算的合法、真实、完整、公允、一致和准确，公司在每一个会计年度终了时需要对财务报表进行审计，会计师事务所作为社会中介组织和独立第三方依法独立进行审计，并出具审计报告。财务会计报告审计具有重要作用，为了保证审计结论的客观公正，公司法和会计法都要求公司应当向聘用的会计师事务所提供真实、完整的会计凭证、会计账簿、财务会计报告及其他会计资料，不得拒绝、隐匿、谎报。

## 【相关规定】

《会计法》

第 20 条　财务会计报告应当根据经过审核的会计帐簿记录和有关资料编制，并符合本法和国家统一的会计制度关于财务会计报告的编制要求、提供对象和提供期限的规定；其他法律、行政法规另有规定的，从其规定。

财务会计报告由会计报表、会计报表附注和财务情况说明书组成。向不同的会计资料使用者提供的财务会计报告，其编制依据应当一致。有关法律、行政法规规定会计报表、会计报表附注和财务情况说明书须经注册会计师审计的，注册会计师及其所在的会计师事务所出具的审计报告应当随同财务会计报告一并提供。

第 21 条第 1 款　财务会计报告应当由单位负责人和主管会计工作的负责人、会计机构负责人（会计主管人员）签名并盖章；设置总会计师的单位，还须由总会计师签名并盖章。

## 第二百零九条　【财务会计报告送交查阅制度】

| 修订前 | 修订后 |
| --- | --- |
| 　第一百六十五条　有限责任公司应当依照公司章程规定的期限将财务会计报告送交各股东。<br>　股份有限公司的财务会计报告应当在召开股东夫会年会的二十日前置备于本公司，供股东查阅；公开发行股票的股份有限公司必须公告其财务会计报告。 | 　第二百零九条　有限责任公司应当**按照**公司章程规定的期限将财务会计报告送交各股东。<br>　股份有限公司的财务会计报告应当在召开股东会年会的二十日前置备于本公司，供股东查阅；公开发行股份的股份有限公司**应当公告**其财务会计报告。 |

## 【法条注解】

新《公司法》第 209 条规定的财务会计报告制度，其内容与 2018 年《公司法》保持一致。公司每年都应编制年度财务会计报告，《公司法》对不同公司形式编制财务会计报告报送要求不同，有限责任公司，应当按照公司章程规定的期限将财务会计报告送交各股东；股份有限公司，应当在召开股东会年会的二十日前置备于本公司，供股东查阅；如果是公开发行股票的股份有限公司，其财务会计报告是信息披露的重要内容，需要公告公开。财务会计报告的报送制度是公司治理的一项重要事项，投资人和利益相关方需要通过财务会计报告了解公司的经营情况、财务变动状况、利润和现金流量等信息，为投资人了解公司的经营情况和决策提供财务信息基础。除年度财务会计报告外，还有中期财务报告和临时财务报告等形式。财务会计报告的报送制度也是保护股东查阅权的一种体现，公司的投资者和利益相关者有权对公司的会计账簿、会计文书等相关的会计原始凭证和文书、记录进行查阅。

## 第二百一十条　【利润分配】

| 修订前 | 修订后 |
| --- | --- |
| 　　**第三十四条**　股东按照实缴的出资比例分取红利；~~公司新增资本时，股东有权优先按照实缴的出资比例认缴出资~~。但是，全体股东约定不按照出资比例分取红利或者不按照出资比例优先认缴出资的除外。<br><br>　　**第一百六十六条**　公司分配当年税后利润时，应当提取利润的百分之十列入公司法定公积金。公司法定公积金累计额为公司注册资本的百分之五十以上的，可以不再提取。<br><br>　　公司的法定公积金不足以弥补以前年度亏损的，在依照前款规定提取法定公积金之前，应当先用当年利润弥补亏损。<br><br>　　公司从税后利润中提取法定公积金后，经股东会或者股东大会决议，还可以从税后利润中提取任意公积金。<br><br>　　公司弥补亏损和提取公积金后所余税后利润，有限责任公司依照~~本法第三十四条的规定~~分配；股份有限公司按照股东持有的股份比例分配，但股份有限公司章程规定不按持股比例分配的除外。 | 　　**第二百一十条**　公司分配当年税后利润时，应当提取利润的百分之十列入公司法定公积金。公司法定公积金累计额为公司注册资本的百分之五十以上的，可以不再提取。<br><br>　　公司的法定公积金不足以弥补以前年度亏损的，在依照前款规定提取法定公积金之前，应当先用当年利润弥补亏损。<br><br>　　公司从税后利润中提取法定公积金后，经股东会决议，还可以从税后利润中提取任意公积金。<br><br>　　公司弥补亏损和提取公积金后所余税后利润，有限责任公司按照**股东实缴的出资比例分配利润**，全体股东约定不按照出资比例分**配利润**的除外；股份有限公司按照股东所持有的股份比例分配**利润**，公司章程**另有**规定的除外。<br><br>　　公司持有的本公司股份不得分配利润。 |

## 【法条注解】

　　新《公司法》第210条第4款是关于公司当年税后利润分配的规定：(1) 明确分配前提，即应当先弥补亏损和提取法定公积金；(2) 明确提取法定公积金的上限，即累计额达到公司注册资本的50%以上的，可以不再提取；(3) 明确分配方法，即按照股东实缴的出资比例或所持有的股份比例分配利润，公司章程另有约定或规定除外；（4）明确公司持有的本公司股份不得分配利润。

## 第二百一十一条　【违法分配利润】

| 修订前 | 修订后 |
| --- | --- |
| **第一百六十六条第五款**　股东会、股东大会或者董事会违反前款规定，在公司弥补亏损和提取法定公积金之前向股东分配利润的，股东必须将违反规定分配的利润退还公司。 | **第二百一十一条**　公司违反本法规定向股东分配利润的，股东应当将违反规定分配的利润退还公司；给公司造成损失的，股东及负有责任的董事、监事、高级管理人员应当承担赔偿责任。 |

### 【法条注解】

新《公司法》第 211 条是关于违法分配利润责任的规定，相较于 2018年《公司法》，新增公司违法分配利润责任的规定，即股东应当退还利润、股东与董监高应当承担赔偿责任，旨在强化股东和董事、监事、高级管理人员维护公司资本充实的责任。

需要注意的是，该规定可能不利于保护善意股东，尤其是公众公司的中小股东，即当董事会及大股东决定并执行的利润分配方案，后来被认定为违法分配，中小股东按规定须承担相应赔偿责任。

## 第二百一十二条　【利润分配时限】

| 新增条款 | |
| --- | --- |
| | **第二百一十二条**　股东会作出分配利润的决议的，董事会应当在股东会决议作出之日起六个月内进行分配。 |

### 【法条注解】

新《公司法》第 212 条新增了公司分配利润时间限定的规定，该条款源于《最高人民法院关于适用〈中华人民共和国公司法〉若干问题的规定（五）》第 4 条，但将该司法解释所规定的一年期限变更为半年期限。

需要注意的是，该条文未明确是以公司决议还是以公司章程的规定为准，二者对时间的约定可能存在冲突；也未规定股东能否提起决议撤销之诉撤销该时间规定。

## 【相关规定】

1. 《最高人民法院关于适用〈中华人民共和国公司法〉若干问题的规定（五）》

第4条　分配利润的股东会或者股东大会决议作出后，公司应当在决议载明的时间内完成利润分配。决议没有载明时间的，以公司章程规定的为准。决议、章程中均未规定时间或者时间超过一年的，公司应当自决议作出之日起一年内完成利润分配。

决议中载明的利润分配完成时间超过公司章程规定时间的，股东可以依据民法典第八十五条、公司法第二十二条第二款规定请求人民法院撤销决议中关于该时间的规定。

## 第二百一十三条　【资本公积金】

| 修订前 | 修订后 |
|---|---|
| 第一百六十七条　股份有限公司以超过股票票面金额的发行价格发行股份所得的溢价款以及国务院财政部门规定列入资本公积金的其他收入，应当列为公司资本公积金。 | 第二百一十三条　公司以超过股票票面金额的发行价格发行股份所得的溢价款、**发行无面额股所得股款未计入注册资本的金额**以及国务院财政部门规定列入资本公积金的其他**项目**，应当列为公司资本公积金。 |

## 【法条注解】

新《公司法》第213条是关于资本公积金提取项目的规定，相较于2018年《公司法》，新增规定：发行无面额股所得股款未计入注册资本的金额列入资本公积金。由于无面额股没有面值和溢价，也就不能按照面额股模式的规则来区分注册资本和资本公积金，新《公司法》采用"法定比例"原则，将章程记载的一定比例股款列入注册资本，余者纳入资本公积金。

## 第二百一十四条　【资本公积金补亏】

| 修订前 | 修订后 |
| --- | --- |
| 　　**第一百六十八条**　公司的公积金用于弥补公司的亏损、扩大公司生产经营或者转为增加公司资本。~~但是，资本公积金不得用于弥补公司的亏损。~~<br>　　法定公积金转为资本时，所留存的该项公积金不得少于转增前公司注册资本的百分之二十五。 | 　　**第二百一十四条**　公司的公积金用于弥补公司的亏损、扩大公司生产经营或者转为增加公司**注册资本**。<br>　　**公积金弥补公司亏损，应当先使用任意公积金和法定公积金；仍不能弥补的，可以按照规定使用资本公积金。**<br>　　法定公积金转为**增加注册**资本时，所留存的该项公积金不得少于转增前公司注册资本的百分之二十五。 |

### 【法条注解】

　　新《公司法》第214条是关于资本公积金补亏的规定，第2款允许资本公积金用于弥补公司亏损，并新增公积金补亏顺序的规定：先使用任意公积金和法定公积金补亏，不足的使用资本公积金。

## 第二百一十五条　【聘用、解聘会计师事务所】

| 修订前 | 修订后 |
| --- | --- |
| 　　**第一百六十九条**　公司聘用、解聘承办公司审计业务的会计师事务所，**依照**公司章程的规定，由股东会、股东大会或者董事会决定。<br>　　公司股东会、股东大会或者董事会就解聘会计师事务所进行表决时，应当允许会计师事务所陈述意见。 | 　　**第二百一十五条**　公司聘用、解聘承办公司审计业务的会计师事务所，**按照**公司章程的规定，由股东会、董事会**或者监事会**决定。<br>　　公司股东会、董事会**或者监事会**就解聘会计师事务所进行表决时，应当允许会计师事务所陈述意见。 |

## 【法条注解】

新《公司法》第 215 条是关于会计师事务所聘用、解聘的规定，把聘用、解聘会计师事务所的主体范围由股东会、股东大会、董事会变更为股东会、董事会、监事会，旨在强化监事会的忠实勤勉义务和维护资本充实义务。

### 第二百一十六条 【财务信息的提供】

| 修订前 | 修订后 |
| --- | --- |
| **第一百七十条** 公司应当向聘用的会计师事务所提供真实、完整的会计凭证、会计账簿、财务会计报告及其他会计资料，不得拒绝、隐匿、谎报。 | **第二百一十六条** 公司应当向聘用的会计师事务所提供真实、完整的会计凭证、会计账簿、财务会计报告及其他会计资料，不得拒绝、隐匿、谎报。 |

## 【法条注解】

新《公司法》第 216 条对公司提供财务信息的真实性和完整性作了要求，规定应当向聘用的会计师事务所提供真实、完整的会计凭证、会计账簿、财务会计报告及其他会计资料，不得拒绝、隐匿、谎报。

### 第二百一十七条 【公司账簿、账户】

| 修订前 | 修订后 |
| --- | --- |
| **第一百七十一条** 公司除法定的会计账簿外，不得另立会计账簿。<br>对公司资产，不得以任何个人名义开立账户存储。 | **第二百一十七条** 公司除法定的会计账簿外，不得另立会计账簿。<br>对公司资金，不得以任何个人名义开立账户存储。 |

## 【法条注解】

本条无实质性变化。

新《公司法》第 217 条是关于公司账簿、账户的规定，规定公司应当使用法定会计账簿和专门账户，不得另立会计账簿，不得以任何个人名义开立账户存储公司资金。

# 第十一章　公司合并、分立、增资、减资

## 第二百一十八条　【公司的合并】

| 修订前 | 修订后 |
| --- | --- |
| **第一百七十二条**　公司合并可以采取吸收合并或者新设合并。<br>　　一个公司吸收其他公司为吸收合并，被吸收的公司解散。两个以上公司合并设立一个新的公司为新设合并，合并各方解散。 | **第二百一十八条**　公司合并可以采取吸收合并或者新设合并。<br>　　一个公司吸收其他公司为吸收合并，被吸收的公司解散。两个以上公司合并设立一个新的公司为新设合并，合并各方解散。 |

## 【法条注解】

新《公司法》第 218 条对公司合并方式作出规定，明确公司的合并方式有吸收合并和新设合并，并明确了公司合并后的原公司解散问题，即一个公司吸收其他公司为吸收合并，被吸收的公司解散。两个以上公司合并设立一个新的公司为新设合并，合并各方解散。

## 第二百一十九条　【公司简易合并】

| 新增条款 |
| --- |
| 　　**第二百一十九条**　公司与其持股百分之九十以上的公司合并，被合并的公司不需经股东会决议，但应当通知其他股东，其他股东有权请求公司按照合理的价格收购其股权或者股份。 |

续表

| 新增条款 | |
|---|---|
| | 公司合并支付的价款不超过本公司净资产百分之十的，可以不经股东会决议；但是，公司章程另有规定的除外。<br><br>公司依照前两款规定合并不经股东会决议的，应当经董事会决议。 |

## 【法条注解】

新《公司法》第 219 条新增了股东简易合并程序的规定。在公司与其持股 90%以上的公司合并的情况下，不需经过股东会决议，但应当通知其他股东，并赋予这部分股东以合理价格出售股份的权利。此外，为防止合并过程中公司承受过度财务负担，设定了合并支付价款不得超过公司净资产 10%的限制。同时，强调董事会在合并决策中的重要作用，并考虑到公司章程的特殊规定。本条文规定意义在于：在简化合并决议程序，提高合并效率的同时，平衡了保护少数股东权益、维护公司财务稳定性和强化董事会决策作用的多重目的，体现了对公司治理结构的细致考量和对不同利益相关方权益的均衡保护。

## 第二百二十条 【公司合并】

| 修订前 | 修订后 |
|---|---|
| **第一百七十三条** 公司合并，应当由合并各方签订合并协议，并编制资产负债表及财产清单。公司应当自作出合并决议之日起十日内通知债权人，并于三十日内在报纸上公告。债权人自接到通知书之日起三十日内，未接到通知书的自公告之日起四十五日内，可以要求公司清偿债务或者提供相应的担保。 | **第二百二十条** 公司合并，应当由合并各方签订合并协议，并编制资产负债表及财产清单。公司应当自作出合并决议之日起十日内通知债权人，并于三十日内在报纸上**或者国家企业信用信息公示系统**公告。债权人自接到通知之日起三十日内，未接到通知的自公告之日起四十五日内，可以要求公司清偿债务或者提供相应的担保。 |

## 【法条注解】

新《公司法》第220条规定了公司合并的具体程序和义务。根据该条文，当公司决定合并时，合并各方必须签订合并协议，并且编制资产负债表及财产清单。这一步骤在于确保合并过程的透明度和公正性。此外，公司必须在作出合并决议之日起十日内通知其债权人，为适应新时代需求，新《公司法》在公告方式上新增了企业信息公示系统渠道，公司需在三十日内在报纸上或信息公示平台上公布合并信息。确保公司债权人在债务人公司合并前进行利益权衡、作出判断，以最大限度维护自身利益。债权人在接到通知书之日起三十日内，或者在未接到通知书的情况下，从公告之日起四十五日内，有权要求公司清偿债务或提供相应的担保。这一规定进一步确保了债权人在公司合并过程中的利益不受损害。

### 案例指引

某科技集团有限公司股东损害公司债权人利益责任纠纷案［江苏省高级人民法院（2016）苏民终187号］

法院生效裁判认为，关于某纸业公司并入某大型纸业公司过程中，某纸业公司实际控股人某科技集团有限公司是否存在损害债权人利益行为的问题。根据《公司法》第173条的规定，公司合并，应当由合并各方签订合并协议，并编制资产负债表及财产清单。公司应当自作出合并决议之日起10日内通知债权人，并于30日内在报纸上公告。债权人自接到通知书之日起30日内，未接到通知书的自公告之日起45日内，可以要求公司清偿债务或者提供相应的担保。首先，公司合并应当履行相应的法定程序，确保公司债权人在债务人公司合并前进行权衡、作出判断，以最大限度维护自身利益。其次，某纸业公司并入某大型纸业公司时，虽在相关报纸上进行了公告，但并未按照规定通知已知债权人某冶金公司，导致该冶金公司没有及时得知合并情况，也无法要求债务人清偿债务或者提供相应的担保，故某纸业公司与某大型纸业公司合并程序存在瑕疵，损害了债权人某冶金公司的合法利益。

## 第二百二十一条 【公司合并债之归属】

| 修订前 | 修订后 |
|---|---|
| **第一百七十四条** 公司合并时，合并各方的债权、债务，应当由合并后存续的公司或者新设的公司承继。 | **第二百二十一条** 公司合并时，合并各方的债权、债务，应当由合并后存续的公司或者新设的公司承继。 |

## 【法条注解】

新《公司法》第221条对公司合并情形下原公司的债权债务归属进行了规定。根据该条文，公司合并后，存续公司或新设公司继受合并前公司的债权债务，是债的概括承受。因公司合并导致的债权债务继受具有无因性，且不以债权债务的对方当事人同意为生效要件。合并后公司可以对合并前公司的债权进行正常收取，同时必须对合并前公司的债务进行清偿。本条文意义在于对公司合并过程中债权债务归属进行确定，保障债权人的合法权益。

## 【相关规定】

1. 《民法典》

第67条 法人合并的，其权利和义务由合并后的法人享有和承担。

法人分立的，其权利和义务由分立后的法人享有连带债权，承担连带债务，但是债权人和债务人另有约定的除外。

2. 《最高人民法院关于审理与企业改制相关的民事纠纷案件若干问题的规定》

第31条 企业吸收合并后，被兼并企业的债务应当由兼并方承担。

第32条 企业新设合并后，被兼并企业的债务由新设合并后的企业法人承担。

第33条 企业吸收合并或新设合并后，被兼并企业应当办理而未办理工商注销登记，债权人起诉被兼并企业的，人民法院应当根据企业兼并后的具体情况，告知债权人追加责任主体，并判令责任主体承担民事责任。

## 案例指引

某油田建设集团有限责任公司、某城建股份有限公司股东资格确认纠纷案 [吉林省长春市中级人民法院 （2022） 吉 01 民终 5535 号]

法院生效裁判认为，关于确定本案上诉人的主体一事。根据《公司法》第 172 条的规定，公司合并可以采取吸收合并或者新设合并。一个公司吸收其他公司为吸收合并，被吸收的公司解散。两个以上公司合并设立一个新的公司为新设合并，合并各方解散。第 174 条的规定，公司合并时，合并各方的债权、债务，应当由合并后存续的公司或者新设的公司承继。本案中，某油田公司系某油田建设集团有限公司全资子公司，现经某油田建设集团有限公司及某油田公司股东会决议，某油田股份有限公司吸收合并某油田公司，某油田公司于 2022 年 8 月 16 日注销。某城建股份有限公司抗辩某油田建设集团有限责任公司的吸收合并涉及股东的变更，某城建股份有限公司其他股东就某油田公司股权享有优先购买权。首先，某油田建设集团有限公司与某油田公司的吸收合并并非转让股权，而是对某油田公司所有的债权债务及全部资产的承继，某油田公司对某城建股份有限公司所有的股权应属于某油田建设集团有限公司对外投资所形成的财产权益，故在吸收合并完成后，应由某油田建设集团有限公司承继。

## 第二百二十二条　【公司分立】

| 修订前 | 修订后 |
| --- | --- |
| 第一百七十五条　公司分立，其财产作相应的分割。<br>　　公司分立，应当编制资产负债表及财产清单。公司应当自作出分立决议之日起十日内通知债权人，并于三十日内在报纸上公告。 | 第二百二十二条　公司分立，其财产作相应的分割。<br>　　公司分立，应当编制资产负债表及财产清单。公司应当自作出分立决议之日起十日内通知债权人，并于三十日内在报纸上**或者国家企业信用信息公示系统**公告。 |

## 【法条注解】

新《公司法》第 222 条是关于公司分立的规定。新《公司法》第 222 条对公司分立后所应承担分割财产，编制资产负债表，财产清单，以及通知其债权人等义务进行了规定。本条文新增了"国家企业信用信息公示系统"债权人公告渠道。公司分立，是指一个公司依据法律、行政法规的规定，分成两个或两个以上的公司的法律行为。一般包括新设分立与派生分立。新设分立指原来一个具有法人资格的公司分割成两个或两个以上的具有法人资格的公司的法律行为；派生分立指原公司仍然存在且将原公司的一部分分出去成立一个新公司的法律行为。公司分立是企业治理结构和组织结构的重大变更，不仅关系到企业的资本实力，还直接影响到企业偿债能力。本条文规定意义在于确保公司分立过程的合法性、公正性和透明度，同时保护债权人和股东的合法权益。

## 【相关规定】

### 《民法典》

第 67 条　法人合并的，其权利和义务由合并后的法人享有和承担。

法人分立的，其权利和义务由分立后的法人享有连带债权，承担连带债务，但是债权人和债务人另有约定的除外。

## 案例指引

某电源有限公司与某五金塑胶制品有限公司买卖合同纠纷案［湖北省武汉市中级人民法院（2015）鄂武汉中民商终字第 00697 号］

法院生效裁判认为，《公司法》第 176 条、第 177 条规定，公司分立，其财产作相应的分割。公司分立，应当编制资产负债表及财产清单。公司应当自作出分立决议之日起 10 日内通知债权人，并于 30 日内在报纸上公告。公司分立前的债务由分立后的公司承担连带责任。但是，公司在分立前与债权人就债务清偿达成的书面协议另有约定的除外。本案中，某电源有限公司实际上一分为二，该公司分立时未履行通知义务，分立公司与原公司未就债务承担协商一致，对于某五金塑胶制品有限公司而言，公司分立后用于担保债务的资产减少，增加了债务风险，故分立时无论买方是否就资产转让支付对价，分立后的公司均应对债务承担连带责任。因此，某电源公司以转让协议以及支付对价为由对债务进行抗辩的理由不能成立。

## 第二百二十三条　【公司分立债之归属】

| 修订前 | 修订后 |
| --- | --- |
| 第一百七十六条　公司分立前的债务由分立后的公司承担连带责任。但是，公司在分立前与债权人就债务清偿达成的书面协议另有约定的除外。 | 第二百二十三条　公司分立前的债务由分立后的公司承担连带责任。但是，公司在分立前与债权人就债务清偿达成的书面协议另有约定的除外。 |

### 【法条注解】

新《公司法》第223条是关于公司分立债务归属的规定。债务连带责任是指两个以上债务人对共同负担的债务分别均须全面承担清偿的责任。在此种责任中，债权人需按部分或全部地向债务人要求清偿债务，任一债务人在共同债务未清偿之前均负有全部清偿责任。各责任者在承担责任上没有先后顺序的差别，债权人可同时或先后要求负连带责任的债务人清偿债务。连带责任是一种加重责任，实质上是共同债务人以其总财产保证债的履行，具有特别的担保作用。

在公司分立的过程中，需要按照分立程序进行，在分立完成后，如债权人在公司分拆前与公司达成了债务清偿的书面协议，则双方均应按书面协议内容履行，包括相应的责任内容。若公司与债权人对公司分立前的债务承担没有约定或约定不明的，分立后的公司对公司债务承担连带清偿责任，债权人可以向任意一家或几家分立后的公司主张债权。当债权人在公司分拆前与公司达成了债务清偿的书面协议，则双方均应按书面协议内容履行，包括相应的责任内容。本条文意义在于保护分立的公司自由分配原公司财产的权利，同时保护债权人的利益。

### 【相关规定】

#### 《民法典》

第67条　法人合并的，其权利和义务由合并后的法人享有和承担。

法人分立的，其权利和义务由分立后的法人享有连带债权，承担连带债务，但是债权人和债务人另有约定的除外。

**案 例 指 引**

某管理有限公司、于某等劳务合同纠纷案 [吉林省延边朝鲜族自治州中级人民法院（2022）吉 24 民终 2162 号]

法院生效裁判认为，根据《公司法》第 176 条的规定，公司分立前的债务由分立后的公司承担连带责任。但是，公司在分立前与债权人就债务清偿达成的书面协议另有约定的除外。经查，某街道商务停车综合楼项目系某管理有限公司开发建设，2017 年至 2020 年 11 月 17 日，于某担任该停车综合楼现场负责人，为开发建设单位提供劳务，故于某系提供劳务者，某管理有限公司系接受劳务者，于某向某管理有限公司提供劳务，某管理有限公司应向于某支付劳动报酬。2020 年 2 月 19 日，某管理有限公司分立为甲公司及乙公司，欠付于某公司分立前劳务费 71449 元（80000元−20000 元+11449 元），根据上述法律规定，由分立后的甲公司及乙公司承担连带偿还责任，双方并无争议。

## 第二百二十四条 【公司减资程序】

| 修订前 | 修订后 |
|---|---|
| **第一百七十七条** 公司需要减少注册资本时，必须编制资产负债表及财产清单。<br><br>公司应当自作出减少注册资本决议之日起十日内通知债权人，并于三十日内在报纸上公告。债权人自接到通知书之日起三十日内，未接到通知书的自公告之日起四十五日内，有权要求公司清偿债务或者提供相应的担保。 | **第二百二十四条** 公司减少注册资本，应当编制资产负债表及财产清单。<br><br>公司应当自**股东会**作出减少注册资本决议之日起十日内通知债权人，并于三十日内在报纸上**或者国家企业信用信息公示系统**公告。债权人自接到通知之日起三十日内，未接到通知的自公告之日起四十五日内，有权要求公司清偿债务或者提供相应的担保。<br><br>**公司减少注册资本，应当按照股东出资或者持有股份的比例相应减少出资额或者股份，法律另有规定、有限责任公司全体股东另有约定或者股份有限公司章程另有规定的除外。** |

## 【法条注解】

新《公司法》第 224 条是关于公司减资程序的规定。本条在 2018 年《公司法》基础上，根据新《公司法》架构进行了修改，将"必须"字眼修改为"应当"，将"公司应当自作出减少注册资本决议"修改为"股东会作出减少注册资本决议"。新增了国家企业信用信息公示系统公告方式，且新增了等比例减资的相应规定。公司应当自股东会作出减资决议之日起十日内对债权人进行通知，且需要三十日内在规定平台上进行公告。债权人自接到通知三十日内，未接到减资公告四十五日内有权要求公司提供债权担保。公司等比例减资情况下，应当按照股东出资或持有股份比例相应减少出资份额，不等比例减资则应按照其他规则进行（有限责任公司全体股东合意，股份有限公司章程或其他法律规定）。

公司减资是指公司对已经登记的注册资本通过一定的程序进行缩减的法律行为。根据法学理论，按照减资股东是否收回出资、公司的净资产是否减少划分，公司减资分为实质减资和形式减资，其中实质减资是指减资股东在公司减资时收回出资，公司的净资产因此发生减少；形式减资是指公司仅变更对外公示的注册资本，注销部分股权，但减资股东不收回出资，公司的净资产减资未因此发生减少。公司实质减资，适用本条普通减资程序规定。公司普通减资需遵守如下程序：（1）董事会制订减资方案；（2）股东会/股东大会作出公司减资的决议；（3）编制资产负债表及财产清单；（4）通知债权人并于报纸或统一的国家企业信用信息系统上公告；（5）修改公司章程；（6）完成减资登记。本条规定意义在于保护公司减资过程中债权人利益，规范公司等比例减资程序；规范公司普通增资程序，提高资本流转效率，同时保障公司减资过程中债权人的合法权利。

## 案例指引

某置业有限公司与某贸易有限公司等合同纠纷案［北京市第二中级人民法院（2023）京 02 民终 6489 号］

根据《公司法》第 177 条规定，公司需要减少注册资本时，必须编制资产负债表及财产清单。公司应当自作出减少注册资本决议之日起 10 日内通知债权人，并于 30 日内在报纸上公告。债权人自接到通知书之日起 30 日内，未接到通知书的自公告之日起 45 日内，有权要求公司清偿债务或者提供相应的担保。由于公司减资可能导致公司责任财产减少、偿债能力削弱，对债权人权益及交易安全造成严重影响，故法律对于公司减资规定了严格的程序。本案中，根据某置业有限公司提交的与某贸易有限公司签订的《渠道合作协议书》、双方沟通进行结算的记录以及某贸易有限公司已支付部分款项的相应证据，足以认定某置业有限公司的债权在某贸易有限公司减资前已经明确存在。某贸易有限公司减资时应当按照《公司法》第177条的规定严格履行通知已知债权人并同时在报纸上公告未知债权人的程序，并且某贸易有限公司应当对其减资已经实际履行法定程序的事实承担举证责任。现某贸易有限公司未举证证明其减资已依法履行通知已知债权人的程序，其企业信用信息公示报告中关于减资亦仅有登报公告的记录，故根据本案举证情况，应当认定某贸易有限公司将注册资本由500万元减至3万元未履行通知已知债权人的程序，某贸易有限公司的该项减资行为不符合法律规定。

## 第二百二十五条　【简易减资】

| 新增条款 | |
|---|---|
| | 　　**第二百二十五条**　公司依照本法第二百一十四条第二款的规定弥补亏损后，仍有亏损的，可以减少注册资本弥补亏损。减少注册资本弥补亏损的，公司不得向股东分配，也不得免除股东缴纳出资或者股款的义务。<br><br>　　依照前款规定减少注册资本的，不适用前条第二款的规定，但应当自股东会作出减少注册资本决议之日起三十日内在报纸上或者国家企业信用信息公示系统公告。<br><br>　　公司依照前两款的规定减少注册资本后，在法定公积金和任意公积金累计额达到公司注册资本百分之五十前，不得分配利润。 |

## 【法条注解】

新《公司法》第225条是关于公司简易减资的规定。符合本条规定的减资仅需在报纸上或者统一的企业信息公示系统公告，无须通知债权人，债权人也无权要求公司清偿债务或者提供相应的担保。本条文意义在于简化减资弥补亏损的烦琐程序，将债权人保护规则后移至减资完成阶段，保证交易安全的同时提高了公司减资效率。

本条与新《公司法》第224条不同，新《公司法》第224条规定为公司普通减资程序，对应公司实质减资情形；公司普通减资可能导致资本流出会损害债权人的利益，因而需要对债权人加以保护。而简易减资，即形式减资只是注册资本额减少并无资产流出公司，并不损害债权人的利益，因此并不需要为债权人提供特别保护。基于此，简易减资发生在公司亏损时，如公司的公积金弥补亏损后仍有亏损的，则可以减少注册资本，使得公司的注册资本与公司的净资产相当，此时只是注册资本额减少，股东不能取回资本，并无资产流出公司，因此并不损害债权人的利益。

## 第二百二十六条　【违法减资】

| 新增条款 | |
| --- | --- |
| | 第二百二十六条　违反本法规定减少注册资本的，股东应当退还其收到的资金，减免股东出资的应当恢复原状；给公司造成损失的，股东及负有责任的董事、监事、高级管理人员应当承担赔偿责任。 |

## 【法条注解】

新《公司法》第226条系新增条款，在吸收《最高人民法院关于适用〈中华人民共和国公司法〉若干问题的规定（三）》第14条规定的抽逃出资责任的基础上，补充违法减资的民事责任。首先，新《公司法》第226条规定"股东应当退还其收到的资金"，后文"给公司造成损失的"中的"损失"还包含利息；其次，补充"减免股东出资的应当恢复原状"，将违法减免出资情形一并调整，明确责任承担方式的同时也否定了违法减资的效力；最后，还规定股东及相关董监高对公司的损害承担赔偿责任。

具体而言，公司存在违法减资情形的，股东应当将减资收到的注册资本份额退还公司并向公司支付同期银行存款利息。但是，退回资金及利息并不意味着全部损失能够得到弥补，如违法减资导致公司损失，依据共同侵权原则，股东及在违法减资过程中负有责任的董事、监事、高管应承担连带赔偿责任。本条文意义在于警示公司股东及董监高，目的是让公司高级管理人员，公司所有者注意减资程序的合法性问题，避免因减资不当导致的法律后果。

## 【相关规定】

《最高人民法院关于适用〈中华人民共和国公司法〉若干问题的规定（四）》

第14条　股东提交载明具体分配方案的股东会或者股东大会的有效决议，请求公司分配利润，公司拒绝分配利润且其关于无法执行决议的抗辩理由不成立的，人民法院应当判决公司按照决议载明的具体分配方案向股东分配利润。

### 案例指引

邢某、孙某等与某科技股份有限公司等股东损害公司债权人利益责任纠纷案［北京市第三中级人民法院（2022）京03民终3560号］

法院生效裁判认为，根据《最高人民法院关于适用〈中华人民共和国公司法〉若干问题的规定（三）》第14条第2款规定，公司债权人请求抽逃出资的股东在抽逃出资本息范围内对公司债务不能清偿的部分承担补充赔偿责任、协助抽逃出资的其他股东、董事、高级管理人员或者实际控制人对此承担连带责任的，人民法院应予支持；抽逃出资的股东已经承担上述责任，其他债权人提出相同请求的，人民法院不予支持。因此，根据该规定，某科技股份有限公司此时的股东应当在抽逃出资本息范围内对公司债务不能清偿的部分承担补充赔偿责任，协助抽逃出资的其他股东、董事、高级管理人员或者实际控制人应当对抽逃出资的股东承担的补充赔偿责任承担连带责任。现某科技股份有限公司在强制执行过程中没有财产可供执行，故违法减资的股东应当在抽逃出资的本息范围内承担补充赔偿责任。由于孙某在某科技股份有限公司违法减资的过程中并没有减少注册资本，故孙某不存在抽逃出资的行为，但因其与其他股东共同作出减少注册资本的决议，其应当作为协助抽逃出资的股东对其他股东应承担的补充赔偿责任承担连带责任。

## 第二百二十七条　【增资优先认购权】

| 修订前 | 修订后 |
| --- | --- |
| 第三十四条　股东按照实缴的出资比例分取红利；公司新增资本时，股东有权优先按照实缴的出资比例认缴出资。但是，全体股东约定不按照出资比例分取红利或者不按照出资比例优先认缴出资的除外。 | 第二百二十七条　有限责任公司增加注册资本时，股东在同等条件下有权优先按照实缴的出资比例认缴出资。但是，全体股东约定不按照出资比例优先认缴出资的除外。<br>股份有限公司为增加注册资本发行新股时，股东不享有优先认购权，公司章程另有规定或者股东会决议决定股东享有优先认购权的除外。 |

## 【法条注解】

新《公司法》第 227 条是关于公司股东增资优先认购权的规定。本条文将 2018 年《公司法》第 34 条中"公司"一词修改为"有限责任公司"，且新增了股份有限公司增资情况下增资优先认购权规定。在有限责任公司增资的情况下，股东在实缴出资比例范围内享有优先认购权，全体股东另有约定的除外。股份有限公司增资发行新股，股东原则上不享有优先认购权，如有公司章程，股东会决议另有约定的除外。本条规定意义在于免除股份有限公司增资派股时股东不必要的担忧，提高了资本市场交易效率。

增资优先认购权，是指在有限责任公司中，当公司通过法定程序决定增加注册资本时，则对于该新增的注册资本，股东享有优先认缴的权利。该优先认缴的权利按照股东实缴的出资比例行使，亦可以由全体股东约定不按照出资比例行使。当公司因为扩大再生产或其他经营目的而需筹集资本、决定增加注册资本时，如果原股东不再认缴新增的注册资本，则必然导致其股权比例被稀释，其享有的股东表决权相应地亦被稀释，一般都会直接导致其在公司经营管理与决策中的话语权下降。该条文意义在于为股东维持其上述股权比例利益提供平等保护机会。

与有限责任公司相比，股份有限公司股东大多通过资本市场集中竞价交易，资合性强且多以散户为主，故普遍认为股份有限公司股东不享有认购优先性。为避免争议，股份有限公司增资派股时，往往仍会要求股东做出放弃优先权承诺，导致实践中不必要的烦琐程序。因此，新《公司法》对股份有限公司增资优先认购权进行了规定：除章程另有规定，股东会决议赋予股东认购权外，股份有限公司股东不享有认购优先权。

**案例指引**

某实业有限公司与陈某公司决议效力确认纠纷案［江苏省无锡市中级人民法院（2017）苏02民终1313号］

法院生效裁判认为，陈某系某实业有限公司股东，其依法享有股东权利。某实业有限公司于2015年12月25日作出的股东会决议第二项、2016年3月16日股东会决议第三项、2016年3月18日股东会决议第二项、2016年5月23日股东会决议第二项违反法律规定，损害了陈某的合法权益，依法应当认定为无效。理由如下：本案诉争股东会决议形成程序损害了陈某对某实业有限公司的参与管理权。某实业有限公司召开4次股东会均不通知陈某，非仅为通知程序瑕疵，而是在无正当理由的前提下将陈某完全排除于股东会议之外。2018年《公司法》第34条规定，股东按照实缴的出资比例分取红利；公司新增资本时，股东有权优先按照实缴的出资比例认缴出资。但是，全体股东约定不按照出资比例分取红利或者不按照出资比例优先认缴出资的除外。上述规定表明，"同股同权"是有限责任公司股东行使资产收益权的基本原则，除公司章程另有规定或者全体股东一致同意外，公司的增资、分红均应当遵循上述原则进行。

## 第二百二十八条 【增资程序-缴纳出资、股款】

| 修订前 | 修订后 |
| --- | --- |
| 第一百七十八条 有限责任公司增加注册资本时，股东认缴新增资本的出资，依照本法设立有限责任公司缴纳出资的有关规定执行。<br><br>股份有限公司为增加注册资本发行新股时，股东认购新股，依照本法设立股份有限公司缴纳股款的有关规定执行。 | 第二百二十八条 有限责任公司增加注册资本时，股东认缴新增资本的出资，依照本法设立有限责任公司缴纳出资的有关规定执行。<br><br>股份有限公司为增加注册资本发行新股时，股东认购新股，依照本法设立股份有限公司缴纳股款的有关规定执行。 |

## 【法条注解】

新《公司法》第228条相对于2018年《公司法》第178条，并未作字面意义上的修改。但值得关注的是，有限责任公司增加注册资本时，股东认缴新增资本的出资，依照本法设立有限责任公司缴纳出资的有关规定执行。衔接到新《公司法》第47条，即"有限责任公司……全体股东认缴的出资额由股东按照公司章程的规定自公司成立之日起五年内缴足"。因此，5年的实缴期限是否同样适用于增资的场合，如果有限责任公司在公司成立五年后增资，增资是否必须立即缴足，还有待观察。这也是新《公司法》对完善公司资本制度进行实质性修改的要点与缺憾之一。

## 【相关规定】

### 《公司法》

第47条　有限责任公司的注册资本为在公司登记机关登记的全体股东认缴的出资额。全体股东认缴的出资额由股东按照公司章程的规定自公司成立之日起五年内缴足。

法律、行政法规以及国务院决定对有限责任公司注册资本实缴、注册资本最低限额、股东出资期限另有规定的，从其规定。

第49条　股东应当按期足额缴纳公司章程规定的各自所认缴的出资额。

股东以货币出资的，应当将货币出资足额存入有限责任公司在银行开设的账户；以非货币财产出资的，应当依法办理其财产权的转移手续。

股东未按期足额缴纳出资的，除应当向公司足额缴纳外，还应当对给公司造成的损失承担赔偿责任。

## 案例指引

胡某与某工贸有限公司股东出资纠纷案［北京市高级人民法院(2018) 京民再16号］

2007年4月4日，朱某（转让方）与胡某（受让方）签订《股权转让协议》，约定：朱某同意将在某工贸有限公司（以下简称A公司）所持全部股份100万元转让给胡某。同日，A公司股东会决议，内容包括：新增公司注册资本 900 万元，其中孙某新增注册资本 700 万元，胡某新增注册资本 200 万元。4 月 9 日，会计师事务所出具《验资报告》，确认胡某于 2007 年 4 月 9 日向公司账户缴存 200 万元。

2009 年 9 月 1 日，A 公司作出章程修正案，内容变更为胡某以货币方式实际缴纳出资 1175 万元，孙某以货币方式实际缴纳出资 3525 万元，注册资本为货币出资 4700 万元。同日，A 公司股东会一致通过决议。9 月 16 日，会计师事务所出具《验资报告》，确认 A 公司已收到孙某、胡某缴纳的新增注册资本（实收资本）合计 3500 万元，胡某实际缴纳新增出资额 875 万元。

胡某主张增资所用的合计 1075 万元，系 A 公司应当向其支付的未分配利润，表示 A 公司未作出分红决议。胡某和 A 公司均确认，上述款项系从 A 公司通过复杂的财务安排作为胡某的增资款项转入 A 公司增资账户。经查，在孙某与胡某民间借贷纠纷案中，孙某主张胡某两次增资所用款项 1075 万元均为胡某向孙某的个人借款。法院裁定认为双方之间不存在借贷的合意和行为，驳回孙某的起诉，该裁定已经生效。

后 A 公司提起诉讼，要求胡某向 A 公司履行出资 1075 万元的义务，并赔偿因未履行出资义务给 A 公司所造成的损失。

再审法院认为：本案焦点问题是胡某有无履行对 A 公司的 1075 万元出资义务。胡某基于某种原因，取得涉案的 1075 万元，是 A 公司、孙某、胡某共同的意思表示。之后，胡某将 200 万元、875 万元分两次对 A 公司进行增资。A 公司委托会计师事务所对胡某的出资进行验资后，办理了胡某出资额的工商变更登记。此后，孙某通过 3000 万元受让的方式将胡某在 A 公司的股权全部受让。由此可见，A 公司、孙某对胡某的出资情况是了解并认可的。故在本案不涉及外部人利益的情况下，胡某的两次出资款项到位、程序合法，符合法律规定。即胡某履行了对 A 公司的 1075 万元出资义务。一审、二审法院将 A 公司的资本、注册资本的概念混同，并以胡某的资金来源否认其对 A 公司出资，没有法律依据，应当予以纠正。A 公司关于胡某资金来源于 A 公司的意见，不能证明胡某虚假出资，更谈不上抽逃出资。

《公司法》第 49 条第 1 款规定，股东应当按期足额缴纳公司章程规定的各自所认缴的出资额。股东负有出资义务，这既是公司法规定的法定责任，也是记入公司章程的股东之间的约定义务。本案的争议焦点，即在于胡某出资的来源。胡某两笔出资款项的来源途径均为 "A 公司→孙某→胡某→A 公司"，但再审判决中认定，"这些款项的运作能够体现出是孙某、胡某协商一致的结果""胡某取得与 A 公司有关的款项，是 A 公司、孙某、胡某共同的意思表示"。因此，胡某不符合虚假出资、抽逃出资的情况，实际上实施了向 A 公司缴存增资款的出资行为，A 公司要求胡某赔偿因未履行出资造成损失的主张未能被支持。

# 第十二章　公司解散和清算

## 第二百二十九条　【公司解散事由】

| 修订前 | 修订后 |
|---|---|
| **第一百八十条**　公司因下列原因解散：<br>（一）公司章程规定的营业期限届满或者公司章程规定的其他解散事由出现；<br>（二）股东会或者股东大会决议解散；<br>（三）因公司合并或者分立需要解散；<br>（四）依法被吊销营业执照、责令关闭或者被撤销；<br>（五）人民法院依照本法第一百八十二条的规定予以解散。 | **第二百二十九条**　公司因下列原因解散：<br>（一）公司章程规定的营业期限届满或者公司章程规定的其他解散事由出现；<br>（二）股东会决议解散；<br>（三）因公司合并或者分立需要解散；<br>（四）依法被吊销营业执照、责令关闭或者被撤销；<br>（五）人民法院依照本法第二百三十一条的规定予以解散。<br>**公司出现前款规定的解散事由，应当在十日内将解散事由通过国家企业信用信息公示系统予以公示。** |

## 【法条注解】

2018 年《公司法》第 180 条规定了公司的解散事由，新《公司法》在形式和实质上都作出了修改。形式上，删除了"股东大会"表述，根据整体主义，修改了司法解散的法条依据；实质上，补充公司解散事由的公告规则，即"应当在十日内将解散事由通过国家企业信用信息公示系统予以公示"。该处修改，与新《公司法》第 40 条第 1 款第 4 项"法律、行政法规规定的其他信息"相衔接，顺应了电子化和信息化的时代要求，完善了公司信息公示公告及法律责任。

## 【相关规定】

1. 《公司法》

第40条　公司应当按照规定通过国家企业信用信息公示系统公示下列事项：

（一）有限责任公司股东认缴和实缴的出资额、出资方式和出资日期，股份有限公司发起人认购的股份数；

（二）有限责任公司股东、股份有限公司发起人的股权、股份变更信息；

（三）行政许可取得、变更、注销等信息；

（四）法律、行政法规规定的其他信息。

公司应当确保前款公示信息真实、准确、完整。

2. 《最高人民法院关于适用〈中华人民共和国公司法〉若干问题的规定（二）》

第22条　公司解散时，股东尚未缴纳的出资均应作为清算财产。股东尚未缴纳的出资，包括到期应缴未缴的出资，以及依照公司法第二十六条和第八十条的规定分期缴纳尚未届满缴纳期限的出资。

公司财产不足以清偿债务时，债权人主张未缴出资股东，以及公司设立时的其他股东或者发起人在未缴出资范围内对公司债务承担连带清偿责任的，人民法院应依法予以支持。

## 第二百三十条　【自愿解散挽回】

| 修订前 | 修订后 |
| --- | --- |
| **第一百八十一条**　公司有本法第一百八十条第（一）项情形的，可以通过修改公司章程而存续。<br><br>　依照前款规定修改公司章程，有限责任公司须经持有三分之二以上表决权的股东通过，股份有限公司须经出席股东夫会会议的股东所持表决权的三分之二以上通过。 | **第二百三十条**　公司有**前条第一款第一项、第二项**情形，且尚未向股东分配财产的，可以通过修改公司章程**或者经股东会决议**而存续。<br><br>　依照前款规定修改公司章程**或者经股东会决议**，有限责任公司须经持有三分之二以上表决权的股东通过，股份有限公司须经出席股东会会议的股东所持表决权的三分之二以上通过。 |

## 【法条注解】

新《公司法》第 230 条对公司符合自愿解散的情形，但意图使公司存续的规定作出了较大修改：一是增加了股东会决议解散的情况，二是增加了股东会可以决议存续的规定，三是施加了"尚未向股东分配财产"的限制。公司股东会对前述事项的决议，须经 2/3 多数决通过。此外，需要注意的是，为了维护中小股东的利益，新《公司法》第 161 条第 1 款明确规定了股份有限公司异议股东回购的三种情形："……（三）公司章程规定的营业期限届满或者章程规定的其他解散事由出现，股东会通过决议修改章程使公司存续。"因此，在这种情况下，股份有限公司的股东有权要求公司对其股份进行回购。

## 【相关规定】

### 《公司法》

第 161 条　有下列情形之一的，对股东会该项决议投反对票的股东可以请求公司按照合理的价格收购其股份，公开发行股份的公司除外：

（一）公司连续五年不向股东分配利润，而公司该五年连续盈利，并且符合本法规定的分配利润条件；

（二）公司转让主要财产；

（三）公司章程规定的营业期限届满或者章程规定的其他解散事由出现，股东会通过决议修改章程使公司存续。

自股东会决议作出之日起六十日内，股东与公司不能达成股份收购协议的，股东可以自股东会决议作出之日起九十日内向人民法院提起诉讼。

公司因本条第一款规定的情形收购的本公司股份，应当在六个月内依法转让或者注销。

## 案例指引

**某汽车检测有限公司、聂某公司解散纠纷案** [贵州省高级人民法院(2018) 黔民终 307 号]

某汽车检测有限公司（以下简称 A 汽车公司）于 2010 年成立，营业期限设定为 2010 年至 2015 年，其中，股东聂某、夏某合计持股 65%，邹某、李某合计持股 35%。2012 年，A 汽车公司与 B 村村委会签订《土地租赁协议》，租赁期 10 年（2012 年至 2022 年）。2016 年，因经营分歧，邹某起诉解散该汽车公司，主要理由是公司营业期限届满。

一审中，合计持股 65% 的聂某和夏某辩称不同意解散，而李某同意解散。一审法院认为，虽然该公司期限届满，但不会自动消灭。现多数股东不同意解散，且公司未形成两年以上的"公司僵局"，故不予解散，驳回其起诉。邹某不服提起上诉。二审法院认为，《土地租赁协议》约定租期超过了公司的营业期限，但该协议是不是汽车公司所有股东延长公司存续期间的股东意志的共同意见，相关基本事实不清，于是发回重审。发回重审后，认为，该公司营业期限已经届满，聂某和夏某仅占股 65%，没有超过 2/3，其提供的关于修正公司章程并延长经营期限的股东会决议无效，故予以解散该公司。

聂某不服提起上诉。二审法院认为，在公司章程规定的营业期限届满后，公司股东未达成新的决议修改公司章程使公司继续存续，故 A 汽车公司已达到法定的解散条件。

公司章程规定的营业期限届满即属于公司的法定解散事由，中小股东可以利用此种情况实现退出经营。如公司召开股东会未能得到 2/3 以上表决通过以达成决议修改公司章程使公司继续存续，应认定公司已达到法定的解散条件，股东起诉请求解散该公司的，人民法院应予支持。

## 第二百三十一条　【司法强制解散】

| 修订前 | 修订后 |
| --- | --- |
| 第一百八十二条　公司经营管理发生严重困难，继续存续会使股东利益受到重大损失，通过其他途径不能解决的，持有公司全部股东表决权百分之十以上的股东，可以请求人民法院解散公司。 | 第二百三十一条　公司经营管理发生严重困难，继续存续会使股东利益受到重大损失，通过其他途径不能解决的，持有公司百分之十以上**表决权**的股东，可以请求人民法院解散公司。 |

## 【法条注解】

新《公司法》第 231 条是关于司法强制解散公司的规定。据此，判断公司是否符合法定解散条件，主要看是否符合"经营管理发生严重困难""继续存续会使股东利益受到重大损失"和"通过其他途径不能解决"这三个要件。在要件满足的情况下，符合条件的股东可以向法院申请解散公司。根据《最高人民法院关于适用〈中华人民共和国公司法〉若干问题的规定（二）》第1条的规定，"公司经营管理发生严重困难"的情形主要有：（1）公司持续两年以上无法召开股东会或者股东大会；（2）股东表决时无法达到法定或者公司章程规定的比例，持续两年以上不能作出有效的股东会或者股东大会决议；（3）公司董事长期冲突，且无法通过股东会或者股东大会解决；（4）经营管理发生其他严重困难，公司继续存续会使股东利益受到重大损失的情形。但需要注意的是，如果股东以知情权、利润分配请求权等权益受到损害，或者公司亏损、财产不足以偿还全部债务，以及公司被吊销企业法人营业执照未进行清算等为由，提起司法解散诉讼的，人民法院则不予受理。

## 【相关规定】

**《最高人民法院关于适用〈中华人民共和国公司法〉若干问题的规定（二）》**

第1条　单独或者合计持有公司全部股东表决权百分之十以上的股东，以下列事由之一提起解散公司诉讼，并符合公司法第一百八十二条规定的，人民法院应予受理：

（一）公司持续两年以上无法召开股东会或者股东大会，公司经营管理发生严重困难的；

（二）股东表决时无法达到法定或者公司章程规定的比例，持续两年以上不能做出有效的股东会或者股东大会决议，公司经营管理发生严重困难的；

（三）公司董事长期冲突，且无法通过股东会或者股东大会解决，公司经营管理发生严重困难的；

（四）经营管理发生其他严重困难，公司继续存续会使股东利益受到重大损失的情形。

股东以知情权、利润分配请求权等权益受到损害，或者公司亏损、财产不足以偿还全部债务，以及公司被吊销企业法人营业执照未进行清算等为由，提起解散公司诉讼的，人民法院不予受理。

**案 例 指 引**

　　林某诉某实业有限公司、戴某公司解散纠纷案［最高人民法院指导案例 8 号］

　　林某与戴某系某实业有限公司股东，各占 50% 的股份。该实业有限公司章程明确规定：股东会的决议须经代表 1/2 以上表决权的股东通过，但对公司增加或减少注册资本、合并、解散、变更公司形式、修改公司章程作出决议时，必须经代表 2/3 以上表决权的股东通过。股东会会议由股东按照出资比例行使表决权。

　　自 2006 年起，林某与戴某两人之间的矛盾逐渐显现。同年 5 月 9 日，林某提议并通知召开股东会，由于戴某认为林某没有召集会议的权利，会议未能召开。同年，林某委托律师多次向某实业有限公司和戴某发函称，因股东权益受到严重侵害，林某作为享有公司股东会 1/2 表决权的股东，已按公司章程规定的程序表决并通过了解散该实业公司的决议，要求戴某提供该实业公司的财务账册等资料，并对该实业公司进行清算。戴某回函称，林某作出的股东会决议没有合法依据，戴某不同意解散公司，并要求林某交出公司财务资料。

　　服装城管委会证明该实业有限公司目前经营尚正常，且愿意组织林某和戴某进行调解。从 2006 年 6 月 1 日至今，该实业有限公司未召开过股东会。服装城管委会调解委员会于 2009 年 12 月 15 日、16 日两次组织双方进行调解，但均未成功。

　　法院生效裁判认为，首先，该实业有限公司的经营管理已发生严重困难。"公司经营管理发生严重困难"的侧重点在于公司管理方面存有严重内部障碍，如股东会机制失灵、无法就公司的经营管理进行决策等，不应片面理解为公司资金缺乏、严重亏损等经营性困难。本案中，只要两名股东的意见存有分歧、互不配合，就无法形成有效表决，显然影响公司的运营。该实业有限公司已持续 4 年未召开股东会，无法形成有效股东会决议，也就无法通过股东会决议的方式管理公司，股东会机制已经失灵。执行董事戴某作为互有矛盾的两名股东之一，其管理公司的行为，已无法贯彻股东会的决议。林某作为公司监事不能正常行使监事职权，无法发挥监督作用。由于该实业有限公司的内部机制已无法正常运行、无法对公司的经营作出决策，即使尚未处于亏损状况，也不能改变该公司的经营管理已发生严重困难的事实。其次，由于该实业有限公司的内部运营机制早已失灵，林某的股东权、监事权长期处于无法行使的状态，其投资该实业有限公司的目的无法实现，利益受到重大损失。此外，林某在提起公司解散诉讼之前，已通过其他途径试图化解与戴某之间的矛盾，服装城管委会也曾组织双方当事人调解，但双方仍不能达成一致意见。两审法院也基于慎用司法手段强制解散公司的考虑，积极进行调解，但均未成功。因此，符合"通过其他途径长期无法解决"。最后，林某持有该实业有限公司 50% 的股份，符合股东须持有公司 10% 以上股份的条件。

根据指导案例的裁判要点，判断"公司经营管理是否发生严重困难"，应从公司组织机构的运行状态进行综合分析，公司虽处于盈利状态，但其股东会机制长期失灵，内部管理有严重障碍，已陷入僵局状态，可以认定为公司经营管理发生严重困难。此时法院将从充分保护股东合法权益，合理规范公司治理结构，促进市场经济健康有序发展的角度出发，支持股东解散公司的诉讼。

## 第二百三十二条　【清算义务人及其责任】

| 修订前 | 修订后 |
| --- | --- |
| 第一百八十三条　公司因本法第一百八十条第（一）项、第（二）项、第（四）项、第（五）项规定而解散的，应当在解散事由出现之日起十五日内成立清算组，开始清算。有限责任公司的清算组由股东组成，股份有限公司的清算组由董事或者股东大会确定的人员组成。逾期不成立清算组进行清算的，债权人可以申请人民法院指定有关人员组成清算组进行清算。人民法院应当受理该申请，并及时组织清算组进行清算。 | 第二百三十二条　公司因本法第二百二十九条第一款第一项、第二项、第四项、第五项规定而解散的，应当清算。董事为公司清算义务人，应当在解散事由出现之日起十五日内组成清算组进行清算。<br><br>清算组由董事组成，但是公司章程另有规定或者股东会决议另选他人的除外。<br><br>清算义务人未及时履行清算义务，给公司或者债权人造成损失的，应当承担赔偿责任。 |

## 【法条注解】

新《公司法》第 232 条是关于清算义务人的确定及其责任的规定。2018 年《公司法》第 183 条明确区分了有限责任公司和股份有限公司中的清算义务人确定规则，即"有限责任公司的清算组由股东组成，股份有限公司的清算组由董事或者股东大会确定的人员组成"。但新《公司法》将其删去，统一规定公司的清算组成员以"董事"为原则，以"公司章程另有规定或者股东会决议另选他人"为例外，体现出新法的修订遵循董事中心主义的公司治理结构，更加强化董事的清算义务与责任。同时，新法也在极大程度上保障公司自治，预留出例外空间，允许章程和股东会决议另选他人作为清算义务人。此外增加规定，当公司解散的事由出现，清算义务人即负有及时成立清算组开始清算的法定义务。如怠于履行清算义务，则应承担相应的赔偿责任。

## 【相关规定】

《最高人民法院关于适用〈中华人民共和国公司法〉若干问题的规定（二）》

第18条　有限责任公司的股东、股份有限公司的董事和控股股东未在法定期限内成立清算组开始清算，导致公司财产贬值、流失、毁损或者灭失，债权人主张其在造成损失范围内对公司债务承担赔偿责任的，人民法院应依法予以支持。

有限责任公司的股东、股份有限公司的董事和控股股东因怠于履行义务，导致公司主要财产、账册、重要文件等灭失，无法进行清算，债权人主张其对公司债务承担连带清偿责任的，人民法院应依法予以支持。

上述情形系实际控制人原因造成，债权人主张实际控制人对公司债务承担相应民事责任的，人民法院应依法予以支持。

## 第二百三十三条　【清算组成员的指定】

| 新增条款 | |
|---|---|
| | 第二百三十三条　公司依照前条第一款的规定应当清算，逾期不成立清算组进行清算或者成立清算组后不清算的，利害关系人可以申请人民法院指定有关人员组成清算组进行清算。人民法院应当受理该申请，并及时组织清算组进行清算。 |

续表

| 新增条款 | |
| --- | --- |
| | 公司因本法第二百二十九条第一款第四项的规定而解散的，作出吊销营业执照、责令关闭或者撤销决定的部门或者公司登记机关，可以申请人民法院指定有关人员组成清算组进行清算。 |

## 【法条注解】

新《公司法》第 233 条对公司解散清算组成员的指定规则进行了实质性修补。一方面，吸收了《最高人民法院关于适用〈中华人民共和国公司法〉若干问题的规定（二）》第 7 条的规定，补充清算义务人未及时履行清算义务的情形及法律后果。另一方面，具体扩展规定了请求法院指定清算组成员的制度安排：一是将申请人范围扩大到"利害关系人"，不仅债权人，中小股东也包括在内。二是赋予作出公司行政解散决定的部门或者公司登记机关作为申请人的权利，促使其尽快组成清算组开始清算程序，及时清理违法违规企业，保障利益相关者的合法权益。

## 【相关规定】

**《最高人民法院关于适用〈中华人民共和国公司法〉若干问题的规定（二）》**

第 7 条　公司应当依照民法典第七十条、公司法第一百八十三条的规定，在解散事由出现之日起十五日内成立清算组，开始自行清算。

有下列情形之一，债权人、公司股东、董事或其他利害关系人申请人民法院指定清算组进行清算的，人民法院应予受理：

（一）公司解散逾期不成立清算组进行清算的；

（二）虽然成立清算组但故意拖延清算的；

（三）违法清算可能严重损害债权人或者股东利益的。

案 例 指 引

崔某、胡某等申请公司清算案①

被申请人 A 公司成立于 2017 年 4 月 25 日，股东分别为邢某、马某、李某、胡某、崔某。2017 年 12 月 15 日，各股东签署会议记录，约定统一处理公司资产，由李某代收，在付清供应商的款项后，余款按股东投资比例分配，于公司清算注销完成后结算。后包括崔某在内的四股东另案起诉要求 A 公司、李某支付剩余资产分配款，经法院审查认为 A 公司虽已召开股东会决议解散公司，但公司尚未清算，亦未清偿对外债务，故驳回了四股东的诉讼请求。此后，包括崔某在内的四股东向本院提起 A 公司的强制清算申请。本案庭审中，各方确认自 2017 年 10 月起 A 公司未再继续经营，各股东也未自行成立清算组对公司进行清算。

本案系申请公司清算纠纷。被申请人 A 公司已经法定事由解散，则该公司股东应于解散事由出现之日起 15 日内成立清算组，开始清算，逾期不成立清算组进行清算的，债权人可以申请人民法院指定有关人员组成清算组进行清算，若债权人未提起清算申请，则公司股东可申请人民法院指定清算组对公司进行清算。截至庭审时，A 公司各股东未组成清算组进行有效清算，亦未有债权人对该公司提起清算申请，故本案申请人提起的对被申请人 A 公司进行清算的申请，于法有据，本院予以支持。

公司在解散事由出现之日起 15 日内未成立清算组，至法院审查时仍未成立清算组进行有效清算的，法院对强制清算申请予以受理，及时组织清算组进行清算，避免公司财产变质、流失、毁损或者灭失等情况发生，导致对利益相关人的合法权益造成进一步损害。

## 第二百三十四条　【清算组职权】

| 修订前 | 修订后 |
|---|---|
| **第一百八十四条**　清算组在清算期间行使下列职权：<br>（一）清理公司财产，分别编制资产负债表和财产清单； | **第二百三十四条**　清算组在清算期间行使下列职权：<br>（一）清理公司财产，分别编制资产负债表和财产清单； |

① 本案例为作者根据研究、工作经验，为具体说明相关法律问题，编辑加工而得。

续表

| 修订前 | 修订后 |
|---|---|
| （二）通知、公告债权人； | （二）通知、公告债权人； |
| （三）处理与清算有关的公司未了结的业务； | （三）处理与清算有关的公司未了结的业务； |
| （四）清缴所欠税款以及清算过程中产生的税款； | （四）清缴所欠税款以及清算过程中产生的税款； |
| （五）清理债权、债务； | （五）清理债权、债务； |
| （六）处理公司清偿债务后的剩余财产； | （六）**分配**公司清偿债务后的剩余财产； |
| （七）代表公司参与民事诉讼活动。 | （七）代表公司参与民事诉讼活动。 |

## 【法条注解】

新《公司法》第 234 条对公司解散清算组的职权并未作出实质修改，只将"处理"剩余财产一词修改为"分配"，使得条文表述更加具有严谨性、更符合实际，重申了职责和权利，一方面为清算组成员顺利进行清算提供了切实的法律依据，另一方面督促清算组有责必依、有权必使。根据2018 年《公司法》第 189 条的规定，清算组成员应当忠于职守，依法履行清算义务。清算组成员因故意或重大过失给债权人造成损失的，应当承担赔偿责任。法律、行政法规等对公司以外的法人解散后清算的程序和清算组职权没有规定的，可以参照适用公司法的上述规定。

## 【相关规定】

1. 2018 年《公司法》

第 189 条　清算组成员应当忠于职守，依法履行清算义务。

清算组成员不得利用职权收受贿赂或者其他非法收入，不得侵占公司财产。

清算组成员因故意或者重大过失给公司或者债权人造成损失的，应当承担赔偿责任。

2.《最高人民法院关于适用〈中华人民共和国公司法〉若干问题的规定（二）》

第 20 条　公司解散应当在依法清算完毕后，申请办理注销登记。公司未经清算即办理注销登记，导致公司无法进行清算，债权人主张有限责任公司的股东、股份有限公司的董事和控股股东，以及公司的实际控制人对公司债务承担清偿责任的，人民法院应依法予以支持。

公司未经依法清算即办理注销登记，股东或者第三人在公司登记机关办理注销登记时承诺对公司债务承担责任，债权人主张其对公司债务承担相应民事责任的，人民法院应依法予以支持。

## 第二百三十五条　【债权申报】

| 修订前 | 修订后 |
| --- | --- |
| 　　**第一百八十五条**　清算组应当自成立之日起十日内通知债权人，并于六十日内在报纸上公告。债权人应当自接到通知书之日起三十日内，未接到通知书的自公告之日起四十五日内，向清算组申报其债权。<br>　　债权人申报债权，应当说明债权的有关事项，并提供证明材料。清算组应当对债权进行登记。<br>　　在申报债权期间，清算组不得对债权人进行清偿。 | 　　**第二百三十五条**　清算组应当自成立之日起十日内通知债权人，并于六十日内在报纸上**或者国家企业信用信息公示系统**公告。债权人应当自接到通知之日起三十日内，未接到通知的自公告之日起四十五日内，向清算组申报其债权。<br>　　债权人申报债权，应当说明债权的有关事项，并提供证明材料。清算组应当对债权进行登记。<br>　　在申报债权期间，清算组不得对债权人进行清偿。 |

## 【法条注解】

新《公司法》第 235 条是关于公司债权申报的规则，其修订要点是：新增清算时清算组应该通过国家企业信用信息公示系统向债权人公告的方式。国家企业信用信息公示系统相对于报纸而言，债权人能够更便利获取相关信息，也能为公司和清算组提供更多的选择空间，从而提升了清算效率。

## 【相关规定】

《最高人民法院关于适用〈中华人民共和国公司法〉若干问题的规定（二）》

第 11 条　公司清算时，清算组应当按照公司法第一百八十五条的规定，将公司解散清算事宜书面通知全体已知债权人，并根据公司规模和营业地域范围在全国或者公司注册登记地省级有影响的报纸上进行公告。

清算组未按照前款规定履行通知和公告义务，导致债权人未及时申报债权而未获清偿，债权人主张清算组成员对因此造成的损失承担赔偿责任的，人民法院应依法予以支持。

## 案例指引

某房地产开发有限责任公司、左某等清算责任纠纷案〔湖北省黄石市中级人民法院（2022）鄂 02 民终 994 号〕

法院生效裁判认为，根据《公司法》第 185 条、第 189 条，《最高人民法院关于适用〈中华人民共和国公司法〉若干问题的规定（二）》第 11 条等规定，清算组未按照规定履行通知和公告义务，导致债权人未及时申报债权而未获清偿，债权人主张清算组成员对因此造成的损失承担赔偿责任的，人民法院应依法予以支持。上述条文，明确规定在公司自行清算过程中，通知债权人和在报纸上进行公告均为清算组应当履行的义务。本案中，清算组在清算过程中没有通知债权人 B 公司，也没有在 A 公司所在地省级有影响力或全国报纸上进行公告；清算组未依法履行通知和公告义务的行为应视为清算组成员存在故意和重大过失，故 B 公司请求清算组对 A 公司应承担的债务的不能清偿部分承担赔偿责任的诉讼请求，予以支持。

## 第二百三十六条　【清算程序】

| 修订前 | 修订后 |
| --- | --- |
| **第一百八十六条**　清算组在清理公司财产、编制资产负债表和财产清单后，应当制定清算方案，并报股东会~~、股东大会~~或者人民法院确认。<br><br>公司财产在分别支付清算费用、职工的工资、社会保险费用和法定补偿金，缴纳所欠税款，清偿公司债务后的剩余财产，有限责任公司按照股东的出资比例分配，股 | **第二百三十六条**　清算组在清理公司财产、编制资产负债表和财产清单后，应当制订清算方案，并报股东会或者人民法院确认。<br><br>公司财产在分别支付清算费用、职工的工资、社会保险费用和法定补偿金，缴纳所欠税款，清偿公司债务后的剩余财产，有限责任公司按照股东的出资比例分配，股 |

续表

| 修订前 | 修订后 |
|---|---|
| 份有限公司按照股东持有的股份比例分配。<br><br>　　清算期间，公司存续，但不得开展与清算无关的经营活动。公司财产在未依照前款规定清偿前，不得分配给股东。 | 份有限公司按照股东持有的股份比例分配。<br><br>　　清算期间，公司存续，但不得开展与清算无关的经营活动。公司财产在未依照前款规定清偿前，不得分配给股东。 |

## 【法条注解】

对于清算程序、财产处理等程序上，新《公司法》实质上维持了原有规则。首先是剩余财产分配的安排，规定在公司依法支付了清算费用、职工工资和劳动保险费用，缴纳所欠税款，清偿公司债务后，按出资比例或者持股比例分配给股东。值得注意的是，此分配方式不属于效力性强制性规定，《民法典》第72条第2款规定："法人清算后的剩余财产，按照法人章程的规定或者法人权力机构的决议处理。法律另有规定的，依照其规定。"由此，全体股东自行约定的剩余财产分配顺序与公司章程规定有同等法律效力，股东优先清算约定可认定为真实、有效。本条旨在充分优先保障职工及外部债权人利益，也为股东分配提供了自行约定的余地。

## 【相关规定】

### 《民法典》

第72条　清算期间法人存续，但是不得从事与清算无关的活动。

法人清算后的剩余财产，按照法人章程的规定或者法人权力机构的决议处理。法律另有规定的，依照其规定。

清算结束并完成法人注销登记时，法人终止；依法不需要办理法人登记的，清算结束时，法人终止。

## 案例指引

秦某、某制衣有限责任公司清算责任纠纷案 [四川省德阳市中级人民法院（2020）川06民终383号]

法院生效裁判认为，案涉《清算报告》不能当然作为股东分配财产的依据。依据《公司法》第183条及第186条之规定，公司解散后应当依法进行清算，充分保障职工及外部债权人利益后方可分配剩余财产。但某制衣有限责任公司并未按照清算程序清理公司财产、编制资产负债表和财产清单，未遵循法定程序作出的清算报告不具有客观性和真实性，不能作为股东分配公司剩余资产的依据，秦某要求依据《清算报告》分配资产的诉讼请求于法无据，不予支持。

## 第二百三十七条　【清算转破产】

| 修订前 | 修订后 |
| --- | --- |
| **第一百八十七条**　清算组在清理公司财产、编制资产负债表和财产清单后，发现公司财产不足清偿债务的，应当依法向人民法院申请宣告破产。<br><br>公司经人民法院裁定宣告破产后，清算组应当将清算事务移交给人民法院。 | **第二百三十七条**　清算组在清理公司财产、编制资产负债表和财产清单后，发现公司财产不足清偿债务的，应当依法向人民法院申请**破产清算**。<br><br>人民法院**受理破产申请**后，清算组应当将清算事务移交给人民法院指定的**破产管理人**。 |

## 【法条注解】

新《公司法》第237条是关于公司清算转向破产的法律规定，本条规定修改了清算事务移交的时间，由原来的"裁定宣告破产后"调整为"受理破产申请后"，逻辑上更加顺畅。新《公司法》这一条款指出，如果清算组在清理公司财产、编制资产负债表和财产清单之后，发现公司财产不足以清偿债务，就应当依法向人民法院申请破产清算，法院一旦受理破产申请，清算组就应该把清算事务移交给破产管理人。主要意义为：确保了公司在清算过程中如果发现资不抵债的情况，可以有序、合法地转入破产程序。

## 第二百三十八条 【清算组成员的义务与责任】

| 修订前 | 修订后 |
| --- | --- |
| 　　第一百八十九条 清算组成员~~应当忠于职守，依法履行清算义务~~。<br>　　清算组成员~~不得利用职权收受贿赂或者其他非法收入，不得侵占公司财产~~。<br>　　清算组成员因故意或者重大过失给公司或者债权人造成损失的，应当承担赔偿责任。 | 　　第二百三十八条 清算组成员**履行清算职责，负有忠实义务和勤勉义务**。<br>　　清算组成员**怠于履行清算职责，给公司造成损失的，应当承担赔偿责任；**因故意或者重大过失给债权人造成损失的，应当承担赔偿责任。 |

## 【法条注解】

　　新《公司法》第 238 条是关于清算组成员的义务与责任的条款。新《公司法》明确清算组成员的忠实义务，新增清算组成员的勤勉义务，明确清算组成员怠于履行清算职责时对公司的赔偿责任。其意义在于：第一，进一步明确清算组成员的义务，即依法履行清算职责，包括忠实和勤勉的义务，这意味着他们需要诚实、公正地执行清算工作，不得怠于履行职责；第二，禁止不当行为，清算组成员不得利用职权从事非法行为，如收受贿赂、侵占公司财产等；第三，明晰责任，如果清算组成员因故意或重大过失给公司或债权人造成损失，他们需要承担相应的赔偿责任。这些规定确保了清算过程的公正性和效率，同时为公司和债权人提供了一定程度的保护。清算组成员的行为不仅关系到清算的效率和公正，也可能对公司的债权人和其他利益相关者产生重大影响。

## 第二百三十九条 【清算报告与公司注销】

| 修订前 | 修订后 |
| --- | --- |
| 　　第一百八十八条 公司清算结束后，清算组应当制作清算报告，报股东会~~、股东大会~~或者人民法院确认，并报送公司登记机关，申请注销公司登记~~，公告公司终止~~。 | 　　第二百三十九条 公司清算结束后，清算组应当制作清算报告，报股东会或者人民法院确认，并报送公司登记机关，申请注销公司登记。 |

## 【法条注解】

新《公司法》第 239 条是关于清算报告和公司注销的。2018 年《公司法》第 188 条规定清算报告和公司注销登记的内容，新《公司法》未作实质性修改。该条主要是公司注销登记的规定，虽然置于第二章"公司登记"中有利于统一登记规则，但其还涉及清算报告的制作、报送和确认等相关内容，作为公司注销的前置程序，已超出公司登记制度的范畴，因此该条置于第十二章"公司解散和清算"中更符合体系性要求。

## 第二百四十条  【简易注销】

| 新增条款 | |
|---|---|
| | **第二百四十条**  公司在存续期间未产生债务，或者已清偿全部债务的，经全体股东承诺，可以按照规定通过简易程序注销公司登记。<br><br>通过简易程序注销公司登记，应当通过国家企业信用信息公示系统予以公告，公告期限不少于二十日。公告期限届满后，未有异议的，公司可以在二十日内向公司登记机关申请注销公司登记。<br><br>公司通过简易程序注销公司登记，股东对本条第一款规定的内容承诺不实的，应当对注销登记前的债务承担连带责任。 |

## 【法条注解】

新《公司法》第 240 条是关于简易注销制度的规定。本条为新《公司法》新增条款，规定了简易注销的要件、程序和责任。该制度主要源于《关于全面推进企业简易注销登记改革的指导意见》《关于开展进一步完善企业简易注销登记改革试点工作的通知》《中华人民共和国市场主体登记管理条例》，有利于提升市场主体的退出效率，降低退出成本，减少僵尸企业数量，提高社会资源利用效率。关于简易注销中股东的责任，新《公司法》第 240 条第 3 款规定"股东……应当对注销登记前的债务承担连带责任"，并将股东承担责任的情形限于"对本条第一款规定的内容承诺不实的"，系吸收《最高人民法院关于适用〈中华人民共和国公司法〉若干问题的规定（二）》第 20 条第 1 款的规定，有利于避免股东责任扩大。

## 【相关规定】

**《最高人民法院关于适用〈中华人民共和国公司法〉若干问题的规定（二）》**

第 20 条　公司解散应当在依法清算完毕后，申请办理注销登记。公司未经清算即办理注销登记，导致公司无法进行清算，债权人主张有限责任公司的股东、股份有限公司的董事和控股股东，以及公司的实际控制人对公司债务承担清偿责任的，人民法院应依法予以支持。

公司未经依法清算即办理注销登记，股东或者第三人在公司登记机关办理注销登记时承诺对公司债务承担责任，债权人主张其对公司债务承担相应民事责任的，人民法院应依法予以支持。

## 第二百四十一条　【强制注销】

| 新增条款 | |
| --- | --- |
| | 第二百四十一条　公司被吊销营业执照、责令关闭或者被撤销，满三年未向公司登记机关申请注销公司登记的，公司登记机关可以通过国家企业信用信息公示系统予以公告，公告期限不少于六十日。公告期限届满后，未有异议的，公司登记机关可以注销公司登记。<br>依照前款规定注销公司登记的，原公司股东、清算义务人的责任不受影响。 |

## 【法条注解】

新《公司法》第 241 条是关于公司强制注销制度的规定。本条为新增条款，该制度源于我国市场主体退出制度改革，借鉴部分省份强制注销试点经验，主要依据为《行政许可法》第 70 条第 4 项的规定。其意义在于：

第一，该规定完善了我国的公司注销制度，为公司登记机关履行注销职责提供民事法律依据；第二，有助于清理市场上"名存实亡"的僵尸企业；第三，有利于划清债权债务边界，及时追究股东或者清算义务人的法律责任。

## 【相关规定】

### 《行政许可法》

第 70 条　有下列情形之一的，行政机关应当依法办理有关行政许可的注销手续：

（一）行政许可有效期届满未延续的；

（二）赋予公民特定资格的行政许可，该公民死亡或者丧失行为能力的；

（三）法人或者其他组织依法终止的；

（四）行政许可依法被撤销、撤回，或者行政许可证件依法被吊销的；

（五）因不可抗力导致行政许可事项无法实施的；

（六）法律、法规规定的应当注销行政许可的其他情形。

## 第二百四十二条　【破产清算】

| 修订前 | 修订后 |
| --- | --- |
| 第一百九十条　公司被依法宣告破产的，依照有关企业破产的法律实施破产清算。 | 第二百四十二条　公司被依法宣告破产的，依照有关企业破产的法律实施破产清算。 |

## 【法条注解】

新《公司法》第 242 条为被依法宣告破产企业清算的规定。

# 第十三章　外国公司的分支机构

## 第二百四十三条　【外国公司】

| 修订前 | 修订后 |
| --- | --- |
| **第一百九十一条**　本法所称外国公司是指依照外国法律在中国境外设立的公司。 | **第二百四十三条**　本法所称外国公司，是指依照外国法律在中华人民共和国境外设立的公司。 |

**【法条注解】**

新《公司法》第 243 条规定了外国公司的定义，外国公司，是指依照外国法律在中华人民共和国境外设立的公司，即判断外国公司的关键因素有二：一是依照中国法律设立；二是设立地点位于中华人民共和国境内。

## 第二百四十四条　【外国公司分支机构设立】

| 修订前 | 修订后 |
| --- | --- |
| **第一百九十二条**　外国公司在中国境内设立分支机构，必须向中国主管机关提出申请，并提交其公司章程、所属国的公司登记证书等有关文件，经批准后，向公司登记机关依法办理登记，领取营业执照。<br><br>　　外国公司分支机构的审批办法由国务院另行规定。 | **第二百四十四条**　外国公司在中华人民共和国境内设立分支机构，应当向中国主管机关提出申请，并提交其公司章程、所属国的公司登记证书等有关文件，经批准后，向公司登记机关依法办理登记，领取营业执照。<br><br>　　外国公司分支机构的审批办法由国务院另行规定。 |

**【法条注解】**

　　新《公司法》第 244 条是关于外国公司分支机构设立的规定。外国公司在中华人民共和国境内设立分支机构，采申请核准制，经依法申请核准后再履行公司登记程序。

## 第二百四十五条　【外国公司分支机构的人员与资金】

| 修订前 | 修订后 |
| --- | --- |
| 　　**第一百九十三条**　外国公司在中国境内设立分支机构，必须在中国境内指定负责该分支机构的代表人或者代理人，并向该分支机构拨付与其所从事的经营活动相适应的资金。<br>　　对外国公司分支机构的经营资金需要规定最低限额的，由国务院另行规定。 | 　　**第二百四十五条**　外国公司在中华人民共和国境内设立分支机构，应当在中华人民共和国境内指定负责该分支机构的代表人或者代理人，并向该分支机构拨付与其所从事的经营活动相适应的资金。<br>　　对外国公司分支机构的经营资金需要规定最低限额的，由国务院另行规定。 |

**【法条注解】**

　　新《公司法》第 245 条是关于外国公司分支机构人员与资金的规定，应当在中华人民共和国境内指定负责该分支机构的代表人或者代理人，并向该分支机构拨付与其所从事的经营活动相适应的资金。主要作用在于保障相关分支机构具有经营能力以及具备充足资金开展业务、承担责任。

## 第二百四十六条　【外国公司的分支机构】

| 修订前 | 修订后 |
| --- | --- |
| 　　**第一百九十四条**　外国公司的分支机构应当在其名称中标明该外国公司的国籍及责任形式。<br>　　外国公司的分支机构应当在本机构中置备该外国公司章程。 | 　　**第二百四十六条**　外国公司的分支机构应当在其名称中标明该外国公司的国籍及责任形式。<br>　　外国公司的分支机构应当在本机构中置备该外国公司章程。 |

## 【法条注解】

新《公司法》第 246 条规定外国公司分支机构的名称规范，应当在名称中标明该外国公司的国籍及责任形式。外国公司在中国境内设立分支机构，必须向中国主管机关提出申请，并提交其公司章程等有关文件，分支机构设立后，应当在本机构中置备该外国公司章程。

## 第二百四十七条　【外国公司分支机构特征】

| 修订前 | 修订后 |
| --- | --- |
| 第一百九十五条　外国公司在中国境内设立的分支机构不具有中国法人资格。<br>外国公司对其分支机构在中国境内进行经营活动承担民事责任。 | 第二百四十七条　外国公司在中华人民共和国境内设立的分支机构不具有中国法人资格。<br>外国公司对其分支机构在中华人民共和国境内进行经营活动承担民事责任。 |

## 【法条注解】

新《公司法》第 247 条规定外国公司分支机构的特征之一是其不具有独立的法人地位，不能独立承担法律责任。这是外国公司分支机构最突出的特点，与中国境内公司分支机构的规定相一致。

## 【相关规定】

### 《外国企业常驻代表机构登记管理条例》

第 2 条　本条例所称外国企业常驻代表机构（以下简称代表机构），是指外国企业依照本条例规定，在中国境内设立的从事与该外国企业业务有关的非营利性活动的办事机构。代表机构不具有法人资格。

## 案例指引

申某与某国外安全系统有限公司北京代表处等劳动争议案 [北京市第三中级人民法院（2019）京 03 民终 11649 号]

法院生效裁判认为，就公司是否应当就北京代表处的相关民事责任承担给付义务的争议焦点为：申某上诉提出，依照我国《公司法》的有关规定，外国公司对其分支机构在中国境内进行经营活动承担民事责任；该公司北京代表处应当属于非营利性活动的办事机构，没有承担民事责任的经济能力，其民事经济责任应当由某国外安全系统有限公司承担；且公司签署了劳动合同终止协议，应当承担约定赔付义务。对此本院认为，根据一审法院查明的事实，该公司北京代表处属于其在中国境内设立的从事与其业务有关的非营利性活动的办事机构，并非公司法概念上的从事经营活动的分支机构，亦不得进行经营性活动；其虽不具备独立的公司法人资格，但进行了相应工商登记，具备独立的用工主体资格。本案中，与申某、某外包公司签订终止协议的系该公司北京代表处，并非该公司，申某虽主张公司签署协议系承担责任，但并未提交充分证据证明其主张成立，故依照协议的约定和相关法律的规定，一审法院判决由该公司北京代表处支付协议约定的解除劳动合同补偿金及报销费用、垫付税款，并无不当。申某主张该北京代表处因用工产生的相应民事责任应当由公司承担，于法无据，本院不予支持。

## 第二百四十八条　【管辖权】

| 修订前 | 修订后 |
| --- | --- |
| 第一百九十六条　经批准设立的外国公司分支机构，在中国境内从事业务活动，必须遵守中国的法律，不得损害中国的社会公共利益，其合法权益受中国法律保护。 | 第二百四十八条　经批准设立的外国公司分支机构，在中华人民共和国境内从事业务活动，应当遵守中国的法律，不得损害中国的社会公共利益，其合法权益受中国法律保护。 |

## 【法条注解】

本条重申了中国法律的法域，经批准设立的外国公司分支机构在中国境内从事业务活动需遵守中国的法律，同样，其合法权益受中国法律保护。本条规定与属地管辖权的原则相契合。

本条内容在新法修订时没有实质性的变动，仅将条款前半段"中国"的表述替换为"中华人民共和国"，同时将原条文"必须遵守"，改为了"应当遵守"，从理解上来说，"必须"和"应当"均表达强制性规定的含义，是命令性的指引要求，更换为"应当"与《民法典》用语一致，更具体系化意义。笔者检索新《公司法》全文，仅发现一处仍保留"必须"，即第29条第2款"法律、行政法规规定设立公司必须报经批准的，应当在公司登记前依法办理批准手续"，理解此处为语言表达需要才保留"必须"，其余表达强制性规定含义的条款中，"必须"全部修订为"应当"。

## 第二百四十九条　【外国公司分支机构的撤销】

| 修订前 | 修订后 |
| --- | --- |
| 　**第一百九十七条**　外国公司撤销其在中国境内的分支机构时，必须依法清偿债务，依照本法有关公司清算程序的规定进行清算。未清偿债务之前，不得将其分支机构的财产移至中国境外。 | 　**第二百四十九条**　外国公司撤销其在中华人民共和国境内的分支机构时，应当依法清偿债务，依照本法有关公司清算程序的规定进行清算。未清偿债务之前，不得将其分支机构的财产转移至中华人民共和国境外。 |

## 【法条注解】

　　本条旨在防止外国公司分支机构在撤销时转移财产至境外，从而影响债务清偿，损害中国的社会公共利益。同时，本条也明确了分支机构撤销时需按照公司清算程序的规定进行清算。同上条，新《公司法》修订时对本条款中出现的"中国"的表述统一修订为"中华人民共和国"，本条对国籍的修订更为彻底；同时将"必须"的表述修订为"应当"。

# 第十四章　法律责任

## 第二百五十条　【虚假登记的法律责任】

| 修订前 | 修订后 |
| --- | --- |
| **第一百九十八条**　违反本法规定，虚报注册资本、提交虚假材料或者采取其他欺诈手段隐瞒重要事实取得公司登记的，由公司登记机关责令改正，对虚报注册资本的公司，处以虚报注册资本金额百分之五以上百分之十五以下的罚款；对提交虚假材料或者采取其他欺诈手段隐瞒重要事实的公司，处以五万元以上五十万元以下的罚款；情节严重的，撤销公司登记或者吊销营业执照。 | **第二百五十条**　违反本法规定，虚报注册资本、提交虚假材料或者采取其他欺诈手段隐瞒重要事实取得公司登记的，由公司登记机关责令改正，对虚报注册资本的公司，处以虚报注册资本金额百分之五以上百分之十五以下的罚款；对提交虚假材料或者采取其他欺诈手段隐瞒重要事实的公司，处以五万元以上**二百万元**以下的罚款；情节严重的，吊销营业执照；**对直接负责的主管人员和其他直接责任人员处以三万元以上三十万元以下的罚款。** |

## 【法条注解】

　　本条内容旨在规定虚假登记的法律责任。本条文在原先基础上增加了虚假申报的处罚上限，从五十万元调整为二百万元；并且增加了对个人的处罚。由于公司虚假登记实际是由公司内部人员主导实施的，此举强调了行为人的个人责任，同时，在全面推行形式审查标准的背景下，有利于打击冒用他人身份信息等虚假登记行为。

　　本条文删除了情节严重时撤销公司登记的后果。一方面，新《公司法》第 39 条对虚假申报设立的公司予以撤销登记已作了相关规定，本条文无须再重复规定；另一方面，撤销公司登记属于对违法行为的纠正，不属于行政处罚的范围，而本条文旨在规定虚假登记的法律责任，删去撤销登记的规定更符合法律逻辑。

本条吸收了《市场主体登记管理条例》第 44 条的规定，但在罚款金额上又有不同，实践中对于情节严重时能否吊销营业执照并处罚款存在争议，此次修订保留了吊销营业执照并处罚款。

## 【相关规定】

### 《中华人民共和国市场主体登记管理条例》

第 44 条　提交虚假材料或者采取其他欺诈手段隐瞒重要事实取得市场主体登记的，由登记机关责令改正，没收违法所得，并处 5 万元以上 20 万元以下的罚款；情节严重的，处 20 万元以上 100 万元以下的罚款，吊销营业执照。

### 案例指引

某市市场监督管理局与某物业管理有限公司行政处罚案 [江苏省徐州市中级人民法院（2019）苏 03 行终 167 号]

一审法院认为，根据《公司法》第 198 条规定，违反本法规定，提交虚假材料或者采取其他欺诈手段隐瞒重要事实取得公司登记的，由公司登记机关责令改正，对提交虚假材料或者采取其他欺诈手段隐瞒重要事实的公司，处以 5 万元以上 50 万元以下的罚款；情节严重的，撤销公司登记或者吊销营业执照。从该条文文义理解，对提交虚假材料取得公司登记的，公司应承担的法律责任分为两个层次，对一般情节的处以罚款，对情节严重的，撤销公司登记或者吊销营业执照。本案中，被告对其认定的原告同一虚假提供材料行为依据该条文既作出罚款 30 万元的行政处罚决定，又作出了撤销公司登记的决定，既认定该行为属于一般情节，又认定该行为情节严重，对行为性质的认定前后矛盾，认定事实不清、适用法律错误。

二审法院认为，原审法院判决认定事实清楚，适用法律正确，审判程序合法，依法应予维持。

## 第二百五十一条 【违反公示义务的法律责任】

| 新增条款 | |
| --- | --- |
| | 第二百五十一条 公司未依照本法第四十条规定公示有关信息或者不如实公示有关信息的，由公司登记机关责令改正，可以处以一万元以上五万元以下的罚款。情节严重的，处以五万元以上二十万元以下的罚款；对直接负责的主管人员和其他直接责任人员处以一万元以上十万元以下的罚款。 |

## 【法条注解】

新《公司法》第 252 条规定了公司的发起人、股东出资不实的法律责任。新《公司法》新增对公示义务违反的处罚，第 251 条规定了公司未公示或者不如实公示相关企业信息的法律责任，意在保障本法第 40 条规定的公司的企业信息公示义务的落实。新《公司法》在原先基础上增加了信息公示制度相关条款，通过企业信息公示，市场主体可以方便快捷地了解企业的经营信息，从而对其信用作出评估，对交易风险作出判断，进而使交易安全得到保障。新《公司法》在第 40 条明确了公司进行信息公示的义务，同时在第十四章法律责任部分规定了违反公示义务的处罚：情节轻微的，可以处以数额较低的罚款；情节严重的，处以数额较高的罚款；同时，还规定了对直接责任人员的处罚。两条规定相辅相成，是敦促企业真实、准确、完整进行信息公示的重要力量和保障。

## 第二百五十二条　【出资不实的法律责任】

| 修订前 | 修订后 |
| --- | --- |
| **第一百九十九条**　公司的发起人、股东虚假出资，未交付或者未按期交付作为出资的货币或者非货币财产的，由公司登记机关责令改正，处以虚假出资金额百分之五以上百分之十五以下的罚款。 | **第二百五十二条**　公司的发起人、股东虚假出资，未交付或者未按期交付作为出资的货币或者非货币财产的，由公司登记机关责令改正，**可以处以五万元以上二十万元以下的罚款；情节严重的**，处以**虚假出资或者未出资**金额百分之五以上百分之十五以下的罚款；**对直接负责的主管人员和其他直接责任人员处以一万元以上十万元以下的罚款**。 |

## 【法条注解】

新《公司法》第 252 条规定了公司的发起人、股东出资不实的法律责任。股东有限责任要求有限责任公司的股东以其认缴的出资额为限对公司承担责任；股份有限公司的股东以其认购的股份为限对公司承担责任。本条内容规定了股东虚假出资的相关罚则。相较于 2018 年《公司法》，本次修订的《公司法》对虚假出资的处罚更为精细化，同时增加对个人的处罚。但是，此处存在疑问，理解此处新增情节严重时的法律责任意在实现过罚相当的责任配置原则，但是对具体的法律责任采用了不同维度的规定，情节不严重的，规定了具体范围的罚款；而情节严重的，仅规定了处罚的百分比，难以明确情节严重的罚款会比情节不严重的罚款更为严重。二者仅在虚假出资或未出资额达 100 万元以上时才会真正体现梯度，当虚假出资或未出资金额小于 100 万元时，很可能出现情节严重，但罚款金额小于情节轻微时的罚款金额。

## 第二百五十三条　【抽逃出资的法律责任】

| 修订前 | 修订后 |
| --- | --- |
| 　　**第二百条**　公司的发起人、股东在公司成立后，抽逃其出资的，由公司登记机关责令改正，处以所抽逃出资金额百分之五以上百分之十五以下的罚款。 | 　　**第二百五十三条**　公司的发起人、股东在公司成立后，抽逃其出资的，由公司登记机关责令改正，处以所抽逃出资金额百分之五以上百分之十五以下的罚款；**对直接负责的主管人员和其他直接责任人员处以三万元以上三十万元以下的罚款。** |

## 【法条注解】

《公司法》第253条体现资本维持原则，规定了发起人、股东抽逃出资的法律责任。抽逃出资是指在公司成立或验资后，股东将其已经转移到公司名下的出资财产暗中抽回，但仍保留股东身份和原有出资数额的行为，在性质上属于欺诈，因此需对抽逃出资人员进行处罚。同时本条也体现直接责任人员的资本充实义务。一方面，公司的董事会有核查和催缴的义务；另一方面，股东实现抽逃出资常伴随其他股东、董事、高管或者实际控制人的协助，因此本条文在原先条款基础上新增对直接负责的主管人员和其他直接责任人员的处罚，增加了抽逃出资的违法成本，有利于减少抽逃出资的情形。此内容的设计源于《最高人民法院关于适用〈中华人民共和国公司法〉若干问题的规定（三）》第14条关于股东抽逃出资责任的细化规定。

## 【相关规定】

《最高人民法院关于适用〈中华人民共和国公司法〉若干问题的规定（三）》

第14条　股东抽逃出资，公司或者其他股东请求其向公司返还出资本息、协助抽逃出资的其他股东、董事、高级管理人员或者实际控制人对此承担连带责任的，人民法院应予支持。

公司债权人请求抽逃出资的股东在抽逃出资本息范围内对公司债务不能清偿的部分承担补充赔偿责任、协助抽逃出资的其他股东、董事、高级管理人员或者实际控制人对此承担连带责任的，人民法院应予支持；抽逃出资的股东已经承担上述责任，其他债权人提出相同请求的，人民法院不予支持。

**案例指引**

某出租汽车队、某市残疾人联合会与企业有关的纠纷案 [辽宁省高级人民法院（2021）辽民申 2616 号]

法院生效裁判认为，根据《公司法》第 200 条的规定，对公司股东抽逃出资的行为，应由公司登记机关责令改正并处以罚款，属于行政机关行使行政职责的范围，不应作为民事案件受理。最终驳回某出租汽车队的再审申请。

## 第二百五十四条 【另立会计账簿、财务会计报告失真的法律责任】

| 修订前 | 修订后 |
| --- | --- |
| 第二百零一条 公司违反本法规定，在法定的会计账簿以外另立会计账簿的，由县级以上人民政府财政部门责令改正，处以五万元以上五十万元以下的罚款。<br>第二百零二条 公司在依法向有关主管部门提供的财务会计报告等材料上作虚假记载或者隐瞒重要事实的，由有关主管部门对直接负责的主管人员和其他直接责任人员处以三万元以上三十万元以下的罚款。 | 第二百五十四条 有下列行为之一的，由县级以上人民政府财政部门依照《中华人民共和国会计法》等法律、行政法规的规定处罚：<br>（一）在法定的会计账簿以外另立会计账簿；<br>（二）提供存在虚假记载或者隐瞒重要事实的财务会计报告。 |

## 【法条注解】

新《公司法》第 254 条关于另立会计账簿、财务会计报告失真的法律责任规定整合了 2018 年《公司法》第 201 条和第 202 条两条规定，同时将处罚权交由县级以上人民政府财政部门，并允许其援引《会计法》等法律、行政法规的规定处罚，不在《公司法》作具体的责任设定。《会计法》第六章专设会计法的法律责任规定。

《公司法》中的财务会计制度是现代公司治理的核心，不仅是财务数字和报表，还是公司一切行为必要的记录及营业报告要求。公司独立财产的保障离不开另立会计账簿、财务会计报告失真的法律责任的完善。

## 【相关规定】

### 《会计法》

第 42 条　违反本法规定，有下列行为之一的，由县级以上人民政府财政部门责令限期改正，可以对单位并处三千元以上五万元以下的罚款；对其直接负责的主管人员和其他直接责任人员，可以处二千元以上二万元以下的罚款；属于国家工作人员的，还应当由其所在单位或者有关单位依法给予行政处分：

（一）不依法设置会计帐簿的；

（二）私设会计帐簿的；

（三）未按照规定填制、取得原始凭证或者填制、取得的原始凭证不符合规定的；

（四）以未经审核的会计凭证为依据登记会计帐簿或者登记会计帐簿不符合规定的；

（五）随意变更会计处理方法的；

（六）向不同的会计资料使用者提供的财务会计报告编制依据不一致的；

（七）未按照规定使用会计记录文字或者记帐本位币的；

（八）未按照规定保管会计资料，致使会计资料毁损、灭失的；

（九）未按照规定建立并实施单位内部会计监督制度或者拒绝依法实施的监督或者不如实提供有关会计资料及有关情况的；

（十）任用会计人员不符合本法规定的。

有前款所列行为之一，构成犯罪的，依法追究刑事责任。

会计人员有第一款所列行为之一，情节严重的，五年内不得从事会计工作。

有关法律对第一款所列行为的处罚另有规定的，依照有关法律的规定办理。

第 43 条　伪造、变造会计凭证、会计帐簿，编制虚假财务会计报告，构成犯罪的,依法追究刑事责任。

有前款行为,尚不构成犯罪的,由县级以上人民政府财政部门予以通报,可以对单位并处五千元以上十万元以下的罚款;对其直接负责的主管人员和其他直接责任人员,可以处三千元以上五万元以下的罚款;属于国家工作人员的,还应当由其所在单位或者有关单位依法给予撤职直至开除的行政处分;其中的会计人员,五年内不得从事会计工作。

第44条 隐匿或者故意销毁依法应当保存的会计凭证、会计帐簿、财务会计报告,构成犯罪的,依法追究刑事责任。

有前款行为,尚不构成犯罪的,由县级以上人民政府财政部门予以通报,可以对单位并处五千元以上十万元以下的罚款;对其直接负责的主管人员和其他直接责任人员,可以处三千元以上五万元以下的罚款;属于国家工作人员的,还应当由其所在单位或者有关单位依法给予撤职直至开除的行政处分;其中的会计人员,五年内不得从事会计工作。

第45条 授意、指使、强令会计机构、会计人员及其他人员伪造、变造会计凭证、会计帐簿,编制虚假财务会计报告或者隐匿、故意销毁依法应当保存的会计凭证、会计帐簿、财务会计报告,构成犯罪的,依法追究刑事责任;尚不构成犯罪的,可以处五千元以上五万元以下的罚款;属于国家工作人员的,还应当由其所在单位或者有关单位依法给予降级、撤职、开除的行政处分。

第46条 单位负责人对依法履行职责、抵制违反本法规定行为的会计人员以降级、撤职、调离工作岗位、解聘或者开除等方式实行打击报复,构成犯罪的,依法追究刑事责任;尚不构成犯罪的,由其所在单位或者有关单位依法给予行政处分。对受打击报复的会计人员,应当恢复其名誉和原有职务、级别。

第47条 财政部门及有关行政部门的工作人员在实施监督管理中滥用职权、玩忽职守、徇私舞弊或者泄露国家秘密、商业秘密,构成犯罪的,依法追究刑事责任;尚不构成犯罪的,依法给予行政处分。

第48条 违反本法第三十条规定,将检举人姓名和检举材料转给被检举单位和被检举人个人的,由所在单位或者有关单位依法给予行政处分。

第49条 违反本法规定,同时违反其他法律规定的,由有关部门在各自职权范围内依法进行处罚。

**案 例 指 引**

某纺织有限公司、阮某民间借贷纠纷案［广东省茂名市中级人民法院（2021）粤 09 民终 1066 号］

法院生效裁判认为，根据《公司法》第 201 条的规定，公司违反本法规定，在法定的会计账簿以外另立会计账簿的，由县级以上人民政府财政部门责令改正，处以 5 万元以上 50 万元以下的罚款。公司另立账簿，使用内账的行为不是民事案件审理范畴，本案对此问题不作处理。

## 第二百五十五条 【公司重大事项不通知债权人的法律责任】

| 修订前 | 修订后 |
|---|---|
| **第二百零四条第一款** 公司在合并、分立、减少注册资本或者进行清算时，不依照本法规定通知或者公告债权人的，由公司登记机关责令改正，对公司处以一万元以上十万元以下的罚款。 | **第二百五十五条** 公司在合并、分立、减少注册资本或者进行清算时，不依照本法规定通知或者公告债权人的，由公司登记机关责令改正，对公司处以一万元以上十万元以下的罚款 |

## 【法条注解】

本条明确了公司重大事项不通知债权人的法律责任，与 2018 年《公司法》相比实质内容基本没有变动，仅仅调整了体例，将一条中的两款分为两条，表述更加简洁。

新《公司法》的突出特征是保障债权人利益，此条即为保护债权人知情权的相关规定。公司的合并、分立、清算与减资都是可能损害债权人利益的重大事项，必须依照规定通知债权人，保障其知情权。未经公告、通知程序的，不论是否造成债权人重大利益损失，也可成为行政处罚的原因，即"不通知即可罚"。同时，本条规定实行单罚制，仅处罚公司而并不处罚相关责任人员，罚款金额为 1 万元以上 10 万元以下。对于未尽通知义务导致的民事责任的承担，本条并未涉及，但根据其他条文和司法解释，公司合并未通知债权人的，新《公司法》第 221 条规定，债务应当由合并后存续的公司或者新设的公司承继；公司分立未通知债权人的，新《公司法》第 223 条规定，除另有约定，公司分立前的债务由分立后的公司承担连带责任；公司减少注册资本未通知债权人的，根据《最高人民法院关于适用〈中华人民共和国公司法〉若干问题的规定（三）》第 12 条第 4 项和第 14 条第 2 款关于抽逃出资的内容，公司已处于资不抵债状态时，有进入破产清算的可能，此时公司减资会不当减少破产中的责任财产。若股东仍通过股东会决议减少出资，本质上是对于公司注册资本的抽减。若股东不能证明减资的具有合理理由且无损于债权人利益，属于"其他未经法定程序将出资抽回的行为"，债权人可要求股东在减资范围内对公司债权人承担补充赔偿责任；公司清算未尽通知义务的，根据新《公司法》第 232 条第 3 款的规定，清算义务人应当对债权人造成的损失承担赔偿责任。

## 第二百五十六条 【公司清算过程中隐匿、违规处置公司财产的法律责任】

| 修订前 | 修订后 |
| --- | --- |
| **第二百零四条第二款** 公司在进行清算时，隐匿财产，对资产负债表或者财产清单作虚假记载或者在未清偿债务前分配公司财产的，由公司登记机关责令改正，对公司处以隐匿财产或者未清偿债务前分配公司财产金额百分之五以上百分之十以下的罚款；对直接负责的主管人员和其他直接责任人员处以一万元以上十万元以下的罚款。 | **第二百五十六条** 公司在进行清算时，隐匿财产，对资产负债表或者财产清单作虚假记载，或者在未清偿债务前分配公司财产的，由公司登记机关责令改正，对公司处以隐匿财产或者未清偿债务前分配公司财产金额百分之五以上百分之十以下的罚款；对直接负责的主管人员和其他直接责任人员处以一万元以上十万元以下的罚款。 |

## 【法条注解】

新《公司法》第 256 条明确了在公司清算过程中隐匿公司财产、违规处置公司财产行为的法律责任。本条相较于修订之前基本没有变化，只是调整了体例。对于清算过程中隐匿和违规处置公司财产的行为所需承担的行政责任作出了较为明确的规定。采用"双罚制"，对公司和相关责任人员分别进行罚款处罚，并规定了处罚金额的上限与下限。

本条与《刑法》第 162 条相衔接，对于尚未达到《刑法》第 162 条"严重损害债权人利益"追诉标准的，可以适用本条进行行政处罚。

## 【相关规定】

《刑法》

第162条 公司、企业进行清算时，隐匿财产，对资产负债表或者财产清单作虚伪记载或者在未清偿债务前分配公司、企业财产，严重损害债权人或者其他人利益的，对其直接负责的主管人员和其他直接责任人员，处五年以下有期徒刑或者拘役，并处或者单处二万元以上二十万元以下罚金。

## 第二百五十七条 【验资验证评估机构提供虚假材料的法律责任】

| 修订前 | 修订后 |
| --- | --- |
| 　　第二百零七条 承担资产评估、验资或者验证的机构提供虚假材料的，由公司登记机关没收违法所得，处以违法所得一倍以上五倍以下的罚款，并可以由有关主管部门依法责令该机构停业、吊销直接责任人员的资格证书，吊销营业执照。<br>　　承担资产评估、验资或者验证的机构因过失提供有重大遗漏的报告的，由公司登记机关责令改正，情节较重的，处以所得收入一倍以上五倍以下的罚款，并可以由有关主管部门依法责令该机构停业、吊销直接责任人员的资格证书，吊销营业执照。<br>　　承担资产评估、验资或者验证的机构因其出具的评估结果、验资或者验证证明不实，给公司债权人造成损失的，除能够证明自己没有过错的外，在其评估或者证明不实的金额范围内承担赔偿责任。 | 　　第二百五十七条 承担资产评估、验资或者验证的机构提供虚假材料**或者**提供有重大遗漏的报告的，由有关部门依照《中华人民共和国资产评估法》、《中华人民共和国注册会计师法》等法律、行政法规的规定处罚。<br>　　承担资产评估、验资或者验证的机构因其出具的评估结果、验资或者验证证明不实，给公司债权人造成损失的，除能够证明自己没有过错的外，在其评估或者证明不实的金额范围内承担赔偿责任。 |

## 【法条注解】

本条明确规定了验资验证机构为公司提供虚假证明的法律责任，本条与修订前的实质内容基本没有变化，只是形式上调整了相关表述，第 1 款改为了引致条款，使得表达更加简洁，也减少了法律体系内部相冲突的可能。

本条分为两款：

第 1 款规定了验资验证机构提供虚假材料的法律责任，参照相关法律执行。值得注意的是，第 1 款并未将造成损害作为行政处罚的前提，只要发生提供虚假材料的行为，就可以构成第 1 款当中的罚因。

第 2 款则在第 1 款的基础上更进一步，规定了因相关机构的虚假证明行为造成债权人损失的法律责任。第 2 款对于该法律责任采取了过错推定原则，即验资验证机构除非能够证明自己没有过错，否则就要承担责任。举证责任方面，该条采取举证责任倒置，将举证责任分配给了验资验证机构，突破了"谁主张、谁举证"的举证原则。但验资验证机构并不是承担债权人的所有损失，而是在其评估或者证明不实的范围内承担责任。

## 【相关规定】

### 1. 《资产评估法》

第 48 条　评估机构违反本法规定，出具虚假评估报告的，由有关评估行政管理部门责令停业六个月以上一年以下；有违法所得的，没收违法所得，并处违法所得一倍以上五倍以下罚款；情节严重的，由工商行政管理部门吊销营业执照；构成犯罪的，依法追究刑事责任。

### 2. 《注册会计师法》

第 39 条　会计师事务所违反本法第二十条、第二十一条规定的，由省级以上人民政府财政部门给予警告，没收违法所得，可以并处违法所得一倍以上五倍以下的罚款；情节严重的，并可以由省级以上人民政府财政部门暂停其经营业务或者予以撤销。

注册会计师违反本法第二十条、第二十一条规定的，由省级以上人民政府财政部门给予警告；情节严重的，可以由省级以上人民政府财政部门暂停其执行业务或者吊销注册会计师证书。

会计师事务所、注册会计师违反本法第二十条、第二十一条的规定，故意出具虚假的审计报告、验资报告，构成犯罪的，依法追究刑事责任。

**案 例 指 引**

张某与李某清算责任纠纷案 [山东省青岛市中级人民法院（2022）鲁02 民终 12394 号]

法院生效裁判认为，李某在公司清算时，未书面通知债权人张某，亦未举证证明其公司解散时的财产状况，其作为某公司的清算组成员，应当依法对债权人张某的损失承担赔偿责任。上诉人张某的上诉请求，于法有据。

## 第二百五十八条 【公司登记机关违规履职的法律责任】

| 修订前 | 修订后 |
| --- | --- |
| 第二百零八条　公司登记机关对不符合本法规定条件的登记申请予以登记，或者对符合本法规定条件的登记申请不予登记的，对直接负责的主管人员和其他直接责任人员，依法给予行政处分。<br><br>第二百零九条　公司登记机关的上级部门强令公司登记机关对不符合本法规定条件的登记申请予以登记，或者对符合本法规定条件的登记申请不予登记的，或者对违法登记进行包庇的，对直接负责的主管人员和其他直接责任人员依法给予行政处分。 | 第二百五十八条　公司登记机关违反法律、行政法规规定未履行职责或者履行职责不当的，对负有责任的领导人员和直接责任人员依法给予政务处分。 |

## 【法条注解】

本条对于公司登记机关违规履职或未履职的法律责任进行了规定，相较于 2018 年《公司法》，本条将两条合并为了一条，对于违规履职的情况描述修改为了更加宽泛的表述，凡是违反法律法规的行为都在本条所述情形之下。同时对于承担责任的人员，改为了"负有责任的领导人员"，直接负责的主管人员改为了"负有责任的领导人员"。

依照本条规定，登记机关违反法律法规不当履行职责或消极履行职责的，均应当承担法律责任，承担责任的主体除直接责任人员外，还应当包括直接或者间接负责的领导人员，处罚形式为政务处分。

## 第二百五十九条　【冒用公司名义的法律责任】

| 修订前 | 修订后 |
| --- | --- |
| 　　**第二百一十条**　未依法登记为有限责任公司或者股份有限公司，而冒用有限责任公司或者股份有限公司名义的，或者未依法登记为有限责任公司或者股份有限公司的分公司，而冒用有限责任公司或者股份有限公司的分公司名义的，由公司登记机关责令改正或者予以取缔，可以并处十万元以下的罚款。 | 　　**第二百五十九条**　未依法登记为有限责任公司或者股份有限公司，而冒用有限责任公司或者股份有限公司名义的，或者未依法登记为有限责任公司或者股份有限公司的分公司，而冒用有限责任公司或者股份有限公司的分公司名义的，由公司登记机关责令改正或者予以取缔，可以并处十万元以下的罚款。 |

## 【法条注解】

本条规定了冒用公司名义的法律责任。凡是未经正式登记程序而冒用公司名义的，无论是否造成损失，都可适用本条。首先由公司登记机关责令改正或直接取缔，同时可以处以十万元以下的罚款。

### 案例指引

某门窗店与某地区市场监督管理局行政监察案［福建省三明市中级人民法院（2020）闽04行终99号］

法院生效裁判认为，门窗店系个体工商户，未依法登记为有限责任公司，对外发放印有"某某公司门窗旗舰店"的名片，并使用印有"某某公司"字样的订货合同开展经营活动。该事实有门窗店经营者签字确认的现场笔录和调查笔录为证，违法事实清楚，市场监督管理局依法在法定幅度内对门窗店进行处罚，适用法律正确，程序合法。

## 第二百六十条 【逾期开业、停业、不依法办理变更登记的法律责任】

| 修订前 | 修订后 |
| --- | --- |
| **第二百一十一条** 公司成立后无正当理由超过六个月未开业的，或者开业后自行停业连续六个月以上的，可以由公司登记机关吊销营业执照。<br><br>公司登记事项发生变更时，未依照本法规定办理有关变更登记的，由公司登记机关责令限期登记；逾期不登记的，处以一万元以上十万元以下的罚款。 | **第二百六十条** 公司成立后无正当理由超过六个月未开业的，或者开业后自行停业连续六个月以上的，公司登记机关可以吊销营业执照，**但公司依法办理歇业的除外。**<br><br>公司登记事项发生变更时，未依照本法规定办理有关变更登记的，由公司登记机关责令限期登记；逾期不登记的，处以一万元以上十万元以下的罚款。 |

### 【法条注解】

本条规定了公司长时间不营业的法律责任，相较于 2018 年《公司法》，第 1 款新增了办理歇业的事项，优化了公司营商环境。

按照本条规定，公司成立之后六个月之内必须开业，连续停业不能超过六个月，除办理歇业外没有其他豁免事项。公司存在的目的是盈利，以尽可能低的成本获取尽可能多的利润，因此公司应当尽快开业并坚持营业。对于效率过低和难以运营的公司，将其出清可以将这部分被占据的资源分配到其他效率更高的市场主体。此举也是为了打击一些大量注册未实际开展业务的公司进行"占壳"和"保壳"的操作，提高市场效率，考虑到多变和复杂的市场环境，故而增加了"歇业"的事项，对于确实有需要暂时停止经营的公司，可以适用办理歇业这一选项。

本条第 2 款规定了公司不进行变更登记的法律责任，由登记机关责令改正并可处以罚款。变更登记的期限规定在《市场主体登记管理条例》中。

### 【相关规定】

**《中华人民共和国市场主体登记管理条例》**

第 24 条 市场主体变更登记事项，应当自作出变更决议、决定或者法定变更事项发生之日起 30 日内向登记机关申请变更登记。

市场主体变更登记事项属于依法须经批准的，申请人应当在批准文件有效期内向登记机关申请变更登记。

**案例指引**

某文化传媒公司与柏某、某旅行社公司股东损害公司债权人利益案[上海市第一中级人民法院（2019）沪01民终10778号]

法院生效裁判认为，市场监督管理局以该旅行社公司超过6个月未开业为由吊销了旅行社的营业执照，并告知该旅行社应当及时办理注销登记。但因原告无法证明因被告柏某怠于履行清算义务而导致其债务得不到清偿，故驳回其诉讼请求。

## 第二百六十一条　【外国公司擅自设立分支机构的法律责任】

| 修订前 | 修订后 |
|---|---|
| 　第二百一十二条　外国公司违反本法规定，擅自在中国境内设立分支机构的，由公司登记机关责令改正或者关闭，可以并处五万元以上二十万元以下的罚款。 | 　第二百六十一条　外国公司违反本法规定，擅自在中华人民共和国境内设立分支机构的，由公司登记机关责令改正或者关闭，可以并处五万元以上二十万元以下的罚款。 |

## 【法条注解】

本条规定了外国公司擅自设立分支机构的法律责任，本次新《公司法》仅修改了相关表述，使语言更加准确。

依照中国法律，尽管外国公司的分公司并不具有独立的法人资格，但仍然要按照中国法的规定进行登记之后方可成立，违反此项规定的外国公司将被责令改正或是关闭，并处以罚款。

## 第二百六十二条 【利用公司从事违法活动的法律责任】

| 修订前 | 修订后 |
| --- | --- |
| 第二百一十三条 利用公司名义从事危害国家安全、社会公共利益的严重违法行为的，吊销营业执照。 | 第二百六十二条 利用公司名义从事危害国家安全、社会公共利益的严重违法行为的，吊销营业执照。 |

### 【法条注解】

本条规定了利用公司名义从事危害国家安全或是严重违法行为的，将被吊销营业执照，值得注意的是，吊销营业执照后公司仅仅只是不能够进行营业活动，法人资格仍然存续。这一做法可能是为了后续违法犯罪案件调查的考虑，在经过注销程序之后，公司法人资格才归于消灭。

## 第二百六十三条 【民事赔偿优先】

| 修订前 | 修订后 |
| --- | --- |
| 第二百一十四条 公司违反本法规定，应当承担民事赔偿责任和缴纳罚款、罚金的，其财产不足以支付时，先承担民事赔偿责任。 | 第二百六十三条 公司违反本法规定，应当承担民事赔偿责任和缴纳罚款、罚金的，其财产不足以支付时，先承担民事赔偿责任。 |

### 【法条注解】

本条以法律形式明确了民事赔偿优先的原则，这一规定符合"私权优先"的立法精神。当私法性的财产责任（民事赔偿责任）与公法性的财产责任（罚款、罚金）发生冲突时，应当优先清偿私法性的财产责任，以此体现"国家对私人的让步"，确保在责任承担上"国家不与私人争财或争利"，维持私人对于公司制度的信赖，优化公司生存空间。

## 第二百六十四条 【刑事责任】

| 修订前 | 修订后 |
|---|---|
| 第二百一十五条 违反本法规定，构成犯罪的，依法追究刑事责任。 | 第二百六十四条 违反本法规定，构成犯罪的，依法追究刑事责任。 |

## 【法条注解】

本条的作用在于明确《公司法》当中民事责任与刑事责任的衔接，《公司法》中许多行为情节严重、造成严重损害的，可能构成《刑法》第三章第三节当中妨害对公司、企业的管理秩序罪，但民事责任的承担不能成为免予刑事处罚的理由。

# 第十五章 附　　则

## 第二百六十五条　【相关用语的含义】

| 修订前 | 修订后 |
| --- | --- |
| **第二百一十六条**　本法下列用语的含义：<br><br>（一）高级管理人员，是指公司的经理、副经理、财务负责人，上市公司董事会秘书和公司章程规定的其他人员。<br><br>（二）控股股东，是指其出资额占有限责任公司资本总额百分之五十以上或者其持有的股份占股份有限公司股本总额百分之五十以上的股东；出资额或者持有股份的比例虽然不足百分之五十，但依其出资额或者持有的股份所享有的表决权已足以对股东会、~~股东大会~~的决议产生重大影响的股东。<br><br>（三）实际控制人，是指虽~~不是公司的股东~~，但通过投资关系、协议或者其他安排，能够实际支配公司行为的人。<br><br>（四）关联关系，是指公司控股股东、实际控制人、董事、监事、高级管理人员与其直接或者间接控制的企业之间的关系，以及可 | **第二百六十五条**　本法下列用语的含义：<br><br>（一）高级管理人员，是指公司的经理、副经理、财务负责人，上市公司董事会秘书和公司章程规定的其他人员。<br><br>（二）控股股东，是指其出资额占有限责任公司资本总额**超过**百分之五十或者其持有的股份占股份有限公司股本总额**超过**百分之五十的股东；出资额或者持有股份的比例虽然**低于**百分之五十，但依其出资额或者持有的股份所享有的表决权已足以对股东会的决议产生重大影响的股东。<br><br>（三）实际控制人，是指通过投资关系、协议或者其他安排，能够实际支配公司行为的人。<br><br>（四）关联关系，是指公司控股股东、实际控制人、董事、监事、高级管理人员与其直接或者间接控制的企业之间的关系，以及可能导致公司利益转移的其他关系。 |

续表

| 修订前 | 修订后 |
| --- | --- |
| 能导致公司利益转移的其他关系。但是，国家控股的企业之间不仅因为同受国家控股而具有关联关系。 | 但是，国家控股的企业之间不仅因为同受国家控股而具有关联关系。 |

## 【法条注解】

本条主要涉及《公司法》中关于高级管理人员、控股股东、实际控制人、关联关系的相关用语的概念规定。

## 第二百六十六条　　【施行日期】

| 新增条款 |
| --- |
| 　　**第二百六十六条**　本法自 2024 年 7 月 1 日起施行。<br>　　本法施行前已登记设立的公司，出资期限超过本法规定的期限的，除法律、行政法规或者国务院另有规定外，应当逐步调整至本法规定的期限以内；对于出资期限、出资额明显异常的，公司登记机关可以依法要求其及时调整。具体实施办法由国务院规定。 |

## 【法条注解】

本法第 1 款规定了施行日期。

本法第 2 款主要是涉及存量公司在新《公司法》下如何实现平稳过渡。2013 年《公司法》规定了公司认缴登记制。随后 10 年间，投资者按照登记认缴制设立了众多公司。新《公司法》在坚持登记认缴制的基础上，附加了 5 年的实缴到位的期限限制，由此，10 年间设立的存量公司，该如何处理？按照新《公司法》的规定，未来将出现的三种情形：第一，新设公司全面采用 5 年期的登记认缴制；第二，出资期限、出资数额明显异常且无法合理说明理由的存量公司，公司登记机关可以依法要求其及时调整至合理范围；第三，出资期限较长但超过 5 年期的存量公司，除法律、行政法规或者国务院另有规定的外，应当逐步调整至本法规定的期限以内。

**图书在版编目（CIP）数据**

新公司法注解与案例指引/武长海主编.—北京：
中国法制出版社，2024.3
ISBN 978-7-5216-4272-8

Ⅰ.①新… Ⅱ.①武… Ⅲ.①公司法–研究–中国
Ⅳ.①922.291.914

中国国家版本馆 CIP 数据核字（2024）第 046662 号

责任编辑：白天园（cuplbty@163.com）　　　　　　　　　　封面设计：杨鑫宇

**新公司法注解与案例指引**
XIN GONGSIFA ZHUJIE YU ANLI ZHIYIN

主编/武长海
经销/新华书店
印刷/保定市中画美凯印刷有限公司
开本/730 毫米×1030 毫米　16 开　　　　　　　印张／24　字数／310 千
版次/2024 年 3 月第 1 版　　　　　　　　　　　　2024 年 3 月第 1 次印刷

**中国法制出版社出版**
书号 ISBN 978-7-5216-4272-8　　　　　　　　　　　　定价：79.00 元

北京市西城区西便门西里甲 16 号西便门办公区
邮政编码：100053　　　　　　　　　　　　　　　　　传真：010-63141600
**网址：http://www.zgfzs.com**　　　　　　　　　　　**编辑部电话：010-63141792**
**市场营销部电话：010-63141612**　　　　　　　　　　**印务部电话：010-63141606**

（如有印装质量问题，请与本社印务部联系。）